Gerard Brozio

Das Gute am Bösen

Aus verschwiegenen Erfahrungen des Bösen
hätten wir lernen können, gut zu werden.

Rediroma-Verlag

Bibliografische Information der Deutschen Nationalbibliothek:
Die Deutsche Nationalbibliothek verzeichnet diese Publikation
in der Deutschen Nationalbibliografie; detaillierte
bibliografische Daten sind im Internet über http://portal.dnb.de
abrufbar.

ISBN 978-3-98885-288-5

www.rediroma-verlag.de
14,95 Euro (D)

Du kannst viele geschönte Bücher lesen,
die viel Unwahres enthalten oder wenige,
die völlig ungeschönt und geradeaus
ehrlich sind:

völlig unverblümt

ohne Korrektorat

ohne Rezension

ohne Lektorat

wahrhaftig

zeitlos

Nicht fehlerfrei, jedoch absolut ehrlich!
„Das Gute am Bösen" ist eins der wenigen
Bücher, das diese Kriterien wahrhaftig erfüllt.

Inhalt

Vorwort 9

Einführung 13

Lebenserfahrungen 17

Mein Onkel 27

Mein Vater 41

Meine Mutter 61

Meine Wenigkeit 75

Mein Freund 89

Suggestion 235

Meditation 247

Remotion 267

Nachwort 311

Schlusswort 337

Denkimpulse 342

Vorwort

Schlechtes kann durchaus gut sein, wenn es zum Guten führt, wenn wir daraus lernen, Schlechtes NICHT zu wiederholen. Leider kann auch Gutes schlecht sein, wenn es uns dazu bringt, böse zu werden, wenn wir beispielsweise in der Nazi-Zeit gelebt und gewissenhaft Befehle befolgt hätten, also wenn wir zur damaligen Zeit und aus damaliger Sicht gute Taten vollbracht hätten, Heldentaten, für die wir sogar belohnt bzw. ausgezeichnet worden wären: Für Ermordungen Behinderter, für Verfolgungen Andersdenkender, für Folterungen und Morde an Juden oder Kommunisten, für Besamungen von Frauen und fürs Gebären von sogenannten arischen Kindern. Für damalige Heldentaten, die heute als böse Verbrechen gelten und sogar postum bestraft wurden. Die meisten sogenannten Helden UND Heldinnen von damals, gibt es heute nicht mehr, sie sind bereits ausgestorben. Und wen es damals NICHT gab oder heute nicht mehr gibt, der kann auch nicht bestraft werden. So ist das Leben – was gestern vorbildlich war, das kann heute schlecht sein und was heute schlecht ist, wie beispielsweise die „bösen" Proteste der „Letzten Generation" und andere „Demo-Kämpfer/innen", kann langfristig gut sein und somit in Zukunft NICHT bestraft, sondern sogar postum mit einem Stückchen Bunt-Blech ausgezeichnet werden.

Es müssen nicht immer die eigenen Lebenserfahrungen sein, auch Lebenserfahrungen anderer Menschen, sogar anderer Spezies, können uns durchaus helfen, unsere eigenen Lebensfehler zu erkennen und schließlich zu vermeiden. Denn: "Kannst du Fehler vermeiden, dann musst du sie nicht erleiden". Allerdings setzt Fehlervermeidung allgemein und

9

grundsätzlich voraus, dass Fehler als solche **rechtzeitig** erkannt werden, was wiederum **grundsätzlich** voraussetzt, dass wir lernfähig und lernwillig geboren worden sind bzw. werden. Andernfalls werden wir uns unser ganzes Leben lang mit unseren eigenen und mit den Problemen anderer Leute herum**schlagen** – Kriege führen. Wir werden immer und immer wieder, wie die „Esel", aufs dünne Eis gehen und uns hinterher darüber beklagen, dass es immer und immer wieder einbricht. Es ist wie mit der rechtzeitigen Gefahrerkennung allgemein. Wer eine gefährliche Situation nicht rechtzeitig als solche erkennt, der wird nicht in der Lage sein, sie zu vermeiden.

Wir werden viele gute und noch viel mehr schlechte Lebenssituationen in unseren Leben lehrreich überstehen müssen – wenn wir an unserem Lebensende über-lebens-WERT werden wollen, denn Lern**un**fähige benötigt der „Himmel" nicht. Und wer nicht rechtzeitig das Schwimmen-**Können** erlernt, der wird das andersdimensionierte „**Ufer**" nie bewusst erreichen. Somit ist das **Bewusst-Werden** das allerwichtigste, epochenübergreifende Ziel des menschlichen Lebens – und von einzelnen Lernwilligen unter uns durchaus realisierbar.

Wertvolle Kostbarkeiten sind letztlich nichts wert – auch wenn sie uns zu unseren Lebenszeiten wertvoll erscheinen. Denn nach unserem körperlichen Ende wird nur das zählen, was für die nachfolgenden Generationen erhalten bleibt. Meistens sind es negative Lebenserfahrungen, die wir selbst oder andere Personen erfahren haben und aus denen wir und andere lernen sollten, sich NICHT zu „verfahren", nicht die gleichen Lebenserfahrungen anderer selbst zu wiederholen.

Über die lehrreichen Lebenserfahrungen meiner eigenen Familie kann ich leider nur aus meinem Gedächtnis referieren. Da keine Niederschriften oder Ähnliches von meiner Familie aus damaliger Zeit existieren, so kann ich nur exemplarisch das wiedergeben, was in meinen Erinnerungen **noch** vorhanden ist. Es sind keine schönen und schon gar nicht romanähnlich geschönten Erinnerungen, die ich im Folgenden wiedergebe. Denn bekanntlich wird nur das am effektivsten in unseren Gehirnen abgespeichert, was sich in ihnen schockartig verankert. Das schockartig Gelernte oder oft reflektierend Wiederholte brennt sich dann am tiefsten und somit am dauerhaftesten in unseren Gehirnen ein, sodass es dann auch noch nach 50 Jahren und mehr erinnerbar ist. Übrigens: Wer die nachstehende Niederschrift nur der Unterhaltung wegen, **also ohne Sinnentnahme und Reflektion,** „querlesen" wird, für den bleibt die „Auster" verschlossen.

Ob ich die Chronologie der Geschehnisse eingehalten habe, ob meine Ausdrucksweise oder mein Schreibstil immer korrekt waren, ob ich der Einprägsamkeit wegen durch situationsbedingte Wiederholungen, einigen auf die „Füße" getreten habe, das kann ich mit Gewissheit nicht sagen – allerdings hoffe ich es, denn ich habe mich stets darum bemüht, immer absolut ehrlich zu sein, sodass einige Lernwillige unter uns ihre Einstellungen über die „Kronen der Schöpfung" selbstreflektierend überdenken könnten.

Im Folgenden handelt es sich hauptsächlich um echte Lebenserfahrungen der Kriegsgeneration, die manche von uns zwar von Erzählungen kennen, jedoch nicht wissen wollen. Es ist wie mit den unschönen Worten, die oft wahr sind, jedoch nicht gerne gehört werden. Es ist wie mit der heilsamen Medizin, die zunächst bitter schmeckt, bevor sie uns gesund werden lässt, denn böse Lebenserfahrungen sind die Samen des Guten – wir sollten sie in uns keimen lassen!

Einführung

Kein Lebewesen auf unserer Erde kann die Lebenserfahrungen aller Lebewesen während seiner Lebensdauer selbst erleben. Auch wir nicht, insbesondere nicht als Vernunft- oder Lernunbegabte. Das funktioniert nur epochen- bzw. generationenübergreifend und nur mit denjenigen Menschen, die das „andere Ufer" erreichen oder es bereits Diesseits erreicht haben und uns durch ihre Lebenserfahrungen als lehrreiche „Stolpersteine" dienen können, als Stolpersteine, die uns nachhaltend zum Nachdenken **zwingen**.

Aufgrund unserer relativ sehr, sehr kurzen Lebensdauer und der begrenzten Aufnahmekapazität unseres Verstandes ist es uns nicht möglich, alles lernen und verstehen zu können, was zu lernen und zu wissen wäre, um humaner zu werden. Deshalb können wir auch aus Lebenserfahrungen anderer Menschen lernen, menschlicher werden zu wollen, von Menschen die gelernt haben, sich auch in Lebensnotsituationen menschenwürdig zu verhalten. Bis dahin werden wir uns weiterhin belügen, betrügen und bekriegen müssen, um daraus zu lernen, irgendwann menschlicher zu werden – vorzugsweise von den Vernunft- und Lernbegabten, die ihr Leben erkenntnisreich gelebt haben und aus Gefahrensituationen lernten, sie NICHT zu wiederholen. Insbesondere von den Lebenserfahrungen der Generation, die bereits NICHT ganz stillschweigend ausgestorben ist, die sich getraut hat, wenn auch leise und/oder hinter „verschlossenen Türen", über ihre eigenen Lebenserfahrungen zu sprechen.

Von diesen mutigen Menschen, die den 1. oder/und 2. Weltkrieg (1./2. WK) leidvoll erlebt und lehrreich überlebt haben, sollten wir lernen, das Böse am Guten und das Gute am Bösen zu erkennen. Es waren vernunftbegabte Menschen, die den 2. WK lehrreich überlebt haben und einigen von uns durch ihre schlechten Lebenserfahrungen postum zum Gutwerden verhelfen könnten – vorausgesetzt wir wollen ihre Lebenserfahrungen nicht nur wissen, sondern auch sinnerkennend hören.

Weil wir potentialmäßig die einzige vernunftbegabte Spezies auf unserem Planeten sind, die latent in der Lage ist, die auf Fakten basierende Wahrheit zu erkennen, so macht es Sinn, nach ihr zu suchen, sie zu finden, sie zu verinnerlichen und schließlich sie vorbildlich zu leben. Dann werden unser Fühlen, unser Denken und Handeln EINS werden.

Es hat mehrere Jahre gedauert, bis ich mich entschlossen habe, die Lebens-erfahrungen meiner Vorgeneration niederzuschreiben. Ich habe mich lange Zeit geweigert zu glauben, dass Menschen sich aufgrund der Lebenserfahrungen anderer Menschen ändern können – was die neueste Geschichte der Russland-Ukraine, der Juden-Palästinenser oder die viele anderen Kriege bestätigen. Ich habe auch irgendwo gelesen und oft gehört, dass die Geschichte uns lehrt, dass wir unbelehrbar sind, dass wir aus ihr nichts gelernt haben. Das mag für die große, lernresistente Mehrheit der Weltbevölkerung zutreffen, jedoch nicht für einzelne unter uns. Weil ich das Pech hatte, geboren zu werden, so hatte ich doch das große Glück dabei, lernfähig und somit alles hinterfragend geboren zu sein. So habe ich bereits mit etwa 5/6 Jahren aus den Erfahrungen meiner Eltern intuitiv und einprägsam gelernt, was ich mein Leben lang befolgte und auch heute noch befolge; dass man auch aus den schrecklichen Lebenserfahrungen anderer Menschen oder Arten dauerhaft lernen kann, selbst nicht **bös-artig** zu werden, nicht artig zu scheinen und böse zu sein, nicht heuchlerisch zu lachen, wenn uns dabei zum Weinen zu Mute ist, nicht uns zu freuen, wenn es anderen schlecht ergeht.

Weil mein Freund mich immer wieder dazu drängte, meine eigenen und die Lebenserfahrungen meiner Vorgeneration, die sie während und nach dem 2. WK machte, erlebt und überlebt hat, niederzuschreiben, so entstand die nachstehende Niederschrift: „Das Gute am Bösen". Das Buch von der Ambivalenz, von der Bipolarität schlechter Lebenserfahrungen anderer, die uns zunächst zum Nachdenken und dann **vielleicht** zum Ändern unseres Verhaltens bewegen könnten. Vielleicht. Vielleicht ein klein wenig – und falls ja, dann würde es sich gelohnt haben, diese Niederschrift zu verfassen. Falls nein, dann werde ich mir an meinem baldigen Lebensende keinen Vorwurf darüber machen können, dass ich es NICHT versucht habe – obwohl ich es hätte tun können.

Da Unerledigtes uns immer wieder, uns erinnernd, einholt, so bedauert man das am meisten was man **nicht** getan hat – jedoch hätte tun können oder sogar tun müssen! Das schlechte Gewissen wird dann der Samen des Guten sein. Denn das Andersdimensionierte zeigt uns ständig was wir tun oder NICHT tun sollten – wie z. B. aus **eigenen** und aus Lebenserfahrungen **anderer** einprägsam zu lernen, zunächst selbst hör- und dann lernfähiger zu werden.

Die Evolution selbst kennt weder Zeit noch Mitleid oder Moral. Sie ist die bipolare Lebensenergie die ständig neue

Lebensarten entstehen **und** vergehen lässt. Sie ist die ständige Anpassung des Lebens an das, was sie Standpunkt bedingt vorfindet und dann temporär das Beste daraus macht. Ändern sich die Lebensumstände wie durch Klimawandel, atomare Verseuchung, Boden/Luft Vergiftungen, system- und glaubensbedingte Lernunfähigkeiten, ..., dann wird sich unsere Spezies auch an diese neuen Lebensbedingungen zunächst anpassen und irgendwann lernen MÜSSEN, **etwas** lernfähiger, **etwas** moralischer, **etwas** menschlicher zu werden – wenn auch nicht gleich im Kollektiv so doch vereinzelt.

Lebenserfahrungen

Im Gegensatz zu orientierungslosen Leuten hinterlassen Menschen nachgehbare Lebensspuren. Es sind Lebenserfahrungen, die auch uns erfahrener werden lassen könnten, die uns vor bösen Fremdbestimmungen schützen und zum Gutwerden hinführen können. Leute dagegen werden gezeugt, geboren, gelebt, vermehrt und sterben schließlich, so als ob es sie nie gegeben hätte, so als ob sie nicht in der Lage wären, von Lebenserfahrungen anderer zu lernen, selbst erfahrener zu werden. Dabei wäre es vielen durchaus möglich, ihr latentes Potential zur Menschwerdung zu nutzen – ihr „Schimpansen-Dasein" zu beenden.

Menschen dagegen hinterlassen Lebensspuren, an denen wir uns und unsere Nachkommen orientieren könnten. Es sind Lebenserfahrungen, die uns durchaus helfen können wissender und damit etwas erfahrener zu werden – vorausgesetzt wir wollen es, denn unbelehrbar lebt es sich bekanntlich leichter. Dann weiß man wo der „Hammer" hängt, was man will und alle anderen wollen sollen!

Ich meine NICHT die spektakulären Handabdrücke im Beton oder andere, selbsterhöhende Pyramiden, Denkmäler, Häuser oder medienwirksame Spenden oder noch andere, selbstverherrlichende „Solidaritätserfahrungen". Auch scheinbar gut gemeinte, auf Dankbarkeit oder Bewunderung bedachte, vergängliche Hinterlassenschaften, wie Firmen, Immobilien oder dicke Bankkonten meine ich NICHT, denn derartige vergängliche Hinterlassenschaften lenken uns meistens vom Wesentlichen nur ab. Oft sind sie Hindernisse auf den Selbsterkenntniswegen, die zusätzlich überwunden werden müssen, um erkenntnisreicher zu werden. Oft ist es das Gutgemeinte, das uns schlecht werden lässt, denn das Gute ist oft die Mutter des Schlechten.

Was ich meine, sind hauptsächlich negative Lebenserfahrungen anderer Menschen, die uns menschlicher werden lassen können, die uns Leute durch Nachdenken zu mehr Menschwerdung hinführen könnten. Ich meine damit einen eine Art Lehrpfad, eine Abkürzung, die uns **zu uns** hinführen können, denn wir haben uns bereits verlaufen oder es noch nicht bewusst versucht haben, menschlicher zu werden, beim Menschsein anzukommen. Noch betrügen, belügen und bekriegen wir uns – wie unsere nahen Verwandten, die Schimpansen, die aufgrund ihrer genbedingten Konstellationen **nicht lernen können,** „Vegetarier" zu werden.

Das ewige Leben existiert immer weiter und ES ist der beste Lehrmeister des Überlebens. Es vergeht und entsteht immer wieder neu. So sind Geist und Materie im Prinzip nicht unterschiedlich, lediglich nur ihre Aggregatzustände sind anders: ($E = mc^2$ bzw. $mc^2 = E$). Wenn sich das Eine in das Anderer umwandeln kann, dann kann Böses gut und Gutes böse werden. Dann muss das Eine den Samen des Anderen enthalten. Dann kann Saulus zu Paulus werden und umgekehrt. Dann kann eine, angeblich friedliebende pazifistische Partei wie die „Grünen" nicht nur theoretisch, sondern auch praktisch zur „Kriegstreiberpartei" werden. Es ist wie mit den meisten theoretischen Besserwisser-Event-Gruppen, die alles besser wissen, obwohl sie über keinerlei praktische Lebenserfahrungen verfügen – bis sie, wenn sie lernfähig geboren worden sind, vom realen Leben eingeholt werden.

Da **Alles** sich im ständigen Wandel befindet, so sollte es uns zunächst völlig genügen, **ahnend** zu wissen, dass das Leben als Ganzes unendlich ist. ES war ewig da und ES wird ewig da sein – vor, mit, nach und ohne uns. Das ambivalente, das bipolare Leben ist weder gut noch böse, denn es ist beides zugleich. ES rational verstehen zu wollen, ist nahezu unmöglich und schon gar nicht von Leuten, die gerne an Glaubensmärchen glauben, denn Glauben ist kein Wissen – keine echte, auf Fakten basierende Wahrheit. Nur der Machterhaltung der Kirchen und Systemen dienende Lügerei!

Damit sich das Leben ständig zielorientiert weiter entwickeln kann, so muss Altes permanent vergehen, damit fortlaufend Neues entstehen kann. So hinterlässt jedes Ende Impulse für Neues – bei uns sind es die Lebenserfahrungen anderer, von denen wir lernen sollen, **Selbst**-erfahrener und damit **Selbst**-bewusster zu werden.

Ohne diese selbsterfahrenen Menschen würden keine wegweisenden Lebensspuren entstehen. Somit ist es gut, dass es diese Menschen gab und immer noch gibt. Menschen, die lehrreiche Lebensspuren hinterlassen, Lebensspuren, die uns lehren können, lernfähiger zu werden. Auch wenn die Spurenleger selbst schnell in Vergessenheit geraten, was bleibt sind unsere und die erkenntnis**fähig** machenden Lebenserlebnisse unserer Vorgenerationen.

Somit ist nur das Gesagte, Komponierte, Gemalte, Geschriebene oder Gelehrte, das unsere Seelen berührt, wirklich wichtig und wertvoll. Dann sind es wahrhafte Lebensspuren, denen es sich wahrhaftig zu folgen lohnt. Dann sind es wegweisende Lebensspuren, die uns zuerst zum Nachdenken, dann zur Selbstbesinnung und schließlich zur Selbstveränderung animieren können, sodass wir letztlich diejenigen werden könnten, die wir latent bereits sind oder waren, bevor wir „Fleisch" vom „Fleisch" wurden, um mehr als nur „Fleisch" zu werden. Wenn Menschen durch ihre Lebenserfahrungen Lebensspuren hinterlassen, die uns zum Nachdenken zwingen, auch wenn sie uns schmerzlich „stolpern" lassen, damit wir lernfähiger werden, dann und NUR dann sind sie wahrhaftig wertvoll und somit des Nachgehens und des Lernens wert.

Materielle Spuren oder wertlose Kostbarkeiten wie teures Gold oder teure Edelsteine sind letztlich nichts wert – auch wenn sie uns zu Lebenszeiten wertvoll erscheinen. Denn nach unserem letzten Atemzug, nach unserem körperlichen Ende, wird NUR das zählen, was danach dauerhaft bleibt. Alles andere ist nur geliehen, NUR vorübergehend. Es sei denn, dass wir zu **unserer** Lebenszeit gelernt haben werden, mehr zu werden als wir bei unserer Geburt waren – auch aus Lebenserfahrungen anderer. Dann könnten wir an unserem Lebensende mehr als nur Staub und Asche sein. Möglich ist es!

Im Folgenden werde ich einige konkrete Lebensspuren beschreiben, die andere mutige Menschen bereits durch ihre Existenz lehrreich hinterlassen haben. Es handelt sich um Erinnerungen, um Lebenserfahrungen bereits Verstorbener, die den 2. WK erlebt und überlebt haben und von deren bösen Lebenserfahrungen wir lernen könnten, etwas weniger bösartig zu sein oder zu werden – was dann das Gute am Bösen wäre. Man muss nicht alle Lebenserfahrungen selbst erfahren, um erfahrener, um weniger fehlerhaft zu werden. Man kann von wahrhaftigen Menschen lernen, auch selbst wahrhaftiger zu werden. Es ist eine Frage der Begabung bzw. eine Frage der Genkombinationen, die uns befähigen, das Böse von dem Guten zu unterscheiden – sogar reflexartig, also ohne es vorher gelernt oder geübt zu haben. Denn Reflexe sind Fertigkeiten, die ohne vorheriges Einüben sehr gut funktionieren und somit genetisch festgelegt sind. So können manche mehr als andere, auch ohne eigene Lebenserfahrungen gemacht zu haben, andere können es aus Lebenserfahrungen anderer lernen und noch andere können es leider nicht, denn keiner kann einen Unbegabten lehren begabt zu werden. Was mich anbelangt, so gehöre ich mehr zu der Gruppe der ausdauernd Suchenden, der Hinterfragenden. Glücklicherweise habe ich bereits im Kindesalter im Kindergottesdienst schockartig gelernt, insbesondere denen **nicht** zu glauben, die sich selbst als Glaubenslehrer/innen ausgaben:

Es müsste etwa das Jahr 1955 gewesen sein, also in etwa zu dem Zeitpunkt, als ich von den schrecklichen Kriegserlebnissen meiner Eltern und deren Bekannten erfuhr. (Ich komme bald darauf ausführlich zu sprechen) Ich schätze, dass ich damals etwa 5-6 Jahre jung war, als mir und anderen Kindern eine grauhaarige Frau im Kindesgottesdienst erzählte, dass Gott jedem helfen würde, der ihn aufrichtig um seine Hilfe bittet. Damals war ich fest davon überzeugt, dass sie mich nicht anlog. Auf dem Wege nachhause bat ich die ganze Zeit Gott um Hilfe beim Holzsägen. Zu Hause angekommen, wollte ich es gleich ausprobieren, ob Gott mir wirklich beim Holzsägen helfen würde. Damals, nach dem 2. WK, benötigten die meisten Leute zum Brennholzschneiden eine etwa 1,5m lange Säge mit zwei gegenüberliegenden Griffen und einen Sägebock zum Drauflegen der Holzstämme oder dickerer Äste, die man mit einer Axt nicht zerlegen konnte.

Normalerweis benötigte man zwei Personen für die Handhabung der langen Säge. Allerdings hatte ich mir nach den Belehrungen der grauhaarigen Frau Gott auf der gegenüberliegenden Seite der Säge vorgestellt, sodass eigentlich nichts schief gehen konnte. Alsdann legte ich einen dicken Ast auf den Sägebock und fing zu sägen an. Da Gott nicht an gegenüberliegendem Ende der Säge so ziehen wollte wie ich es mir vorgestellt hatte, so beschloss ich ohne Gott weiterzumachen. So zog und schob ich die lange Säge hin und her, bis sie sich beim Schieben krümmte und aus dem Sägespalt des Astes direkt in den Zeigfinger meiner linken Hand, mit der ich den Ast festhielt, sprang. An diese sehr schmerzlichstark blutende Erfahrung mit der Gotteshilfe, denke ich immer wieder wenn ich mir die große Narbe an meinem Zeigefinger meiner linken Hand anschaue – auch heute noch. Hätte mir damals Gott beim Brennholzsägen geholfen, dann wäre ich eventuell Pfarrer oder Priester geworden und so blieb mir nichts anderes übrig, als nach einem anderen, hilfsbereiten Gott weiterzusuchen. Was letztlich das Gute an meiner schmerzlichen „Gottes-Hilfe-Erfahrung" war.

Wem ich zunächst begegnet war, waren viele falsche, Schafspelze tragende Fährtenleger mit ihren gewinnbringen „Wahrheiten". Ich habe viele Jahre nach „Gott und der Welt" gesucht, sogar u. A. als Theologiestudent an der Uni Bielefeld. Doch was ich letztlich gefunden habe, waren nur Lügen, nur Unwahrheiten der Kirchen und der Politik.

Was mich erkenntnisfähiger werden ließ waren meine eigenen bösen Lebenserfahrungen und die der anderen, die das Böse an eigenen Leibern im 2. WK erfahren mussten, weil sie an das scheinbar Gute und an die „Wahrheiten" der Kirchen und der Politik glaubten.

Bis dahin musste ich mich immer wieder vom neu Gefundenen trennen, um relativ unbelastet neuen, meist unechten Lebensspuren nachgehen zu können. Schritt für Schritt, oft schmerzlich stolpernd, über viele Abschnitte meines Lebens. Wobei der erste Schritt (**Zeigefinger**schnitt) die Voraussetzung für den zweiten Schritt war und der zweite für den dritten usw. Letztlich muss jeder den eigenen Weg gehen, um zu unserem gemeinsamen Ziel zu gelangen, denn es scheint nur so, als ob wir verschiedene Ziele hätten. Denn jeder von uns hat den gleichen biologischen und geistigen Uranfang und somit auch das gleiche Ende, denn das Ende gibt es nicht ohne den Anfang und den Anfang nicht ohne das Ende.

Den Tag gibt es nicht ohne die Nacht, das Schwere nicht ohne das Leichte und das Gute nicht ohne die Erkenntnis des Schlechten. Das Leben ist so wechselhaft wie das Wetter; mal ist es hell, um dunkel zu werden, dann wird es dunkel, um wieder hell zu werden. Mal muss es zunächst regnen, bevor die Sonne scheinen kann, um dann wieder zu regnen, denn alles ist bipolar, weil das eine das andere voraussetzt. Und wenn das Sperma und die Eizelle unserer Eltern nicht zusammengekommen wären, dann gäbe es auch uns nicht als Leute, die das latente Potenzial zur Menschwerdung innehaben.

Diese Erkenntnisse haben mit Glauben oder Aberglauben, mit Phantastereien oder anderen Spinnereien nichts zu tun, sondern einzig und allein mit dem Stand der eigenen Reife, die uns dann zu unserer eigenen Selbsterkenntnis und somit auch zum Erkennen der **wahren** Wahrheit führen kann.

Ob wir unsere Selbsterkenntnisfähigkeit zu unserer Lebenszeit erlangen werden können oder auch nicht, das hängt von unserer Lebensprioritätensetzung ab – entweder „Lackschuh oder barfuß", „entweder für oder dagegen", „sowohl als auch", funktioniert nicht, denn „keiner kann zwei Herren dienen" oder auf zwei Hochzeiten gleichzeitig tanzen. Entweder wir besinnen uns unseres eigenen Menschseins oder lernen es aus Lebenserfahrungen anderer oder wir bleiben besinnungslos – so, als ob es uns nie gegeben hätte. So als ob die Leben unserer Großeltern, Eltern und unser sinnlos wären? Finden wir es heraus!

Da unsere Kirchen, Politik und insbesondere die uns ständig verdummenden Medien uns noch sehr lange Zeit "helfen" werden von Jahr zu Jahr intelligenzschwächer und damit erkenntnis**un**fähiger zu werden. So sollten wir uns glücklich schätzen, wenn uns Lebenserfahrungen der vergangenen Generationen möglichst frühzeitig die Augen für unsere eigene Zukunftsgestaltung öffnen, denn Kirchen und Politik werden es nicht tun da sie sich am liebsten mit ihren eigenen statt mit unseren Belangen beschäftigen. Dabei geben sie vor, denen zu dienen, die sie vertrauensvoll gewählt oder denen, denen sie ihr Glaubensbrandzeichen bereits im unmündigen Kindesalter „eingebrannt" und damit zu ihren lebenslangen „Sklaven" gemacht haben.

Entweder wir schaffen es, diejenigen zu werden, die wir im Verborgenen bereits latent sind, nämlich vernunftbegabte Menschen oder wir bleiben weiterhin nur tiergendominierte Leute, die sich bereits für vernunftbegabte Menschen halten. Für vernunftbegabte Menschen, die wir NOCH nicht sind, jedoch durch aktive, Bewusstsein bildende Weiterentwicklung werden könnten und irgendwann urvermächtnisbedingt auch werden MÜSSEN! Somit bleibt es **jedem** von uns selbst überlassen, ob wir uns ohne fremde „Hilfe" weiterentwickeln wollen oder für noch lange Zeit unbelehrbar bleiben und somit weiterhin fremdbestimmt „kriegstauglich" und somit zu Mördern oder Ermordeten machen lassen.

Solltest du dich jetzt für wegschauendes „WEITERSO" entscheiden, dann kannst du dir das Weiterlesen meiner Niederschrift ersparen. Andernfalls könnten dir die folgenden Lebenserfahrungen der Kriegsgenerationen und die danach folgenden geistigen Übungen, lehrreiche Orientierungshilfen sein.

Mein Onkel

Als ich etwa 5/6 Jahre jung war, da fiel mir ein etwa 70x70x200cm großer steinartiger Kastenrahmen unter einem Apfelbaum in unserem Garten in Szczytno auf, die vor dem 2. WK eine alte deutsche Stadt war und damals Ortelsburg hieß. Die Reste der Kreuzritterburg gibt es auch heuten noch zu sehen. Der Apfelbaum trug gelbliche Frühäpfel als Früchte, die mir sehr gut gemundet haben. Natürlich habe ich diesen „Kasten" schon viel früher wahrgenommen, allerdings habe ich mir nichts Besonderes dabei gedacht. Der steinerne Rahmenkasten war mit Erde verfüllt. Es war eine Grabeinrahmung, die nach oben hin offen war. Es gab kein Kreuz, keine Namenstafel, kein Fuß- und kein Kopfende. Die Seiten waren, sich nach oben verjüngend, also etwas schräg angeordnet, sodass die Grundfläche etwas größer war als die Oberfläche. Die Oberfläche war mit Pflanzen bedeckt. Es waren Funkien, einer Blumenart mit großen, herzförmigen Blättern, die weiß und gelb gestreift waren. Es war die Grabumrahmung meines Onkels Hermann. Mehr hatten mir meine Eltern bzw. meine Mutter zu diesem Zeitpunkt nicht gesagt, sodass ich von da an eine gewisse Zeit lang Angst hatte alleine in den Garten zu gehen. Die süßen gelben Frühäpfel hatte ich von nun an eine Zeit lange nicht mehr gegessen.

Erst etwas später, als meine Eltern von Bekannten und deutschen Leidgenossen, ich erinnere mich nicht mehr genau, Besuch bekamen und ich sogar in der „guten Stube" hinter der geschlossenen Tür für mich alleine spielen „durfte", habe ich an der Tür lauschend sehr Grausames erfahren.

Kurz vor Kriegsende war mein Onkel Hermann, als Soldat an der Ostfront, von seiner Einheit weggelaufen und irgendwann dann zu Hause in noch ehemaligem Ortelsburg angekommen. Dort versteckte er sich dann eine Zeit lang, bis ihn schließlich die russischen Soldaten aufgrund einer deutschen Denunzierung ergriffen hatten. Anschließend fesselten sie ihn mit Draht an Händen und Füßen und zwangen ihn zum Weglaufen, um ihn dann rücklings „auf der Flucht" zu erschießen. Tja, wenn zwei dasselbe tun, dann ist es noch lange nicht das gleiche. Es kommt immer auf den eigenen Standpunkt der Leute an, denn treten ist bekanntlich schöner als selbst getreten zu werden oder andere zu ermorden, als selbst ermordet zu werden.

Da die russischen Soldaten meiner Großmutter das Abnehmen der Drahtfesseln verboten hatten, so wurde er von ihr EIGENHÄNDIG und weiterhin an Händen und Füßen gefesselt, ohne Grab begraben. Ob mein Vater oder ein anderer für die steinerne Einrahmung sorgte, das weiß ich nicht. Mein Onkel wurde aus Angst seinem älteren Bruder in ein KZ-Lager folgen zu müssen, trotz seiner pazifistischen Überzeugung, zur Wehrmacht eingezogen. Aufgrund des erlebten unmenschlichen Unrechts des grausamen Krieges ist er kurz vor dem Ende des 2. WK aus der stolzen deutschen Armee desertiert. Wie viel Leid er selbst erleben musste und den „bösen" Okkupierten persönlich angetan hat, bevor er selbst die scheinbare Sinnlosigkeit seines Tuns erkannte, bevor er sich weigerte weiter zu morden, das weiß sicherlich keiner. Allerdings hat mich sein damaliges Verhalten wegweisend geprägt und, wenn auch unbewusst, erahnen lassen, dass auch scheinbar Sinnloses einen belehrenden Sinn haben kann. Ähnlich wie mein Vater, war auch mein Onkel ein

Pazifist, doch danach fragte damals keiner. Wie viele polnische und russische Kinder, Mütter und Väter er eigenhändig in Polen und Russland ermordet hat, das weiß heute keiner. Auch wie viele Dörfer bzw. Häuser er in Brand stecken musste ist und bleibt unbekannt.

Allerdings hat mich sein damaliges Verhalten wegweisend geprägt und rechtzeitig, wenn auch unbewusst, erahnen lassen, dass auch scheinbar Sinnloses einen durchaus belehrend-wegweisenden Sinn haben kann. Dass Böses durchaus gut sein kann, wenn wir daraus lernen, selbst ein wenig weniger böse zu werden. Wenn wir schließlich erkennen, dass WIR selbst die bösen Verursacher aller Probleme sind und dass es ohne uns überhaupt KEINE Probleme geben würde. Denn Ungeborene weinen nicht – sie können auch nicht morden oder ermordet werden. Sie können auch ihre Gesinnung vom Paulus zur Saulus NICHT ändern – weil es sie NICHT gibt!

Wie viel Mut ein Mensch aufbringen muss, um in einem ungerechten, verlogenen Regime NEIN sagen oder einen Schießbefehl verweigern zu können, das weiß ich erst heute. Wie viele feige Mitläufer und uniformierte „Mützenträger" es auch heute noch gibt, die unmenschliche „Dienste" nicht verweigern, die ehrliche Demonstranten, die friedliche Andersdenkende anschwärzen oder gar niederknüppeln, die stolz darauf sind, ein „Stöckchen" apportieren zu dürfen, das weiß ich sogar aus eigener Erfahrung. Denn gewöhnliche Leute denken – wenn sie denn genbedingt in der Lage sind selbstverantwortlich denken zu können – immer an ihr eigenes Wohl und ihr Portemonnaie zuerst. Insbesondere die armen Leute mit viel Geld, die Wohlgeborenen und somit die

Wohlhabenden, die medienwirksam Millionen spendenden **Multimilliardäre.**

Da man durch Schock am einprägsamsten und damit am dauerhaftesten lernt, das weiß ich aus eigener Erfahrung, denn ich erinnere mich auch heute noch traurig und schaudernd betroffen zugleich daran, worüber in unserer Wohnküche vor mehr als sechzig Jahren gesprochen wurde – weil ich das Glück hatte, lernfähig geboren zu sein, jedoch die große Mehrheit der Nachkriegsgeneration war es offensichtlich NICHT. Nun ja, wenn die meisten intelligenten Männer im 2. WK ermordet wurden, wer sollte dann nach Kriegsende intelligente Kinder zeugen? Da nahm Frau was am Mann übrig blieb – auch Männer, die sie vor dem Krieg nicht geheiratet hätte. Man nannte es damals Nachbarshilfe, wenn alleinstehende Frauen bei „Irgendwas" eindringende Hilfe benötigten. Es sind auch viele Kinder geboren worden, die ihre Väter nicht kannten. Und so kam es, dass viele Kinder andere Namen trugen als ihre Mütter.

Für mich waren mein Onkel Hermann und mein Vater bedeutende Lebensspurenleger, die sich geweigert haben, Sinnloses zu tun. Für die stolzen Kriegskameraden war mein Onkel ein Verräter, für das schwachsinnige Hitlerregime war er ein Fahnenflüchtiger, für die russischen Soldaten war er ein Mörder, ein deutscher Kriegsfeind, der ihre stolzen Kriegskameraden, deren Mütter, deren Frauen und Kinder er befehlsbedingt skrupellos ermordet hat. Genauso wie sie ihn schließlich als gehorsame, systemgesteuerte stolze russische Soldaten gerechterweise ebenfalls ermordet haben.

Und wozu soll dieser systemgesteuerte Idiotismus, dieser schwachsinnige Blödsinn gut sein? Nur weil ein paar starrsinnige, meistens alte Systemführer nicht friedlich leben können? Oder sollen nachkommende Systemführer daraus lernen, SINNLOSES NICHT zu wiederholen? Vielleicht – auch wenn es noch lange, lange Zeit dauern wird bis aus NICHT lernfähigen Leuten, lernfähige Menschen werden. Dann würde diese von Systemen und Religionen gesteuerte Sinnlosigkeit am Ende doch einen Sinn ergeben – dann wäre das die richtige Medizin, um die zukünftigen Volksführer gesund werden zu lassen. Nun ja, wenn nachfolgende Systemführer daraus lernen könnten friedlicher zu sein, dann könnten auch wir als Gefolgsleute von ihnen lernen friedfertiger zu werden.

Dann hätten Kriege und andere Gräueltaten einen Sinn. Bis dahin, bis wir erkennen, dass auch scheinbar Sinnloses durchaus einen Sinn haben kann, werden wir über eine sehr lange, lange Zeit noch sehr viele scheinbar sinnlose Lebenserfahrungen erleben und überleben müssen, um irgendwann, in ferner Zukunft friedvolle Menschen zu werden. Ob es uns jemals als Schimpansen-Nachkommen **im Kollektiv** gelingen wird menschlicher zu werden, ist sehr fraglich, jedoch vereinzelt durchaus möglich.

Andernfalls werden wir sofort oder später bestraft werden, **wenn** wir uns nicht systemkonform verhalten, wenn wir Systemen folgen, aber aus heutiger oder aus Sicht anderer Systeme nicht folgen sollen. Wenn Systeme sich ändern, dann ändert sich auch der Strafkodex, dann werden Gesetze annulliert, die vorherige Systeme erlassen haben, dann wird man dafür bestraft werden, wofür man vorher ehrenhaft ausgezeichnet wurde.

Wenn Moslems sich systemkonform verhalten, dann werden sie für ihr systemtreues Verhalten von Christen als Terroristen bezeichnet. So sind wir nun mal, so lange wie wir NOCH keine selbstbestimmenden Menschen sind, werden es autoritäre, mützentragende Leute sein, die unser Leben weiterhin bestimmen werden.

Wer zur Nazizeit für seine regimetreuen Dienste mit einem Stückchen Buntblech aus schnell rostendem Eisen o. Ä. ausgezeichnet wurde, der wird heute noch als Kriegsverbrecher verfolgt und verurteilt – NOCH – denn Anhänger nationalistischer Ansprüche werden immer mehr, sodass sie mangels ehrlicher Aufklärung, wegen Zerstrittenheit und Desorientierung der etablierten Parteien durchaus eine demokratisch legitimierte Volksführung übernehmen könnten. Dann werden aus Lebenserfahrungen anderer NICHT LERNEN KÖNNENDE, lernunfähige Leute die Volksführung übernehmen. Dann wird wiedermal keiner etwas darüber gewusst haben. Dann werden wir wiedermal für unser heutiges Verhalten mit einem Stückchen Buntblech ausgezeichnet werden und aufgrund unserer Lernunfähigkeit sogar stolz darauf sein, am Niedergang der Menschheit naiv-gutgläubig mitgewirkt zu haben. Denn wer Gefahren nicht vorzeitig erkennt, der wird sie nicht rechtzeitig verhindern können. Allerdings schützt mangelnde Gefahrenwahrnehmung nicht vor Strafe, und wer Schulden macht, der muss sie irgendwann sogar mit Zinsen zurückzahlen.

Wer damals dem Naziregime nicht folgen wollte, wer Widerstand leistete, der wurde verfolgt, in ein KZ Lager interniert oder sogar **unauffällig** ermordet. Wer damals dem Naziregime treu folgte, der wird heute verfolgt, denn die Zeitmoral ändert sich schnell. So kann das Gute von heute schon morgen schlecht sein und das Böse von heute bereits morgen gut. Allerdings werden Erkenntnisse von heute erst später, möglicherweise erst in ferner Zukunft erkannt werden können. Denn alles, was erkannt werden kann, das wird auch zur gegebenen Zeit erkannt werden! Andernfalls würden wir immer wieder und wieder die gleichen, scheinbar sinnlosen Fehler wiederholen. Scheinbar, denn in Wirklichkeit hat alles einen übergeordneten Sinn – auch wenn wir momentan NOCH nicht in der Lage sind ihn zu verstehen.

Waren Stalin, Hitler, Mussolini, Franko oder Mao aus heutiger Sicht gut oder schlecht oder beides? Wenn ihre Nachfolger und wir aus ihren Taten gelernt haben sollten, friedlicher zu werden, dann würden ihre Gräueltaten, die Europa 70 Jahre Frieden beschert haben, durchaus einen Sinn ergeben, andernfalls wird sich die Geschichte wiederholen – **strahlender** denn je zuvor. Wenn gewisse Politiker immer noch meinen, dass Schlesien und Ostpreußen zum „Deutschen Reich", Ukraine zu Russland, Palästina zu Israel, Taiwan zu China oder Südkorea zu Nordkorea gehören, dann haben sie noch nicht gelernt zu erkennen, dass unsere Erde und alles andere, was sich auf ihr befindet, sich stets weiterentwickeln, und somit einem ständigen Wandel unterworfen sind – auch das Klima – mit oder ohne uns! So funktioniert Evolution und nicht anders. Insofern hatte Honecker, der ehemalige „Führer" der vergangenen Deutschen Demokratischen Republik (DDR, 1949 bis 1989) nicht ganz Unrecht, wenn er sagte: „Vorwärts immer, rückwärts nimmer". Allerdings hatte er dabei übersehen, dass er unmittelbar vor dem Abgrund stand.

Wenn Politiker und insbesondere Politikerinnen, die oft Kinder „liebende" Mütter sind, zuerst für den Frieden und somit gegen jeden Krieg sind, nach einer gewissen „Umpolzeit" zunächst Helme dann Mordwaffen an Streitsüchtige Staaten liefern, dann sind sie keine Pazifistinnen, sondern Kriegsverlängerinnen und somit für die Ermordung unschuldiger Menschen genauso verantwortlich wie die schwachsinnigen Mörder selbst, die, aufgrund ihrer Konditionierungen, immer noch nicht verstanden haben, warum ihre Befehlsgeber **hinter** ihnen stehen.

Oder sollen **friedensunfähige Staaten** daraus lernen, **friedensfähiger** zu werden? Dann würden die **bösen** Mordwaffenlieferungen langfristig einen **guten** Sinn ergeben. Menschenwürdig wäre es, Menschen NICHT zu ermorden, denn unvermeidbare Konflikte lassen sich von frieden**wollenden** Staaten durchaus auch ohne Kriege lösen – es ist Zeit, sich zunächst von unserer Tierebene, dann von den unzähligen Systemen und Religionen zu lösen – sich der Ketten der uralten und jungen Vergangenheit **lehrreich** zu entledigen.

Und wenn unsere Führer/innen denken, einen **„Verteidigungskrieg"** in Afghanistan, Syrien, Afrika, oder im Weltall führen zu müssen, dann sollen sie es doch bitteschön selbst mit ihren eigenen Kinder tun – **OHNE UNS**, denn wir sind keine Schimpansen oder Bluthunde, die Politiker und Kirchen einfach mittels von Abrichtungen, wie beispielsweise konditionierende Propaganda und anderen Tricksereien, todbringend aufeinander hetzen können – **oder doch?**

Stell dir bitte vor, du stehst in einer Wohnung im 10. Stock vor einem geöffneten Fenster. Dann kommt ein autoritätshoher Mützenträger wie z. B. ein Kanzler, ein Präsident, ein König, ein Kaiser oder sogar den katholischen Gott auf Erden vertretende Papst herein und befiehlt dir zu springen.

Mein Vater und mein Onkel sind nicht gesprungen. Auch Rosa Luxemburg und Karl Liebknecht, die Geschwister Scholl und viele, viele andere, **gewollt** in Vergessenheit geratene Menschen, (nicht Leute) sind NICHT gesprungen – auch wenn sie dafür gehängt, vergast oder erschossen wurden. Doch die meisten ihrer **feigen** Freunde und Bekannten sind gesprungen – bis nach Afrika oder Stalingrad, wo sie sogar zu Kannibalen wurden, die notgedrungen und vom Hunger getrieben sogar ihre eigenen Kameraden „verspeist" haben. Unglaublich? Leider nachweislich wahr!

Die meisten naiven jungen Soldaten freuten sich sogar vertrauensvoll auf das ihnen versprochene „Sieg und Heil". Schließlich ging es in der Nazizeit um viel Ehre und Stolz, um Vaterland und pflichtbewussten Gehorsam und anderen Schwachsinn, wie z. B. Eroberungskriege, die ironischerweise Deutschland erheblich kleiner, statt wie versprochen größer werden ließen oder um sogenannte arische Herrschaftsansprüche, durch die das heutige Deutschland ganz schön bunt geworden ist. Es ist doch bedenkenswert, warum gut gemeintes meistens böse endet – was dann das Böse am Gutgemeinten wäre.

Wenn man jung und unerfahren ist, dann glaubt man den Unsinn, den uns die alten, meist starrsinnigen „Volksführer" oder „ehrenwerte" Politiker und den Tod bringende Kanonen segnende Priester oder Pfarrer suggestiv einhämmern. Wie verängstigt und beschämt musste das deutsche Volk sein, um nach Kriegsende sagen zu können, „Wir haben all das nicht gewusst". Fast in jeder Familie gab es Soldaten, die ab und zu bei ihren Familien Fronturlaub machten und sicherlich auch darüber gesprochen haben, denn „was einem auf dem Herzen liegt, davon spricht der Mund" – wenn auch flüsternd, hinter einer vorgehaltenen Hand oder hinter geschlossener Tür.

Allerdings wäre es für die nachfolgenden Generationen sicherlich lehrreich gewesen, wenn die Kriegsüberlebenden wie Richter, Staatsanwälte oder andere „Mützenträger" über ihre rechtlich legitimierten Kriegsverbrechen gesprochen hätten. Stattdessen haben sie geschwiegen – weil sie sich für ihre Taten schämten. Dabei waren nicht sie die wahren Kriegsverbrecher, sondern diejenigen Volksführer, die sie dafür mittels Propaganda auf Amtstreue abgerichtet haben.

Als ich etwa achtzehn Jahre jung war und in Polen zum polnischen Wehrdienst eingezogen werden sollte, sagte mir meine Mutter sinngemäß Folgendes: „Jungchen, wenn du befehlsbedingt schießen musst, dann schieße nach hinten, denn nicht vor, sondern hinter dir sind deine wahren Feinde". Heute, gut 50 Jahre später würde ich es sicherlich tun! Wahrscheinlich auch damals, denn der „Apfel fällt nicht weit vom Baum". Heute ist eine Fahne für mich nicht mehr als ein bunt bemaltes Stück Stoff. Auch einen Russen oder einen Deutschen, einen Schwarzen, Roten oder Gelben gibt es für mich nicht wirklich, sondern nur anderssprachige oder andersfarbige Leute, die irgendwann zu Menschen mutieren könnten, um somit zum „farbloser Geist" zu werden.

Aus lehrreichen Fehlern sollten wir möglichst frühzeitig lernen Fehler zu vermeiden, andernfalls sind Fehler sinnlos und sollten schon deshalb unbedingt vermieden werden, denn scheinbar Sinnloses macht nur dann einen Sinn, wenn wir dauerhaft daraus lernen, Sinnloses NICHT zu wiederholen. Die Frage dabei ist nur womit? Mit unserem von Politik und Kirche, von Medien und anderen Drogen abhängig gemachtem Verstand? Von einem Verstand, der noch nicht gelernt hat, sich selbst authentisch zu verstehen? Dann wird es höchste Zeit, dass er aus den Lebenserfahrungen anderer lernt, selbst belehrbarer zu werden.

Da wir Deutschen nicht nur das gute Volk von Dichtern und Denkern waren, sondern auch ein Volk voller bösen Mörder/innen das durch todbringende Waffenlieferungen an friedensunfähige Staaten, wieder im Begriff ist es zu werden, das steht außer Frage. Die Frage ist nur, wer uns damals zu Mördern machte oder heute **zunächst nur** zu Kriegstreibern oder Elend Verursachern werden lässt und warum? Weil ein schwachsinniger Führer es damals so wollte? Weil uns unsere Unwissenheit und Angst paralysiert haben und immer noch paralysieren? Weil wir, Massenhypnose bedingt, nicht wussten was wir damals taten oder heute tun? (Siehe Kap. Hypnose in: „Was jeder wissen möchte, jedoch keiner hören will") Weil wir aus Mangel an Zivilcourage dem Herdenzwang folgten? Weil wir mangels Bewusstseins durch Machttitel, durch schicke Uniformierungen oder „Machtmützen" aller Art uns mächtig und prächtig vorkamen? Weil wir mittels gezielter Propaganda, Suggestion oder Massenhypnose von ehrlosen Politikern und geistlosen Geistigen dermaßen konditioniert wurden, dass wir nicht erkennen konnten (oder wollten?) was unsere Augen sahen?

Sehen wir denn nicht, welches Leid deutsche Waffenlieferungen aus sogenannter Solidarität in der Ukrainer oder Israel und anderswo verursachen? Wie viele Waisen, Witwen, Verletze, Invaliden und Tote unsere Waffenlieferanten zu verantworten haben? Wie wäre es, wenn unsere Politiker/innen ihre eigenen Kinder, nicht nur passiv, sondern auch aktiv und somit direkt – nicht nur mit kriegserhaltenden Mrd. Euro als „Waffengutscheine" – am ukrainisch-russischen Krieg beteiligen würden?! Dass Waffen Mordwerkzeuge sind, das dürfte unstrittig sein, dass Waffen Frieden schaffen, das ist seit der Steinzeit und davor strittig, denn leben und töten gehören zusammen – weil es das eine nicht ohne das andere auf unserer materiellen Ebene gibt? Auch bei uns, den sogenannten Menschen NICHT??

Solange wir aus Unwissenheit in Angst leben, werden wir niemals wir selbst werden können. Und so ist die Angst das einzige, was besiegt werden muss **und kann** – durch Bildung, durch auf **wahren** Fakten basierendes Wissen. Warum dürfen wir nicht wissen, was für Schweinereien Politiker ohne jegliche Volkslegitimierungen unter vier Augen aushandeln? Schließlich sind sie für uns da, schließlich haben wir sie vertrauensvoll gewählt, damit sie uns vertreten und nicht andauernd **treten** – oder etwa nicht? Oder haben wir sie gewählt, damit sie uns das „Apportieren" beibringen?

„Der Fisch stinkt vom Kopf", sagt man. Und so lange wie wir uns von verlogener Propaganda, Doppelmoral predigenden Kriegstreibern und geistlosen Geistigen etwas vorlügen lassen, werden wir nicht wahrhaftig und somit nicht wir Selbst selbst werden können. Wir bleiben unser Leben lang in Haft der Lügen und Intrigen der Politik und insbesondere der der „Wasserprediger", die selber lieber Wein trinken.

Das Gute am Bösen ist, wenn es sich am Ende für das Gute lehrreich opfert. Damit das Gute entstehen kann, muss das

Böse sich selbst opfernd vergehen. Judas musste Jesus „verraten", damit beide ihr Vermächtnis erfüllen konnten, denn ohne den „bösen" Judas gäbe es den „guten" Jesus nicht! Insofern war der böse Judas die Voraussetzung für das Entstehen der „guten" christlichen Religion. Auch Mohammed und Luther mussten zunächst Gewalt säen, damit dann irgendwann daraus ein Gewaltfreies keimen kann um zum Bösen zu reifen!

Angst aus Unwissenheit lässt uns unmenschliche Dinge tun, die wir ohne Angst nie tun würden, doch Unwissen lässt sich durch Wissen auflösen, insbesondere durch **einprägsame** Kenntnisnahme der negativen Lebenserfahrungen anderer.

Alle Lebensfehler zu vermeiden ist, aufgrund unserer noch nicht vollkommen entwickelten Genetik, so gut wie unmöglich. Weil wir NOCH nicht über die notwendige Hardware verfügen, die vorausschauende Software hervorbringen, die dann die Hardware vervollkommnen könnte. Auch wenn es anders zu sein scheint, die KI wird uns nicht intelligenter werden lassen, sondern andersherum, wir werden von Jahr zu Jahr immer geistärmer – bis zur seelischen Erkrankungen hin, die von Jahr zu Jahr fortlaufend zunehmen werden.

Kein Autofahrer würde auf der Autobahn wenden oder die Blinkwarnanlage einschalten, wenn er nicht über die vielen ihm entgegenkommenden „Falschfahrer" verwundert wäre. So gesehen sind es nicht Fehler, die es zu vermeiden gilt, sondern deren Ursache – die durch unser **noch** unvollkommen entwickeltes Bewusstsein bedingte „Kurzsichtigkeit". Entweder wir lernen unser Bewusstsein der Vorausschaubarkeit wegen zu erweitern, oder wir bleiben oder werden weiterhin immer „kurzsichtiger". Lernen wir wacher zu werden, dann schlafen wir nicht unbeseelt ein, dann wird unser körperliches Ende nur ein andersdimensionierter Neuanfang sein.

Mein Vater

Mein Vater, der vor dem 2. WK ein überzeugter Pazifist und Anhänger des Kommunismus war, insbesondere von Rosa Luxemburg und Karl Liebknecht, wurde 1933 von seinen deutschen „Freunden", mit denen er aufgewachsen ist, denunziert und bald darauf dem KZ Lager Auschwitz als politischer Häftling überstellt, wo er dann 12 leidvolle Jahre verbringen musste.

Für das Naziregime war mein Vater ein politischer Verräter, weil er im Alleingang nicht hirnlos dem schwachsinnigen Führer und seinen Doktrin vom „Sieg und Heil" folgen wollte. Für die russischen Befreier war mein Vater ein Held, der sich weigerte seinen kommunistisch geprägten Ideologien von Brüderlichkeit, Gleichheit und Freiheit für alle, trotz 12 Jahren Lagerhaft, nicht zu folgen. Allerdings sollte sich seine Einstellung zum Kommunismus nach dem 2. WK diametral ändern, denn er hat dann den wahren Kommunismus gut 25 Jahre lang lehrreich kennenlernen müssen. Wenn man jung und unerfahren ist, dann glaubt man den Unsinn, den schlaue Politiker und andere würdenlose Würdenträger unerfahrenen jungen Menschen als glaubwürdig verhökern. Und wer lernschwach geboren wurde, der war zur Nazizeit für jede Identitätsprägung besonders empfindlich – sogar verpflichtend dankbar.

Da mein Vater ein sogenannter politischer Häftling war, und den politischen Häftlingen etwas mehr Intelligenz zugetraut wurde als den gewöhnlichen Häftlingen, welche **grundsätzlich** nichts Wert waren, so wurde mein Vater irgendwann zum sogenannten Kapo „befördert." Ein Kapo war so etwas wie ein Vorarbeiter bzw. Block-Aufseher. Wie ein Klassensprecher oder Hausmeister, zu dem man als Häftling zuerst kam, wenn man Probleme hatte. Er war eine Art Aufpasser, der sogar mit einen Holzknüppel argumentieren durfte und somit eine überzeugend-nachhaltige Autorität besaß. Er konnte Häftlinge nach eigenem Ermessen bestrafen, wenn sie sich der Blockordnung nicht unterordnen wollten oder konnten.

Eines Morgens kam ein Häftling zu ihm und beklagte sich weinend, dass ihm nachts, während er schlief, ein anderer Häftling ein Stückchen Brot gestohlen hat und dass das bereits öfter passiert war. Als mein Vater ihm sagte, dass er das Stückchen Brot nicht verstecken sondern aufessen sollte da antwortete er ihm, dass er es für schlechte Zeiten aufbewahren wolle.

Da in Notsituationen zuerst die Moral und erst danach das Überleben-Wollen stirbt, so war das Bestehlen der Mithäftlinge nichts Unmoralisches und eine durchaus legitime und gängige Art der Nahrungsbeschaffung, denn „Der gute Mann denkt an sich selbst zuerst" – insbesondere in Notsituationen. Da der Bestohlene ein holländischer Schachmeister war, der mit meinem Vater „gerne" Schach spielte und gegen den mein Vater sogar mehrmals „GEWONNEN" hat bzw. gewinnen durfte, so lag ihm besonders viel daran, den Brot Dieb zu überführen. Was mein Vater dazu benötigte, war nicht viel. Es genügte ein Kopierbleistift bzw. der Abrieb von seiner Mine. Die Mine eines Kopierbleistiftes hat die Eigenschaft, dass sie wasserlöslich ist und somit bei Kontakt mit Wasser oder Speichel die Kotaktstelle einfärbt. Damals färbten die Minen die feuchten Kontaktstellen blau ein. So wurde auf die Brotscheibe, die der Häftling für schlechte Zeiten aufbewahren wollte, ein wenig von der Mine draufgeschabt und das Stückchen Brot in der Holzpritsche „versteckt", sodass der Brot Dieb sie mühelos finden würde. Als am nächsten Morgen der Bestohlene den Brotdiebstahl meinem Vater gemeldet hat, so ließ dieser beim Morgenapell alle Häftlinge ihre Zungen ausstrecken. Für meinen Vater war es gut, denn dadurch konnte er bei den Mithäftlingen Eindruck schänden und Angst schüren – allerdings nicht ohne seinem eigenen Gewissen geschadet zu haben, denn der des Brotdiebstahls überführte Häftling, dessen Zunge und Zähne blau gefärbt waren, überlebte seine „Völlerei" nicht lange. Er wurde von seinen „Leidgenossen" einfach totgeprügelt – wegen eines Stückchen Brotes, das jeder andere Häftling gerne gegessen hätte. Gewöhnliche Leute können grausam sein, wenn es um eigene Überleben geht. Da werden sogenannte Menschen – wie im 2. WK in Stalingrad – sogar zur Kannibalen! Oder Kommunismus liebende Leute, wie es mein Vater vor dem 2. WK war, indirekt sogar zu „Richtern und Mördern". Ob das verhalten meines Vaters gerecht, gut oder schlecht war, danach fragte damals keiner. Damals dachten die Beteiligten: „Ursache beseitigt, Problem gelöst". Allerdings bedachten sie nicht, was **sie noch erwartete**, denn manchmal ist der schnelle Tod erlösender als das leidvolle Leben.

Da mein Vater nicht immer ein Kapo war, so hatte er auch als „Gaskammer-Putzer" und auch als „Heizer" im Krematorium gearbeitet. Die Gaskammer wurde offiziell als allgemeiner Duschraum bezeichnet. Die vielen Duschbrauseköpfe, die an den Decken der Vergasungskammer angebracht waren, täuschen den zu Vergasenden einen tatsächlichen Duschraum vor. Da während des Vergasens sich viel übergeben, stuhlgelassen oder genässt haben so wurde der „Duschraum" danach mit viel Wasser gereinigt. Der danach noch feucht-nasser Raum verstärkte dann zusätzlich den allgemeinen Eindruck, ein Duschraum betreten zu haben. Ferner mussten alle zu Vergasenden vor dem „Duschen" ihre Kleider ablegen und sich dabei die Nummer der Ablagestelle merken. Was nur eine weitere Täuschung war, um die zu Vergasenden zu beruhigen. Als dann die zu Vergasenden dicht bei dicht im „Duschraum" standen, wurden der „Duschraum" weitgehend hermetisch verschlossen und darauffolgend statt Wasser das **deutsche** Zyklon B Gas aus den vermutlichen Duschköpfen herauskam, da wurde allen klar, dass das kein Duschraum war. Nach etwa 20 Minuten war alles vorbei – nur noch Leichen.

Die Aufgabe meines Vaters war eine Zeit lang u. A. die Vergasten einzusammeln und dem Krematorium zuzufügen. Nach dem das geschehen war, wurde der „Duschraum" gründlich gelüftet und mit viel Wasser gereinigt. Die Kleidungsstücke der Vergasten wurden eingesammelt und meistens nach den in Säumen der Bekleidung eingenähten Wertsachen durchsucht. Ab und zu wurden weitgehend wertlose Kostbarkeiten wie Diamanten in den Säumen der Kleidungsstücke der Ermordeten gefunden und vom „Durchsuchungs-Personal" verschluckt und meistens nicht wiedergefunden.

Eine weitere Zeit lang hatte mein Vater die Aufgabe, die Lager-Toten, die tagtäglich „verreckten", als „Heizer" in Krematorien Öfen zu verbrennen. Leider waren nicht immer alle, bis auf Knochen abgemagerten Toten, wirklich tot.

Manche der „Leichen" lebten noch, wenn auch ohne sichtbares Lebenszeichen.

Die gemauerten, mannshohen Krematorien Öfen wiesen jeweils eine gusseiserne Tür mit Guckloch und eine, die zum Aschekasten führte, vor. Vor jedem Krematorium Ofen befanden sich zwei parallel verlaufende Schienen, die direkt zur „Backröhre" führten. Auf den Schienen befand sich eine Art Lore ähnlicher „Gabelstapler" mit einer Halbrohrgabel bzw. „Halbrohrpfanne". Der „Gabelstapler" wurde nach dem Beladen per Muskelkraft zur „Backröhre" hingeschoben und nach dem Entladen wieder hergezogen. Die Entladung der Leichen erfolgte durch eine 180 Grad Halbumdrehung der Halbrohrpfanne. Die Halbrohrpfannen wurden mit etwa 2 bis vier Leichen beladen und anschließend in der knapp 2 Meter langen Brennkammer entleert. Der Einäscherungsvorgang dauerte meistens weniger als eine halbe Stunde, je nachdem, wie groß das Gesamtgewicht und der Fettgehalt der Leichen waren. Unter der Brennkammer befand sich eine Aschekammer die regelmäßig geleert wurde. Die Asche der Eingeäscherten wurde als Pflanzendünger auf den umliegenden Feldern verstreut. Da sich die toten Leiber häuften und unterschiedlich groß/klein und leicht/schwer waren, so wurden drei/vier oder sogar mehr Leichen auf die Halbrohrpfanne übereinander gelegt. Allerdings waren nicht alle Leichen wirklich Leichen, sodass es ab und zu vorkam, dass die oder jene „Leiche" beim „Vorwärmen" bzw. beim „Bestücken" der Brennkammer einen kurzen Schrei von sich gab. Mehr konnte ich vom „Ausschwitz-Leben" meines Vaters von meinem Vater nicht erfahren, denn er redete nicht von sich aus darüber, sodass ich ihn immer wieder genötigt habe, darüber zu sprechen – leider ohne Erfolg. Wahrscheinlich schämte er sich oder hatte Angst gehabt von mir verachtet zu werden. Vielleicht – ich weiß es nicht und werde es auch nie erfahren.

Als der Krieg vorbei war, also kurz bevor die russischen Soldaten das Konzentrationslager Auschwitz-Birkenau befreien konnten, wurden die Häftlinge, die gehen konnten, zusammengetrieben und zu todbringenden Umquartierungsmärschen gezwungen. Die nicht oder kaum gehen konnten, wurden im Lager sich selbst überlassen. Was nicht heißen soll, dass es den Marschfähigen besser erging. So mussten sehr viele von ihnen ihr Leben am Straßenrand lassen, denn wer aus Schwäche oder Erschöpfung nicht mitgehen konnte, der wurde einfach erschossen und am Wegesrand als Leiche liegen gelassen. Da mein Vater wohl ahnte, was mit den Überlebenden passieren würde, so entschloss er sich zu fliehen. Dabei nahm er ironischer Weise einen „Quasi-Schutzengel" mit, der hinter ihm herlief. Als ein Schuss fiel, da fiel auch sein hinter ihm laufende „Schutzengel". Ob er nur gestolpert war oder von einem Geschoss einer Pistole oder eines Gewehres getroffen und somit wahrscheinlich erschossen oder verwundet wurde, das erfuhr mein Vater nie.

Als meinem Vater die Flucht aus dem Marschtross gelungen war, so musste er danach irgendwie am Leben bleiben. Eine gewisse Zeit lang lebte er in einer Scheune versteckt, wo ihn ein polnisches Mädchen namens Wanda, in die er sich bereits als Aufseher bei Feldarbeiten wohl so etwas wie verliebt hatte, notdürftig mit Kleidung und Essen versorgte. Wo und wie lange es dauerte, bis er seinen Rückmarsch nach Szczytno, Ortelsburg existierte bereits zu diesem Zeitpunkt nicht mehr, antrat, das weiß ich nicht. Ich weiß von meiner

Mutter nur, dass Wanda und mein Vater eine Zeit lang miteinander in Kontakt blieben und meine eifersüchtige Mutter nicht gut auf sie zu sprechen war. Was mein Vater Wanda, sicherlich auch aus Dankbarkeit, versprochen hat, das weiß ich ebenfalls nicht. Jedenfalls versuchte Wanda über eine längere Zeit mit meinem Vater in Kontakt zu bleiben, wogegen sich meine Mutter mächtig stemmte und Wanda, insbesondere aufgrund der Sprachunterschiede und wahrscheinlich der Schwangerschaft meiner Mutter mit mir, schließlich den Kampf aufgab. So wurde das Unglück der Einen, das Glück oder Pech der Anderen und schließlich auch meins und deins, denn ich wurde nicht abgetrieben, sodass ich gut 70 Jahre später diese Zeilen schreiben konnte die du jetzt liest. Mögen sie dich das Gute am Bösen und das Böse am Guten erkennen lassen, denn langzeitig gesehen sieht so manches anders aus, als es kurzfristig zu scheinen mag.

Als mein Vater mit einem Gewicht von etwa 46 Kg bei einer Körpergröße von 178cm in Szczytno ankam, da wurde er „eimerweise", wie er zu sagen pflegte, von seiner Mutter mit Suppe versorgt. Nachdem er einigermaßen zu Kräften kam, arbeitete er zunächst als „Schneider." Das Schneidern erlernte mein Vater bereits vor seiner Inhaftierung. Ob er auch im KZ in der Schneiderei tätig war, ist mir unbekannt.

Jedenfalls flickte und nähte er Hosen und Jacken aus Stoffresten für Polen und die Deutschen, die es nicht geschafft haben über die Oder oder über die Ostsee zu flüchten und genauso wenig besaßen wie er. Die Nähmaschine war eine deutsche „Pfaff" Nähmaschine, die meiner Oma gehörte. Die „Pfaff" wurde mit einer Fuß- Wippe angetrieben, war schwarz lackiert und mit goldenen Schriftzeichen versehen, auf der auch ich das Nähen versucht habe zu lernen.

Als Lohn für seine Dienste erhielt mein Vater etwas Gemüse oder Kartoffeln und ab und zu sogar ein Kaninchen, ein paar Eier oder ein Huhn. Das ging so lange gut, bis es knallte. Bis ihn eine glückliche Fundsache sehr unglücklich werden ließ.

Da es zu diesem Zeitpunkt an allem mangelte und in Szczytno sehr viele Häuser zerbombt waren, so gab es zwangsläufig auch viel Bauschutt. So freute sich mein Vater sehr, als er irgendwo im Schutt eine heile „20 Ampere Stromsicherung" fand, die er gut gebrauchen konnte, denn mit Draht oder Nägeln reparierte Stromsicherungen waren schon damals nicht ungefährlich – sondern brandgefährlich, denn eine nicht mit Kupferdraht reparierte Stromsicherung erhitzt sich widerstandsbedingt sehr schnell und wird aufgrund der elektrischen Reibung glühend heiß, was oft zu Hausbränden geführt hat. Allerdings wusste das mein Vater zum damaligen Zeitpunkt nicht.

Die im Bauschutt gefundene „20 Ampere Stromsicherung" wies an einem Ende eine kleine Schlitzschraube und an dem anderen Ende einen Splint vor. Bei näherer Untersuchung der „Stromsicherung" stellte sie sich knallartig als ein Bomben- oder Granatenzünder vor. Beim Herausdrehen der Schlitzschraube passierte nichts. Beim Herausziehen des Splintes dagegen gab es eine laute Explosion. Die Explosion zerfetzte die linke Hand meines Vaters und riss ihm dabei den unteren Handballen, den kleinen und den Ringfinger Finger ab, die er anschließend unter der „Westfalica" fand. Als eine Westfalica wurde damals ein Küchenherd aus Gusseisen bezeichnet, deren Feuerstätte an der Oberfläche mit gusseisernen, ineinander greifenden Ringen versehen war. Je mehr Ringe man entfernte, desto größer wurde die Feuerstätte, sodass sie den Töpfen oder Pfannen optimal angepasst werden konnte. Ferner wurde er durch die Explosion auch am Bauch verletzt. Die Bauchverletzung hinterließ tiefe Narben in Form eines Buchstaben Z. Und immer wenn ich jetzt, im Zusammenhang mit dem Krieg in der Ukraine, den Buchstaben Z sehe, denke ich assoziativ an die Bauchnarbe meines Vaters. Insofern stimmt meine Behauptung, dass man durch Schock am einprägsamsten lernen kann – auch ohne selbst schockierende Erfahrungen gemacht zu haben.

Das Unglück mit der Explosion fand wahrscheinlich im Spätsommer statt, denn es war Erntezeit. Da ihn die KZ-Schule relativ schmerzresistent und ausdauernd werden ließ, so arbeitete er bereits nach 3/4 Tagen mit einer Handsense, um das teilweise Ährenlose Getreide für das Winterüberleben zu ernten und somit auch um weiteren Diebstahl zu verhindern. Das geerntete Getreide wurde auf dem Hof und in der Scheune zum Austrocknen aufgestellt. Da eine derartige Verletzung innerhalb von wenigen Tagen nicht heilen kann, so wunderte sich niemand, dass der Verband vom Blut durchtränkt war. Da die Verletzung nicht ärztlich behandelt wurde, so heilte die Wunde unbehandelt und somit „ungeordnet", sodass die „Drei-Finger-Hand" sein restliches Leben lang eine Behinderung blieb. Da die „verkrüppelte" Hand für jeden offensichtlich war, so wollte jeder wissen, wie es dazu kam. Als mein Vater dann das Unglück schilderte, so lachten einige darüber. Sie meinten sogar, dass er ein großes Glück hatte und ihm dabei nicht etwas „Anderes" abgetrennt worden sei. Ich verstand damals den ostpreu-ßisch-masurischen Humor nicht. Und weil Lachen anstckend ist, so lachte ich damals herzlich mit.

Da mein Vater ab da an eine mehr oder weniger verkrüppelte linke Hand hatte, so musste er zwangsläufig die Schneiderei aufgeben. Zum Glück hatte Vaters Familie vor dem 2. WK eine kleine Möbelmanufaktur, sodass er sich mit Holzarbeiten ganz gut auskannte. Er konnte sogar einfache Möbel und andere nützliche Gegenstände aus Holz reparieren und herstellen.

Nach dem Unglück mit der „20 Ampere Sicherung" erwarb mein Vater einen Holsteiner, ein Pferd, das einen Wagen ausdauernd ziehen konnte. Den passenden Pferdewagen baute er selbst. Es waren die „guten" alten Zeiten, wo Menschen noch natürliche Alleskönner und Überlebenskünstler waren und auch sein mussten, um überleben zu können. „Not macht erfinderisch", sagt man, sodass schlechte Lebenssituationen durchaus gute Überlebensideen hervorbringen können.

Da die Straßen von den Befreiern zerbombt und somit weitgehend unbefahrbar gemacht wurden, so mussten sie repariert werden, denn sie wiesen viele Bombenkrater und andere Löcher auf. Was man für die Straßenreparaturen benötigte, waren Kies, Sand und überwiegend Trümmerschutt. Auf diese Weise schlug man „Zwei Fliegen mit einer Klappe." Einerseits befreite man die Stadt vom Trümmerschutt und anderseits reparierte man damit die beschädigten Straßen. Somit wurden die schlechten Schutttrümmer der Häuser zum guten Füllmaterial für die Straßen. Auf diese Weise wurden die mit Schotter bedeckten Straßen wieder leer und die Straßenlöcher kontinuierlich voller – bis sie dann irgendwann weitgehend ganz verfüllt waren, was für meinen Vater nicht gut war, denn er musste sich notgedrungen eine andere Tätigkeit suchen.

Die Schotterfuhren wurden pro Kubikmeter bzw. Wagenladung abgerechnet. Dabei bemühten sich die polnischen Beamten freundlich und „gerecht" zu sein. Bezahlt wurde nach dem „BAT-Tarif", also bar auf Tatze – die Banken funktionierten damals noch nicht richtig. Allerdings nach einer, auch heute noch gerne in Osteuropa praktizierten Methode, die mein Vater zu damaligem Zeitpunkt noch nicht kannte. Als mein Vater bei der ersten Abrechnung von dem polnischen Beamten gefragt wurde, wie viele Kubikmeter bzw. Wagenlieferungen abzurechnen seien, so sagte mein Vater, dass es zwei waren. Daraufhin sagte der Beamte: "Gut dann schreiben wir drei und die eine teilen wir uns". Da mein Vater bereits im KZ-Lager gelernt hat zu überleben, so waren es bei der nächsten Abrechnungen 3+1 und ab und zu sogar 4+1 – wenn die Transportwege „kurz" waren. Diese geniale Abrechnungsmethode wurde dann sogar eine Zeit lang beibehalten, als es keine Straßenlöcher mehr zu reparieren gab. Kurz danach kam die Zeit, wo die meisten Bombardierungsfolgen weitgehend beseitigt wurden und mein Vater nach einer neuen Beschäftigung Ausschau halten musste.

Da man nach dem Kriegsende viel Holz zum Bauen und zum Reparieren benötigte und es in Ostpreußen mehr als genug davon gab und mein Vater bereits zwei Pferde besaß, so war Holz- bzw. Holzstämme aus dem Wald holen angesagt. Den Kastenwagen, den er zum Schotter Transport gebaut hatte, baute er derartig um, dass er tauglich zum Holzstämme-Transport wurde. Abgerechnet wurde anfänglich ähnlich wie beim Schottertransport, pro Kubikmeter bzw. pro Fuhre. Allerdings war mein Vater nicht der einzige, der nach dieser Methode abgerechnet hat. Bis schließlich der Sägewerkdirektor merkte, dass mehr Holzstämme abgerechnet, als wirklich geliefert wurden. Ab da an wurde ausschließlich nach der Kubikmeter-Methode abgerechnet, d. h. ab da an wurde nur noch „ehrlich" abgerechnet. Man sollte meinen, dass Menschen sich im Laufe der Zeit zu mehr Ehrlichkeit hin ändern können – auch in Polen, Ukraine, Russland, Israel, USA, … oder anderswo:

Als meine Frau und ich im Jahre 2023, also nach 80 Jahren der „Annektierung Ostpreußens", einen einwöchigen Urlaub per Bus auf der schönen Insel Usedom verbrachten, so haben wir auch einen Ausflug nach Polen unternommen. In Miedzyzdroje (früher Misdroy) haben wir zwei Stunden Aufenthalt gehabt. Da meine Frau und ich zu diesem Zeitpunkt nicht besonders gut zu Fuß waren, so ließen wir uns für etwa eine gute Stunde in dem Restaurant auf der Miedzyzdroje-Seebrücke nieder. Meine Frau bestellte einen „Aperol", der mindestens zu 2/3 mit Leitungswasser und viel Deko versehen war. Ich bestellte mir zunächst ein großes und hinterher noch ein kleines „Pfarrerbier". Die Rechnung belief sich auf knapp 13 Euro. Da ich keine 13 Euro passend hatte, so überreichte ich der Kellnerin einen 20 Euro Schein und bat sie, mir 5 Euro wiederzugeben. Daraufhin kramte sie in ihrer Geldbörse herum in der ich eindeutig einen 5 Euro Schein sah und es sie auch wissen ließ und teilte mir mit, dass sie keine Euros herausgeben darf. Da die Busabfahrtzeit bevorstand und ich mich nicht lange ärgern wollte, so sagte ich der Kellnerin, dass sie sich mit meinen

7 Euro einen schönen Tag machen soll und verließen anschließend das Lokal. Man sagt auch: „Machen sie Urlaub in Polen – ihr Auto ist schon da!" Nun ja, warum sollten sich Lebensarten ändern, wenn sie sich doch Jahrzehnte lang oder länger als erfolgreich bewährt haben? Wenn sogenannte Menschen immer noch zu 98% von Schimpansen Genen dominiert werden. Es wäre sicherlich schön, wenn die Gen Wissenschaft irgendwann das Y-Chromosom vervollständigen könnte.

Die Holzstämme aus dem Wald zu holen war nicht ungefährlich und sehr anstrengend, insbesondere für meinen Vater, der seine verstümmelte linke Hand nur eingeschränkt gebrauchen konnte. Die Holzstämme wurden schleppender Weise aus dem Wald zum Wagen von den Pferden gezogen und schließlich mittels von Winden so hoch angehoben, dass das hintere Wagenteil darunter geschoben werden konnten. Das machte Sinn, denn bei dieser Verlademethode verringerte sich das Gewicht des dicken Stammendes um das Gewicht, welches hinter der hinteren Achse überstand. Anschließend wurden die beiden Wagenteile mittels einer in der Läge verstellbaren Deichsel miteinander verbunden. Die Holzstämme wurden mit einer Kette miteinander festgekettet. Nachdem der Wagen einen stabilen Stand hatte, wurden weitere Holzstämme über eine schräge Holzstammrampe von den Pferden seitlich auf den Wagen hochgezogen. Dass sich dabei viele Leute Bein- oder Handverletzungen zugezogen haben, ist nicht verwunderlich, denn wer gefährliche Arbeit verrichtet, der sollte mit eigenen Verletzungen rechnen. Was zunächst schlecht zu sein schien, das machte die Betroffenen wachsamer und damit auch ein wenig bewusster. Was wiederrum das Gute am Bösen war, denn es lehrte sie, zukünftig, ein wenig achtsamer zu werden – auch in anderen Lebenssituationen.

Nachdem der Wagen mit weiteren Holzstämmen beladen wurde, wurde die ganze Holzstämme Ladung mit Ketten gesichert und der so beladene Wagen von Pferden zum Sägewerk in Szczytno gezogen. Die Holzstämme wurden abgeladen und „zlotygenau" vermessen. Der Stammdurchmesser wurde mit einer großen Schieblehre, in der „Mitte", die je nachdem wie herzlich der Handschlag war, meistens zum Stamm-Fuß hin leicht verschoben. Die Stammlänge wurde mit einem korrekten 2 Meter langen Messstab ermittelt. In welchen Zeiträumen und in welchem Umfang mit der allgemein bekannten Methode die Abrechnungen erfolgten, das weiß ich nicht. Jedenfalls wurde der Vermesser **vor** dem Vermessen der Holzstämme mit einen „freundlichen" Handschlag begrüßt.

Da es in Ostpreußen viele Seen gibt, die miteinander durch kleine 1 bis ca. 10 Meter breite Bäche verbunden sind und an vielen Stellen ohne Brücken durchquert werden können, so wurden die Furten zum Tränken der Zugpferde genutzt. Das war meistens unproblematisch. Die Pferde hielten, weil sie durstig waren, in der Regel ganz automatisch vor den Bächen an und stillten ihre Dürste. Leider haben Pferde die dumme Angewohnheit, dass sie gerne im Wasser mit den Vorderhufen scharren was schließlich zwei Pferden zum Verhängnis wurde.

Da es nach dem 2. WK unzählige Minen zu räumen gab, so wurden nicht alle Minen gefunden. Und so kam es, dass eine der unzähligen Tellerminen im Bach übersehen und somit auch nicht geräumt wurde, sodass sie durch das Scharren der

Pferde mit ihren Vorderhufen explodierte. Es gab einen lauten Knall und beide Pferde lagen seitwärts schwer verletzt im/am Bachufer, sodass das Wasser danach die blutrote Farbe annahm. Das halbe Pferd war sofort tot. Das andere wurde noch an Ort und Stelle mit einem Messer von seinen Schmerzen befreit. Das Pferdegeschirr war zwar blutverschmiert, konnte jedoch nach kleinen Reparaturen weiter benutzt werden. Das Fleisch wurde weitgehend an viele Fuhrmänner kostenlos verteilt und hauptsächlich verwurstet oder frisch verzehrt. Für die Pferde war das ein Glück, denn sie mussten ab da an nicht mehr hungern und schwer arbeiten. Für seinen Besitzer war das ein großes Unglück, denn er konnte ohne Pferde nichts verdienen. Und so etwas wie Harz Vier oder Bürgergeld, Arbeitsunfall-Versicherung oder Ähnliches gab es damals im ehemaligen Ostpreußen nicht. Da zur damaligen mageren Zeit das Wort Solidarität unter den Fuhrmännern **kein** Fremdwort war, so haben viele Fuhrmänner ordentlich Geld für den Unglücklichen gespendet, sodass der Unglückliche am Ende doch Glück hatte, denn er konnte sich von den Spenden ein neues Pferd kaufen.

Da es zu Vaters Zeit bereits Lastenwinden bekannt waren, so dachte mein Vater darüber nach, wie man solche Lastenwinde als transportable **Holzstammwinde** selbst bauen könnte. Weil man so eine spezielle Holzstammwinde damals nicht einfach käuflich erwerben konnte, so bauten mein Vater und sein Freund Werner eine im Eigenbau. Das Problem war, die passenden Teile zum Bau einer solchen Holzstammwinde zu finden. Glücklicherweise waren solche „Bauteile" meistens auf einem Schrottplatz auffindbar. Und was nicht ganz passte, das wurde passend gemacht. Was nicht so leicht zu finden war, war ein nicht zu dickes aber stabiles 5/4 oder 1,5 Zoll Stahlrohr als Windenhebel. Schließlich gelang auch das. Allerdings war es „verstopft". Da meines Vaters Freund eine sogenannte Feldschmiede in seinem Keller besaß, so beschlossen die beiden die „Verstopfung" auszubrennen. Gesagt getan – die Feldschmiede wurde in Betrieb genommen und das Rohr mit der verstopften Stelle in die Glut gelegt. Nach einigen Minuten der Ausbrennzeit gab es einen sehr lauten Knall. Das Kellerfenster und die Kellertür flogen aus den Rahmen. Die Glut der Feldschiede verteilte sich auf allen Gegenständen im Kellerraum, auch auf den beiden „Schmieden". Zum Glück, bis auf ein paar Hautverbrennungen, brach kein Feuer im Keller aus. Das Windehebelrohr war frei und eigentlich ein Grund zur Freude. Leider platzte bei dieser Panzerfaust-Explosion ein Trommelfell beim Vaters Freund und das andere war angerissen. Er blutete aus beiden Ohren und wurde schließlich schwerhörig. So kann auch gut Gedachtes schlecht ausgehen. Allerdings passte das Windenhebelrohr der ehemaligen Panzerfaust ganz genau (wie Faust aufs Ohr) und die Schwerhörigkeit vom Vaters Freund nahm schließlich auch ein gutes Ende, denn er wurde, als er in den 80-ger Jahren als Spätaussiedler in die BRD kam, aufgrund seiner Schwerhörigkeit frühzeitig verrentet.

Nun zurück zu den Auschwitzerlebnissen meines Vaters. Die o. g. grausamen Geschichten aus dem KZ Lager Auschwitz-Birkenau hörte ich hinter der geschlossenen Tür in der „Guten-Stube" als ich etwa fünf/sechs Jahre jung war und in die ich immer wieder dann „zum Spielen" geschickt wurde, wenn deutsche Bekannte zu uns zu Besuch kamen.

Leider sind es die einzigen KZ- Lager- Geschichten, an die ich mich erinnern kann. Sie waren so schockierend, dass ich sie nie vergessen werde. Mein Vater sprach kaum darüber, was er im KZ erlebt und wie er überlebt hat und schon gar nicht mit uns Kindern. Auch nicht, als wir erwachsen wurden. Und immer, wenn er gefragt wurde, ob es im KZ wirklich so schlimm war, wie die Leute es erzählen, sagte er nur: „Es war viel schlimmer". Dann schwieg er oder sprach über andere Dinge.

Da der erste Ehemann meiner Mutter in Russland getötet wurde und keine Geschwister hatte, so gehörte die Landwirtschaft in Zelonka ab da an ihr alleine. Und nachdem das „Holzzeitalter" vorbei war und mein Vater keine andere Arbeit fand, und die relativ kleine Landwirtschaft in der Stadt nicht groß genug war, um die Familie ernähren zu können, so beschloss er aufs Land zu ziehen. Allerdings war Mutters große Landwirtschaft in Zielonka zu diesem Zeitpunkt von zwei polnischen Familien bewohnt und bewirtschaftet, die es nun zum Verlassen dieser zu überreden galt. Schließlich, nach einer gewissen Zeit und nach vielem Hin und Her sowie ärgerlichen Behördengängen, ist meinen Eltern, aufgrund der damals bestehenden Eigentum-Rechtslage, auch das gelungen, dann nach dieser Rechtslage dürften die Deutschen, die nach oder während des 2. WK nicht geflüchtet sind, ihr Eigentum, wozu Land, Wasser und Wald gehörten, behalten. Den Polen, die nach dem 2. WK nach ehemaligen Ostpreußen zwangsumgesiedelt wurden, haben diese Privilegien nicht gehabt. Was oft zu neidbedingten Problemen führte. Und wenn ab und zu ein paar Holzstämme aus unserem Wald „verschwanden", dann war das zwar ärgerlich aber kein Grund für eine Anzeige.

Unser Umzug aufs Land fand statt, als ich 11 Jahre jung war, also im Jahre 1960. Was meine Eltern aus Szczytno nach Zielonka mitnahmen waren einige Möbel, von denen ein Schrank voll mit ausschließlich deutschen Büchern gefüllt war und die in Zielonka keiner gelesen hat. Ferner waren auch einige Landmaschinen und viele Werkzeuge dabei, hauptsächlich zur Holzbearbeitung. Ein Pferdewagen, zwei Pferde, zwei Kühe, ein Schwein, Hühner, Enten und viele Brieftauben gehörten auch dazu. Mein Vater liebte Brieftauben und war ganz vernarrt in sie.

Unser Leben in Zielonka war anstrengend, denn beiden Elternteilen fehlte es an Erfahrung. Mein Vater war mehr ein Stadt- als ein Landmensch. Zudem wurde er als junger Mensch im Jahre 1933 ins KZ Lager interniert, wo er sicherlich anderes zu bedenken hatte als landwirtschaftliche Kenntnisse als Gefangenen Aufseher zu erwerben. Was er u. A. im KZ Lager lernte und konnte, das war die Beaufsichtigung von Häftlingen bei Feldarbeiten außerhalb der Elektrozäune des Lagers. Da meine Mutter bereits vor und während der Kriegszeit in Zielonken Kr. Ortelsburg lebte, so war sie landwirtschaftlich viel erfahrener als mein Vater. Hinzu kam, dass sie die Bodenbeschaffenheiten ihrer Landwirtschaft kannte und somit wusste, wo was zu welchem Zeitpunkt ertragreich anzubauen war.

Da Mutters erster Mann im deutschen Angriffskrieg gegen Russland getötet wurde, so musste sie schnell und viel über Landwirtschaft lernen. Auch wenn sie zwei französische Gefangene, von denen einer ein „sehr feiner Kerl" war, wie sie es ab und zu zum Ärgernis meines Vaters sagte, als Helfer von den Nazis zur Verfügung gestellt bekam, so musste sie die täglich anfallenden Arbeitsanweisungen mit Unterstützung ihrer Schwiegereltern doch weitgehend selbstverantwortlich und wohl auch erfolgreich erteilen. Denn meine Mutter erzähle mir, dass sie kurz vor Kriegsende bereits Geld für zwei Volkswagen angespart hatte.

Meine Mutter

Im Gegensatz zu meinem Vater, war meine Mutter recht sprachbegabt **und gesprächig.** Sie kannte sogar einige Worte Russisch und etwa 10 Jahre nach dem Krieg auch recht gut Polnisch. Allerdings sprach sie nur ungern und wenig über ihre eigenen Kriegserfahrungen mit uns Kindern. Das änderte sich erst als ich erwachsen wurde und wir einen Wartburg-Kombi, hauptsächlich zum Eiertransport, erworben haben.

Nachdem wir notgedrungen von Szczytno nach Zielonka umgezogen sind und die reine Landwirtschaft die ersten Jahre als Geldeinnahmequelle zum Leben nicht ausreichte, so beschlossen meine Eltern, dass sie zwecks Einkommens-Aufbesserung eine Hühnerfarm betreiben wollten. Da an unserem Zielonka-Hof keine Hühnerställe vorhanden waren und ich mittlerweile kräftig und geschickt genug war, um auch schwere und anspruchsvolle Arbeiten ausführen zu können so bauten mein Vater und ich gleich zwei davon. Ab da an machte ich alles, wozu mein Vater aufgrund seiner Behinderung nicht in der Lage war zu tun – insbesondere Schafe und Rinder Kastrationen gehörten auch dazu. Gelernt habe ich es durch Zuschauen bei einem Veterinär, der jährlich zu uns kam, um männliche Schafe und Rinder zwecks Verbesserung der Fleischqualität unfruchtbar zu machen. Denn das Fleisch kastrierter Tiere schmeckt nicht so streng wie das der nicht Kastrierten, das Fortpflanzungs-hormone enthält.

Zum Kastrieren benötigte ich ein scharfes Messer und einen mit reinem Alkohol sterilisierten Faden aus Baumwolle, denn selbstauflösende Fäden waren damals noch unbekannt. Kastriert wurde ohne vorherige Betäubung, zwischen den Beinen, von hinten. Anfangs wurde der Hodensack längst, also von oben nach unten aufgeschlitzt, etwa 4cm bei Schafen und 8cm bei Rindern, sodass anschließend ein Hoden herausgedrückt werden konnte. Danach wurden die Samenleiter samt Adern und Venen fest zugeschnürt und schließlich unterhalb der Verschnürung durchtrennt und die schmackhaften Hoden aufgefangen. Die Hodenschlitze wurden nicht vernäht. Da diese Kastrationsmethode oft zu Entzündungen führte, so wurde sie kurze Zeit später verbessert. Dabei wurde der Hodensack nicht mehr beidseitig aufgeschlitzt, sondern etwa in der Mitte durch- und somit abgeschnitten. Anschließend wurden die Samenstränge samt Adern und Venen einzeln abgebunden und die Hoden abgetrennt. Den Rest kennen wir bereits. Da ich es irgendwann sehr gut konnte, so sprach sich das im Dorf und Umgebung schnell herum. Manche Frauen, die bereits um die 10 Kinder hatten, fragten mich scherzhaft(?), ob ich mich ihrer Männer annehmen könnte.

Damit die Hühnerställe hell werden sollten und die Hühner auch im Winter Tageslicht bekamen, so benötigten wir einige Fenster. Zum Glück überstanden mehrere verglaste Fenster samt Rahmen den Krieg in Szczytno, in Vaters ehemaliger Möbelmanufaktur seiner Eltern. Vermutlich war das die letzte Bestellung, die die „Möbelmanufaktur Brozio" vor Kriegsende gefertigt aber kriegsbedingt nicht mehr ausgeliefert hat. Die Türen haben wir aus doppelter Schicht Brettern mit dazwischenliegender Dachpappe angefertigt. Die Scharniere schmiedete ich selbst in der Dorfschmiede meines Freundes. Das dazu notwendige Flacheisen war auf dem Schrottplatz für eine kleine, ¼ Liter Flasche Wodka zu finden. Das für den Bau benötigte Holz befand sich in unserem eigenen Wald in Marksewo (Markshöfen), wo meine Mutter geboren und aufgewachsen war. Und weil es kein anderes mutterseitiges Mitglied der Familie Schenkewitz in Polen gab, so gehörte die Landwirtschaft in Merksewo samt Wald automatisch ihr allein. Das Bearbeiten des Holzes erledigten wir mit scharfen Äxten selbst. Für den Aufbau benötigten wir keine fremde Hilfe – außer zum Bretter- und Lattenschneiden. Das machte das Sägewerk in Szczytno, zu dem mein Vater gute und **günstige** Beziehungen hatte.

Für die Wände haben wir eine Art Mörtel aus Kohleschlacke und selbstgelöschten Kalk verwendet. Die Kohlenschlacke konnten wir fast „kostenlos" von der Kokerei in Szczytno für ein paar Flaschen Wodka beziehen. Die Wände waren ca. 40 cm dick, sodass selbst im harten Winter kein Huhn frieren musste und somit mehr Eier legen konnte als das bei Kälte üblich gewesen wäre. Das Hühnerfutter wurde größtenteils aus der sich in Szczytono befindenden Graupenfabrik organisiert. Eigentlich waren es Abfälle, die insbesondere bei der Graupenherstellung und Buchweizen anfielen, sodass sie für zwei Flaschen Wodka und zwei Paletten Eier für eine LKW Ladung zu haben waren. Da die meisten Buchweizenhülsen leer waren, so waren die Hühner mit der Suche nach „Beute" gerne beschäftigt. Es waren glückliche Hühner UND Hähne und natürlich auch die Hühnerhalter, also eine echte, ökologisch ausgewogene, dreifache win-win-win-Situation. So bekamen alle was ihnen Spaß machte: Die Hühner eine warme Behausung und Spaß beim Futtersuchen und Eierlegen, die Hähne etwa 50 Hühner pro Hahn und die Besitzer jede Menge wohlschmeckende Eier.

Anfangs transportierten wir die Eier mit einem selbst gebauten „Pick-Up"-Einspänner. Der „Pick-Up"-Einspänner hatte eine tiefe Ladefläche, die sich bis zu 500Kg gut beladen ließ, sowie eine Pneu-Bereifung und eine weiche Federung. Eine weiche Federung war erforderlich, weil am Anfang unserer „Hühnerzucht" hauptsächlich nur Eier zum Ausbrüten benötigt wurden, die wir an eine staatliche Eierausbrut-Einrichtung in Szczytno regelmäßig geliefert haben. Und weil Eier zum Ausbrüten nicht stark geschüttelt oder gerüttelt werden dürfen, so erklärt sich die gute Federung unseres „Cabrio-Einspänners" von selbst. Im Winter wurden die Eier in Holzkisten, die mit jeweils 360 Eiern pro Kiste bestückt waren, vor Frostschäden durch dicke Pappe und Decken geschützt – damit sie den ca. 6 km Transportweg nach Szczytno fruchtbar überstehen konnten. Die Kutscherbank des Einspänners war gepolstert und wesentlich höher als die Ladefläche, sodass man bequem und übersichtlich darauf sitzen konnte. An frostigen Wintertagen legten wir uns die zuvor in der Backröhre unseres Küchenofens angewärmten Schamott-Ziegelsteine unter die Füße und ein Schafsfell über die Knie. Unsere „Lotte", die ein ehemaliges Reitpferd war, legte die 6 km Strecke in etwa einer halben Stunde zurück. Unsere Lotte war das schnellste Pferd vom ganzen Dorf, worauf mein Vater stolz war und ich sehr froh – weil ich damit die Überholten ärgern konnte und weil bekanntlich „Schadenfreude die schönste Freude ist". Es ist wohl im Urvermächtnis selbst verankert, dass auch Schadenfreude ambivalent ist: Einerseits werden die „Sieger" für ihr Bessersein als die „Besiegten" durch Freude belohnt. Andererseits werden die „Besiegten" durch „Leid" zum Besserwerden angespornt – das ist Evolution live. Denn: „Der Bessere soll gewinnen!" Sowohl in der Tier- als auch in der Pflanzenwelt.

Nachdem die Hühner mehr Eier legten als zum Ausbrüten benötigt wurden, so verkauften wir die Eier zusätzlich auf den Wochenmärkten, an die örtliche Konditorei, das örtliche Krankenhaus und andere staatliche Einrichtungen. Abgerechnet wurde stets nach der bereits bekannten Methode – es wurden grundsätzlich mehr Eier abgerechnet als geliefert.

Das „MEHR" wurde ehrlich geteilt – manchmal wurden ein Sack Kartoffeln, ein Hähnchen, ein paar Fische, die wir in unserem See mittels Reusen und Stellnetzen fischten, ein paar Äpfel oder ein anders Lebensmittel als zusätzliches „Boni", als „Dankeschön" oder als „Gratifikation" von uns frei Haus geliefert. Insbesondere zu Weihnachten – aus „Nächstenliebe". Da diese polnische „Teilungsmethode" für alle Beteiligten sehr lukrativ war, so wurde sie, wie mir scheint, bis heute sogar von „honorigen" hochrangigen Politikern im ganzen Ostblock beibehalten, insbesondere im Ministerium der Ukraine bei Waffenbeschaffung und im Ministerium in Polen bei den Visaausstellungen, woraufhin sich der „ehrenhafte" polnische Minister sogar das Leben (medienwirksam) „nehmen wollte". Warum sollte sich etwas ändern, wenn es sich doch Jahrzehnte lang sehr gut bewährt hat? Bei uns nennt man das Image oder Lobbyismus „Pflege".

Der Eiertransport und Verkauf fand zweimal wöchentlich statt, immer am Dienstag und Freitag – an den Wochenmarkttagen, die in Szczytno regelmäßig stattfanden. Da diese polnische „Teilungsmethode" nicht nur für uns sehr lukrativ war und ich bereits einen Führerschein erstanden hatte, so konnten wir schon bald auf den Einspänner verzichten. Da die polnischen Kraftfahrzeuge andauernd kaputt gingen und die westdeutschen auf dem freien Markt so gut wie nicht vorhanden und dementsprechend teuer waren, so wurde ein Wartburg-Kombi angeschafft, den ein Pole zuvor aus der DDR „importiert" hatte. Den Pkw-Kombi benötigten wir hauptsächlich für den Transport der Eier, die die Hühner massenhaft legten. Da unser Wartburg zu diesem Zeitpunkt der einzige Pkw im ganzen Dorf war, so wurde er gelegentlich auch von anderen Dorfbewohnern angefordert – zum Krankentransport, bei Hochzeiten oder für Wahlfahrten, beispielsweise zur „Swienta Lipka" (Heilige Linde). „Swienta Lipka" ist für die katholischen Polen ein heiliger Ort, in dem sich die heilige Mutter Gottes in einer Linde (Lipa) ehrlich glaubenden Polen gezeigt haben soll. Abgerechnet wurde nur der reine Benzinverbrauch. Auf diese Weise musste kein Beamter „involviert" und die Transportkosten niedrig gehalten werden.

Da wir irgendwann nicht alle Eier in Szczytno mangels Nachfrage verkaufen konnten, so wurde das Verkaufsgebiet erweitert. Da die Landesstadt Olsztyn (früher Allenstein) etwa 50 Km von Szczytno entfernt war, so war sie in gut einer Stunde mit unserem Wartburg erreichbar. Für die Hinfahrt, den Eierverkauf und die Rückfahrt benötigten wir den ganzen Vormittag, etwa fünf Stunden, in denen meine Mutter und ich relativ eng zusammen waren – insbesondere während der gut zweistündigen Fahrten an jedem Dienstag und Freitag.

Während der Fahrten wurde unser Wartburg oft zum „Beichtstuhl", zur „Anklagebank" oder zur Verarbeitung der Kriegserlebnisse genutzt. Denn womit die Seele beladen ist, davon spricht der Mund, weil „Unverdautes" immer wieder „hochkommt", sogar bei einer Auto- oder Busfahrt, bei einem Fußmarsch oder einer anderen Tätigkeit, wobei sich ständig ein Geräusch oder eine Bewegung wiederholen und somit die Funktion einer Remotionsbasis oder Remotionsleine einnehmen. (Über Meditation und Remotion sprechen wir noch im bald Folgenden ausführlich).

Je intensiver, je schockartiger unsere Erlebnisse allgemein sind, desto tiefer brennen sie sich in unseren Gedächtnissen ein und desto länger dauert es, bis sie gelöscht werden. Manchmal erst durch viele Wiederholungen oder erst auf dem Sterbebett und ein andermal nie, denn jeder verarbeitet intensiv und schockartig Erlebtes etwas anders. So sprach meine Mutter über ihre Kriegserfahrungen während der Fahrten am meisten, denn enge Räume, wie Verhör- Haft- oder „Autozellen", machen gesprächig. Sie sprach über ihre Lebenserfahrungen, die sie während und hauptsächlich nach dem Krieg erlebt und überlebt hat. Da ihre Konzentration während der Fahrten abgelenkt war, so hat sie mir Vieles erzählt, was ihr auf dem Herzen lag, was sich in ihrem Gedächtnis besonders intensiv verankert hat und was sie bis dahin keinem sonst offenbart hatte. Sehr wahrscheinlich auch meinem Vater nicht. Oft war ich traurig und wütend zugleich darüber, was sogenannte Menschen ihren Artgenossen aus Hass oder Glauben, aus Gier oder Neid und aus hormonell bedingtem Sexbegehren sowie aus sogenannter „Nächstenliebe" antun können.

Mein Vater war nicht der erster Mann meiner Mutter, sondern der zweite. Ihr erster Mann ist im 2. WK in Russland im „Feld gefallen" – also nicht getötet bzw. ermordet worden, NEIN! Sondern mehr so etwas wie „gestolpert". Dabei ist er von den „bösen" **Okkupierten,** also von denen, die sich **gegen** den deutschen Überfall gewehrt haben, gerechterweise getötet worden. Die Reste seiner Leiche sind nie gefunden und somit auch nie überführt oder menschenwürdig begraben worden. Ein Überlebender, der **angeblich** mit ihrem ersten Mann zusammen an der Ostfront war, sagte nur, dass Mutters erster Mann Paul von einem Schrapnell verletzt wurde und anschließend taumelnd unter die Ketten eines deutschen Panzers gekommen sei. Das Jahr oder Monat, in dem er von den „bösen" Russen verletzt und den deutschen Panzerketten der Panzerkolonne in den Boden gedrückt wurde, ist mir ebenfalls nicht bekannt, denn meine Mutter wusste nichts Genaueres darüber. Eine Benachrichtigung über den Tod ihres ersten Mannes hat sie nie erhalten.

Da ihr erster Mann „für seinen lieben Führer, sein Volk und seine geliebte Heimat" (Zitat aus der Todesanzeige Muttrs Bruders aus dem Jahre 1942) im fremden Land, dessen Glauben, dessen Sprache und dessen Kultur er NICHT kannte „gefallen" war, so musste sie, so gut wie es ihr möglich war, die Landwirtschaft in Zielonken zunächst alleine mit ihren Schwiegereltern bewirtschaften.

Das Haus in Zielonken war(ist?) recht groß. Es hatte einen geräumigen Vorbau, einen **sehr** großen Flur, von dem aus eine breite Treppe nach oben führte, eine große Wohnküche und sechs weitere geräumige Zimmer. Von dem großen Flur führte eine breite Treppe nach oben, wo sich zwei recht große Erkerzimmer mit je einem Fenster befanden, von denen aus man einen sehr schönen Blick auf unseren etwa 9 Hektar großen See und das hinter ihm liegende Dorf hatte. Die beiden Erkerzimmer wurden von den beiden gefangenen Franzosen bewohnt, die auf Mutters Landwirtschaft sklavenähnliche Arbeit verrichten mussten, denn eine Entlohnung gab es nicht. Eigentlich war diesbezüglich alles beim Alten geblieben. Menschen wurden seit Menschen Gedenken eingefangen, versklavt und zu unentgeltlicher Arbeit gezwungen – wie die beiden Franzosen, die ebenfalls gefangen genommen und zur unentgeltlichen Sklavenarbeit gezwungen wurden. Meine Mutter und die beiden Franzosen dachten sich nichts Menschenentwürdigendes dabei. Auch dem Onkel meiner Frau, der nach(?) dem 2. WK französischer Gefangener wurde, war auch nichts Ähnliches in den Sinn gekommen – damals, und nicht nur damals – war es völlig normal und legitim, gefangen genommen zu werden!? Im Russland-Ukraine Krieg ist es auch heutzutage nicht anders. Auch dort werden beidseitig Gefangene gemacht, die dann gegenseitig ausgetauscht, gesundgepflegt und wieder an die Front geschickt werden. Im Israel-Palästina Krieg werden **keine** Gefangenen gemacht! Es sind ja nur die bösen Terroristen, die sich ihr Land von den Israelis nicht wegnehmen lassen wollen, sodass es deren Frauen und Kinder ebenfalls zu ermorden gilt – damit die Frauen keine wehrhaften Terroristen gebären und deren Kinder nicht erwachsen, bzw. kampffähig werden können? Nun ja, wenn Russland der Ukraine Land wegnehmen darf, warum sollte Israel sich Palästina nicht einverleiben dürfen??

Verstehst du das? Falls ja, dann lass es mich bitte wissen, warum sogenannte Menschen sich dermaßen unmenschlich verhalten können. Warum die Regimekritiker Assange, Nawalny, die ehemalige deutsche RAF und unzählige andere rebellischen Leute nicht als „Nestbeschmutzer" oder Unruhestifter, sondern von einer „Handvoll Leuten" als Helden, als Freiheitskämpfer oder als Demokratie-„Beschützer" und somit nicht als Verbrecher bezeichnet werden? Friedliche Kritik ist grundsätzlich gut, allerdings sollte „kein rebellische Kritiker die Hand beißen, die ihn ernährt und kein Nest beschmutzen, in dem er friedlich leben will". Andernfalls solle er in ein Land auswandern, in der Rebellionen seitens der Staaten erwünscht sind oder in das Land reimmigrieren, aus dem er woher gekommen ist und es dann auf demokratischen Wege versuchen, nach seinen Vorstellungen umzugestalten.

Nun zurück zu meiner Mutter. Natürlich arbeiteten die beiden Franzosen in Mutters Landwirtschaft, wo sie von ihr auch verpflegt wurden. Gegessen wurde gemeinsam in der großen Wohn/Wirtschaftsküche. Da einer der Franzosen, sagte meine Mutter, ein „sehr feiner und gut aussehender Mann war", sie attraktiv und jung, so vermutete ich damals schon, dass beide eine engeren Beziehung bis zum Kriegsende pflegten. Eine Beziehung, die nicht ohne Folgen blieb, denn meine Mutter war kurze Zeit vor Kriegsende bereits schwanger und die beiden Franzosen auf dem Weg nach ihrem Zuhause, nach Frankreich. Nun musste sie ganz allein eine wichtige Entscheidung treffen, wahrscheinlich die allerwichtigste Entscheidung in ihrem Leben, denn es ging um Leben oder Tod von vier Personen. Sich auf die Flucht als Schwangere mit einem 3- und einem etwa 1-jährigen Kind zu begeben, war aussichtslos. Das wäre dann der sichere Tod von allen Vieren. So tat sie scheinbar Böses, damit drei Menschen überleben konnten.

Die Lösung war eine vorzeitige „Geburt" und dann eine schnelle Genesung – **bevor** die „bösen" Russen kamen. Die „Fehlgeburt", wurde durch sie selbst mit einer Stricknadel eingeleitet, doch darüber sprach sie so gut wie mit keinem.

Es war eine Fehlgeburt und es war ihr Geheimnis, das keinen anderen etwas anging. Punkt. Eine/r, es war ein Mädchen, musste geopfert werden, damit die Drei eine Chance zum Überleben bekamen. Danach begann die Flucht in den Westen – hinter die Oder – mit zwei kleinen Kindern, von denen nur das älteste überlebte. Der lange Fußmarsch war sehr anstrengend, kräftezerrend, voller Entbehrungen und vor allen Dingen voller Angst, denn es „donnerte" ständig und die Russen kamen immer näher. Da meine Mutter auf dem Hinmarsch bereits das jüngere Kind „verloren" hatte, so ging es zu zweit etwas schneller voran – leider nicht schnell genug, um über die Oder zu kommen. Dann kamen die Befreier und machten weitere Fluchtversuche unmöglich, sodass ein langer Rückmarsch angesagt war.

Da meine Mutter trotz der vielen Entbehrungen immer noch recht attraktiv aussah, so fiel sie auf dem Rückmarsch einem Russischen Kommandanten auf, der sie als „Hausmädchen" für **alles** eine Zeit lang benutzte. Sie war zunächst fürs Kochen und Putzen zuständig. Danach auch für Liebesdienste, zu denen er sie zunächst mit einem Gewehrkolben „überreden" musste. Danach wurde sie erneut schwanger, diesmal von einem Russen. Die Abtreibung hat sie wieder mit einer Stricknadel an sich selbst vorgenommen. Wie lange sie bei dem russischen Kommandanten bleiben musste, das weiß ich nicht mehr. Vielleich hat sie es mir gesagt, vielleicht aber auch nicht. Irgendwann gelang ihr die Flucht aus der Kommandantur – durch ein kleines Kellerfenster, wo Steinkohle gelagert wurde. Sie sagte mir immer wieder: „Wo die Schulter durchgeht, da geht auch der Rest durch". Anschließend setzte sie ihren Rückmarsch in ihre Heimat fort. In eine

Heimat, die es so wie sie sie kannte nicht mehr gab, denn aus Ostpreußen wurde Polen.

Da es ihr und ihrem Kind bei dem russischen Kommandanten relativ gut ging, so erholten sich die beiden den Umständen entsprechend gut. Sie lernte sogar einige Worte und Sätze auf Russisch. Anschließend, notbedingt, auch etwas auf Polnisch.

Als ob der Gewalt und Erniedrigungen durch die Russen nicht genug wären, so kamen danach die polnischen Lüstlinge zum Zuge. Auch sie wollten hauptsächlich nur das Eine: Rache und Demütigung für das ihnen zuvor von den Deutschen zugefügte Leid. Schließlich wurde meine Mutter ein drittes Mal schwanger. Diesmal von einem Polen. Den Rest kennen wir bereits. Die Russen, so meine Mutter, waren zwar brutal, aber nicht ganz ohne Mitleid. Die Polen dagegen, denen sie auf ihrem Rückmarsch begegnete, waren brutal und OHNE jegliches Mitleidgefühl. Frauen, die Widerstand leisteten oder ältere Frauen, in die die polnischen Lüstlinge aufgrund der Scheidentrockenheit nicht eindringen konnten, wurden zunächst mit einem Gegenstand „gängig" gemacht.

Schließlich kam meine Mutter in ihrer Heimat, in Zielonka an. In Zielonka, denn Zielonken wurde von den Polnischen Besatzern in Zielonka umbenannt. Von den Schwiegereltern gab es keine Lebensspur. Um sie „kümmerten" sich die Polen. Man munkelte im Dorf, dass sie von den neuen Besitzern kurzerhand unauffindbar „umgesiedelt" worden sind. So war ihre Landwirtschaft bereits von zwei polnischen Familien in Anspruch genommen worden und somit zweifach besetzt. Da die Mutter meiner Mutter den unsinnigen Krieg in Markshofen überlebte, so zogen Meine Mutter und ihr Kind, zunächst zu ihr. Weil meine Oma für einen langen Fluchtmarsch zu alt und somit zu schwach war, so blieb sie genauso wie die Schwiegereltern meiner Mutter, die ganze Kriegszeit auf ihren Landwirtschaftshöfen. Meinen Opa haben die Russen erschossen – weil sie bei ihm eine Flinte fanden, die er zum Jagen auf seinen Feldern und Wäldern benutzte.

Von nun an lebten die beiden Frauen mit dem Kind, meinem Halbbruder, in Marksewo zusammen. Von den Gegenständen, die meine Oma und mein Opa vor dem Krieg vergraben haben und die die Russen und Polen nicht fanden, konnten die beiden Frauen ein paar Hühner, einen Hahn sowie einige Gänse und andere Sachen kaufen. Was sie damit erwirtschafteten und nicht unbedingt zum Überleben selbst benötigten, verkauften sie auf den Wochenmärkten in Szczytno, das etwa 15 Km von Marksewo (früher Markshöfen) entfernt war. Dort lernte meine Mutter ihren zukünftigen zweiten Mann, meinen Vater kennen. Ob es Liebe oder eine Notwendigkeit war, wer weiß das noch? Über Liebe, Zuneigung oder Gefühle sprachen meine Eltern nie. Ich beobachtete nie, bis auf ein paar „komische Nachtgeräusche", dass meine Eltern sich küssten, gefühlvoll berührten oder andere Zärtlichkeiten austauschten. Allerdings waren sie meistens freundlich zueinander – mehr nicht.

Meine Wenigkeit

Was meine Lebenserfahrungen in und mit den Polen anbelangt, so waren sie hauptsächlich negativ, denn an die positiven erinnere ich mich so gut wie gar nicht, sie sind einfach weitgehend „gelöscht" worden.

Als ich 1949 geboren worden bin und beim polnischen Standesamt registriert wurde, so sollte ich mit dem Rufnamen „Gerhard" und mit dem zweiten Vornamen „Jürgen" heißen, wie Mutters auf der Flucht verstorbener zweiter Sohn. Leider waren zu diesem Zeitpunkt keine deutschen Vornamen erlaubt, so machte der Standesbeamte ein „Gerard" daraus und „Jürgen" übersetzte er in „Jerzy". Da Polen eine gewisse Affinität zu Frankreich hatten, so war der Vorname „Gerhard" ohne „h", also „Gerard", erlaubt. Da die Polen alles Mögliche, insbesondere auch Namen gerne sprachlich verniedlichen, so sagten die Polen „Gerdek" zu mir. Zu Hause hieß ich „Gerd". Und später, als ich etwa 15 Jahre jung war und nicht als Deutscher („Schwab oder Nazi-Schwein") auffallen und somit die Polen nicht provozieren wollte, da gab ich mir selbst den Vornamen „Grzegorz", sodass ab da an das Kennenlernen polnischer Mädchen völlig unproblematisch verlief. Ich hatte sogar den Vorteil, dass ich einigermaßen sprachbegabt und redegewandt war und somit ein besseres, ein akzentfreieres Polnisch sprach als meine polnische „Konkurrenz". Damit konnte ich den polnischen Mädchen imponieren, denn „imposant" ist für das andere Geschlecht interessant. Was gelegentlich zu neidbedingten Problemen führte, wie z. B. zu Schlägereien mit den polnischen Jungen.

Nach der Umsiedlung nach Deutschland sagen alle nur Gerd zu mir. Bis auf die Ausnahmen am Gymnasium und an der Uni, da wurde mein Vorname Gerard französisch ausgesprochen. Viele fragten mich auch, ob ich ein Franzose sei, sodass ich die o. g. Erklärung oft wiederholen musste.

Was meine persönlichen Lebenserfahrungen betrifft, so gibt es nicht viele, die einen bedeutenden Nennenswert haben. Weshalb ich mich im Folgenden auf die Lebenserfahrungen beschränke, die ich für einigermaßen lehrreich halte. Es sind Lebenserfahrungen, durch die ich persönlich über die Denk- und Handlungsweisen anderer viel erfahren und dazugelernt habe. Insbesondere von Verhaltensweisen sogenannter Christen, die sich „ungeheuchelt" an den sogenannten „Zehn Geboten" orientieren und die die Nächstenliebe selbstlos propagieren. Nun ja, so lange wie man kein Selbst hat und somit kein Selbst ist, so lange wird man auch selbstlos bleiben. Diese selbstlosen Leute musste ich gut 20 Jahr lang kennen und „lieben" lernen.

Als ich geboren wurde, da war Ostpreußen bereits den Polen zugewiesen worden und somit ein polnisches Staatsgebiet geworden und alle Deutschen, die nicht fliehen konnten oder wollten, wurden zu polnischen Bürgern mit deutscher Volkszugehörigkeit erklärt. So wurde auch ich ein deutscher Pole und fortan als ein „Schwab", als „Schkopp" oder als ein „Nazi-Swinia" („Nazi-Schwein") beschimpft. Als ich dann mit sieben Jahren eingeschult wurde, so wurde ich von da an oft verachtend mit „Schwab" gerufen und als solcher bezeichnet. Obwohl ich für meine Geburt nichts konnte. Ich war als Spermazelle einfach schneller als die „Konkurrenz". Es lag einfach in der Verantwortung meiner Eltern, der sie sich, wie die meisten Eltern, im Moment der Zeugung sicherlich nicht bewusst waren. Und was mich anbelangt, so hätte ich mich ganz gewiss NICHT vermisst, wenn ich nicht gezeugt und somit auch NICHT geboren worden wäre. Allerdings gäbe es dann auch diese Niederschrift mit den vielen Lebenserfahrungen nicht, die auch dir helfen könnten etwas erfahrener zu werden, ohne gleich selbst „weite Reisen" zu tätigen.

Auf jeden Fall wäre ich dann nicht als „Nazi-Schwein" bzw. als „Schwab" beschimpft worden. Allerdings wusste ich damals nicht, warum die Polen es taten. Erst im Nachhinein, als ich in Deutschland an der Realschule in Hagen und am Gymnasium in Rüthen erfahren habe, was die stolzen deutschen Soldaten in dem Nazi-Angriffskrieg gegen die Polen, der unschuldigen polnischen Bevölkerung angetan hatten, habe ich verstanden, warum ich von den Polen zutreffend als „Nazi-Schwein" beschimpft wurde. Ab da an begriff ich, was der Begriff „sich fremdschämen" bedeutet, wie es lernbegabten Kindern ergeht, wenn sie sich für die Taten ihrer Eltern schämen. Obwohl meine beiden Eltern und mein Freund, auf dessen Lebenserfahrungen ich im Folgenden zu sprechen komme, ganz bestimmt keine Nazis waren, so waren sie doch Deutsche und damit in den Augen der Polen und Russen mitverantwortlich für das Unrecht, das sie ihnen quasi persönlich angetan haben.

Und wer oder was ein „Nazi-Schwein" war, das wusste ich, als ich als Kind in Polen lebte, auch nicht. Ich wusste nur, dass ich kein „Schwein" war, denn meine Polnisch Kenntnisse waren zu diesem Zeitpunkt noch nicht besonders gut ausgeprägt, denn zu Hause sprachen meine Eltern ausschließlich Deutsch miteinander. Meine Polnisch Kenntnisse habe ich recht schnell auf der „Straße" beim Spielen mit den polnischen Kindern erlernt. Nach der Einschulung dauerte es dann nicht lange, bis ich mit meinen Eltern Polnisch und sie mit mir Deutsch sprachen. Es war eine bilinguale Geheimsprache, die für alle, die nicht Deutsch UND Polnisch sprachen, unverständlich war. Auf diese Weise lernten meine Eltern Polnisch zu sprechen, denn es lief wie folgt ab: Ich sprach mit meinen Eltern Polnisch und sie Deutsch mit mir und umgekehrt, ich sprach sie auf Polnisch an und bekam eine Antwort auf Deutsch. Allerdings dauerte es dann noch einige Jahre, bis ich und meine Eltern miteinander ausschließlich Polnisch kommunizierten. Im Prinzip war es damals in Polen genauso wie es heutzutage mit den meisten Immigrantenfamilien weltweit ist, wo die Eltern von ihren Kindern die neue Landessprache lernen. Vorausgesetzt, dass die immigrierten Eltern wissen, dass sie in einem anderen Land leben, in dem eine andere Sprache gesprochen und eine andere Kultur gelebt wird, als in ihrer ehemaligen Heimat.

Wenn Immigranten friedlich in ihrer neuen Heimat leben wollen, müssen sie sich der für sie neuen Kultur des Friedenswillen anpassen – ohne mit ihren alten Kulturen zu imponieren und schließlich auch unruhestiftend zu provozieren. Wer dauerhaft in Frieden in einem anderen Land leben möchte, der MUSS sich deren Kultur und Sprache annehmen oder dort zurückkehren, woher er hergekommen ist – anders funktioniert eine dauerhaft friedliche Koexistenz NICHT! Der „Schlüssel" zum Dauerfrieden ist die gemeinsame Sprache, die einen auf Fakten basieren Gedankenaustausch ermöglicht. Die bilinguale Sprachlehrmethode, wie meine Eltern und ich sie in Polen praktiziert haben, hat sich bei meinen Eltern und mir sehr gut bewährt und könnte 1 zu 1 von den Immigranten Familien nachgeahmt werden – wenn die Immigranten Eltern NICHT darauf bestehen würden, dass ihre Kinder mit ihnen ausschließlich die Elternsprache sprechen! Auch der Besuch einer Kirche, eines Gebetshauses und einer Synagoge müsste unvoreingenommen möglich sein!!

Dass die Beschimpfungen als „Schwab" oder „Nazi-Schwein" nicht nur seelisch schmerzlich, diskriminierend und erniedrigend waren, sondern auch körperlich spürbar, das musste ich erfahren als wir aus Szczytno nach Zielonka umgezogen sind und ich in Romany, einem von Zielonka ca. 3 km entferntem Dorf, zur Hauptschule ging, denn Zielonka hatte nur eine Grundschule mit einem Lehrer.

Obwohl mein Vater während seiner 12 Jährigen KZ-Inhaftierung viel Elend erleben musste – oder gerade deshalb – so hatte er doch wenig Mitleid für andere übrig, denn was seine Generation während und nach dem 2. WK gelernt hat, das war das **eigene** Überleben und Schadenfreude gehörte auch dazu. Nach dem Motto: „Wer schwanger wird, der hat selbst Schuld" oder „Was kümmern den Bock die Lämmer".

Das machte mich damals oft sehr traurig, denn für meine Geburt konnte ich ja nichts. Und irgendwie verziehen habe ich es ihm deshalb bis heute nicht. Meine Mutter sagte nur: „Wenn die Böcke bocken wollen, dann **müssen** es die Frauen wollen". Inwieweit es auch meinen Vater betraf, das weiß ich nicht. Jedenfalls war diese Äußerung meiner Mutter zutreffend, wenn es zuerst um die russischen und dann um die polnischen Lüstlinge ging.

Dass mein Vater für seine Boshaftigkeiten und seinen Empathie Mangel nichts konnte, das verstand ich damals noch nicht. Es hieß immer, dass ich stark und wehrhaft sein müsse. „Und wenn dich jemand schlägt, dann musst du so stark zurückschlagen, dass er umfällt. „Das funktioniert am besten mit einem kräftigen Faust**schlag** seitlich auf den Unterkiefer", belehrte mich mein Vater. Es war, wie es sich danach praktisch herausstellen sollte, ein sehr guter Rat**schlag,** denn es gab dabei, bis auf einen plötzlichen Zahnausfall, keine blutend-gebrochene Nase oder blaue-grüne Augenringe, was eine Anzeigenerstattung durch den Geschädigten wesentlich erschwert hat und somit nicht ein einziges Mal zur Anzeige führte.

Das Gute an der bösen „Lämmer-Äußerung" und dem „Verteidigungs-Tipp" meines Vaters war, dass ich schnell lernte selbstverantwortlich und selbstwehrhaft zu werden. In Romany bin ich auf dem Schulhof zweimal hinterrücks mit einem Taschenmesser angegriffen und verletzt worden, sodass ich einmal an der rechten Pobacke und ein anderes Mal an der rechten Seite im Lendenbereich blutete. Allerdings war es nicht lebensbedrohend, sodass ich diese Verletzungen erst zu Hause bemerkt habe als ich die Blutflecke auf meinen Hemden sah. Mein Vater sagte mir, dass es Feiglinge waren, die in Wirklichkeit Angst vor mir hatten und dass das für Polen typisch sei, von hinten anzugreifen oder Liegende zu boxen und/oder zu treten. Mutige Jungen tun so etwas Feiges nicht. Diese Lektion habe ich stets befolgt und nicht ein einziges Mal einen am Boden liegenden „Gegner" geboxt oder getreten, was mir vorteilhafte Sympathien bei den Mädchen und einen gewissen Respekt bei den Jungen einbrachte. Es ist wohl genauso wie bei unseren tierischen Verwandten allgemein und so liegt es in der Sache der Natur selbst, dass nur die Stärkeren und die Wehrhaftesten von dem weiblichen Geschlecht bewundert werden. Es ist wie im Sport- oder anderen Wettbewerben, wo nur der Erstplatzierte, sozusagen nur der „Platzhirsch" das Vorrecht auf Genweitergabe hat. Denn der Zweitplatzierte ist bereits der erste Verlierer. Und wer unterlegen ist, „Wer den Schaden hat, der muss für den Spott nicht sorgen".

Schadenfreude, das Unglück der anderen, ist durchaus logisch erklärbar, denn über ein empathisches sich Identifizieren mit anderen, sogar mit anderen Arten von Lebewesen, dürfte den Sensiblen unter uns nicht unbekannt sein. Manche weinen oder lachen, sind traurig oder froh, wenn andere weinen oder lachen, traurig sind oder froh. Und Schadenfreude gehört auch dazu: Dadurch, dass Menschen sich mit den Situationen anderer Menschen (nicht Leute) identifizieren können, erleben sie geistig die Situation der Anderen selbst mit. Andererseits müssen alle Arten von Lebewesen dem allgemeinen Befehl **„Überlebe"** folgen und somit gehört Empathie als natürlicher Lehrmeister des Lebens vorrangig dazu.

Ein empathisch-lehrreiches sich Identifizieren mit den Unterlegenen – insbesondere mit denen der eigenen Art – das haben die meisten von uns, und somit sind wir dann froh, dass wir nicht die Unterlegenen sind und uns als quasi Sieger schadenfroh betrachten. So erklärt es sich eigentlich von selbst, (vom Selbst?) dass wir mit Verlierern nichts zu tun haben wollen, dass wir unsere Gene lieber mit den Erfolgreichen vereinigen möchten, denn nur starke Gene bringen einen überlebens- und damit fortpflanzungsfähigen Nachwuchs hervor. Auf diesem natürlichen Lebens-Prinzip basieren die meisten Western- und Komödien-Filme sowie die meisten Witze – nämlich auf dem Prinzip der Schadenfreude, ohne dem wir dem Befehl „Überlebe" nicht folgen könnten.

Ohne überleben müssen zu WOLLEN, würde das gesamte Leben erst gar nicht angefangen haben zu existieren. So ist das „böse" Vernichten der Schwachen die Voraussetzung für die „gute" Fortentwicklung der Starken – auch wenn es noch Epochen lang andauern wird. Leider sind es im Moment die schwachen, praxisfremden intellektuellen Minderheiten, die die Marschrichtung ganzer Nation vorgeben, die den leistungsstarken Teil der Gesellschaft demokratisch dominieren – bis sich die Zeiten diametral ändern werden müssen. Dann werden es die Natur- und die Grundgesetze der Starken sein, an denen sich eine gesunde Gesellschaft orientieren wird. Dann werden „Zwei Augen um eine Auge" und „Zwei Zähne um einen Zahn" friedensfördernd sein, denn „blind" oder/und „zahnlos" wird keine Minderheit Unfrieden stiften, schießen oder beißen können. Unmenschlich? Vielleicht, vielleicht aber auch nicht, denn die Evolution, zu der auch wir geistig oder/und körperlich gehören, kennt kein Mitleid – nur das ambivalente, Geist und Körper „**Überleben Wollen**", um sich dann weiterentwickeln zu können, um die nächste Stufe der geistigen und/oder körperlichen Evolutionsleiter zu erreichen.

Mein Vater sagte mir nur: „Was dich nicht tötet, das macht dich stärker". Später, als ich bereits ein junger Erwachsener wurde und gerne die hübschen polnischen Mädchen, meistens beim Tanzen, kennen lernte, bin ich zwei weitere Male mit Messern verletzt worden – nur etwas tiefer. Zum Glück blieb eine Messerspitze in meiner Rippe stecken, sodass meine Lunge nicht verletzt wurde, Die zweite, die harmlose Verletzung habe ich erst am blutigen Hemd, als ich wieder zuhause war, bemerkt. Wie bei den ersten beiden Verletzungen in meiner Schulzeit auch, heilten die Stichwunden von selbst.

Da ich über einen Pkw Wartburg verfügte, so wurde ich manchmal zu polnischen Hochzeiten „eingeladen". Bei dieser Gelegenheit nahm ich auch an der Hochzeitsfeier teil. Weil ich zu diesem Zeitpunkt so gut wie keinen Alkohol trank, war es für die Gastgeber sogar lohnenswert mich einzuladen. Da polnische Hochzeiten zu diesem Zeitpunkt meistens mit sehr viel Alkoholkonsum gefeiert wurden, so blieb es nicht aus, dass es dabei oft zu Schlägereien kam. Eine Schlägerei war dermaßen heftig, dass es bei einer Hochzeit sogar einen Toten Bräutigam gab. Wie ich im Nachhinein erfahren habe, war das in Zentralpolen nichts Außergewöhnliches, wenn es Streit bedingt Tote bei Hochzeiten gab. Das Tragische an der Hochzeit, der ich beigewohnt habe, war dass der Bräutigam während des Gerangels von der eigenen Frau mit einem „Pfennigabsatz" versehentlich an der Schläfe tödlich verletzt wurde.

Da meine Mutter, im Gegensatz zu meinem Vater, um ihre Kinder besorgt war, so wollte sie nicht, dass ihre Kinder in Polen heiraten und leben sollten. Als mein Vater dann sah, wie ich ein Boot mit einem Wartburg Motor gebaut habe und damit über die Ostsee nach Schweden flüchten wollte, so unterschrieb er 1970 den Ausreiseantrag in die BRD. Er tat es nur, weil er nicht damit gerechnet hat, dass diesem Antrag auf Ausreise in die BRD stattgegeben werden würde.

Allerdings unterschätzte er diesbezüglich die „Diplomatie" meiner Mutter, die während und nach dem Krieg gelernt hat, notgedrungen „Kompromisse" einzugehen – auch wenn ich es, aus heutiger Sicht, zwar als unmoralisch, jedoch damals als unbedingt notwendig bezeichnen würde. Somit hat alles meistens **zwei** Seiten, eine gute und eine schlechte. Was man durchaus als das Gute am Bösen und das Böse am Guten bezeichnen kann.

Dass meine Mutter bereits vor der Antragstellung mit der Frau des Polizeileiters in Szczytno, die sie mehrmals auf den Wochenmärkten durch kostenlose Lebensmittelzuwendungen näher kennen lernte, „Freundschaft" schloss, davon hatte mein Vater zunächst keine Kenntnis. Er wusste auch wenig über die geheime „Bank", die meine Mutter besaß, um die Ausreisegenehmigung finanzieren zu können. Die mündlich vereinbarten „privaten Bearbeitungsgebühren" beliefen sich meines Wissens nach auf 50.000 Zloty, was damals wesentlich mehr als einem Jahresgehalt eines Lehrers entsprach.

Die vereinbarte Summe wurde sofort nach der Erteilung der Ausreise-genehmigung fällig – nach der BAT-, bar auf Tatze Methode. Das Problem war nur, dass zu diesem Zeitpunkt ein Ausreisestopp verhängt war. „Doch wer gut schmiert, der fährt gut", denn durch Schmieren lassen sich viele „schwergängige Stellen" gut beseitigen – auch heute noch und das nicht nur in Polen, der Ukraine Russland oder auch in Deutschland und anderswo.

So kam es, dass wir die Ausreisegenehmigung bereits nach etwa einem halben Jahr erhielten und bereits Anfang 1971 in die BRD ausreisen durften. Und nicht nur das, wir durften sogar zwei Güterwaggons mit Pferden, Ochsen und Schafen beladen und mitnehmen. Da die Tiere während der einwöchigen Transportdauer nicht verhungern, verdursten oder an Gewicht verlieren durften, so wurden sie von mir als Transportbegleiter mit Nahrung und Wasser eine knappe Woche lang gut versorgt. Geschlafen habe ich immer während der Zugfahrt. Sobald der Zug anhielt, wurde ich sofort wach und kümmerte mich um das Wohl der Tiere.

Im Durchgangslager in Friedland wurden die Tiere von einem Viehhändler als Paket angekauft. Danach warf ich die nach Dung, Urin und Kot stinkenden Kleidungsstücke in einen Müllcontainer und duschte danach ausgiebig. Anschließend wurde ich mit gebrauchter Spendenbekleidung neu eingekleidet. Danach wurden wir registriert und nach relativ kurzer Zeit nach Bremen-Lesum in ein Übergangslager, das sich neben einer Kaserne befand, in einer zwei Zimmer Wohnung untergebracht. Als Begrüßungsgeld oder Lastenausgleich bekam ich 400 DM in bar. Das war mein persönliches Startkapital in der BRD gewesen und gleichzeitig das Ende der „Nazi-Schwein" Beschimpfungen in Polen – sowie der Neuanfang als „Polake" in Deutschland. So schnell geht es, um aus einem „Schwab" ein „Polake" zu werden. So sind nun mal normale Leute, sie passen sich sehr schnell und unreflektiert – auch in der Nazizeit – wahrscheinlich aus Unwissenheit und auf eigenes Wohl bedacht – Normen und Meinungen der großen Masse an, denn mit dem Strom zu schwimmen ist leichter und bequemer als gegen ihn.

Da ich und insbesondere meine zwei jüngeren Brüder so gut wie kein Deutsch sprachen, so wurden wir in eine Förderschule nach Espelkamp geschickt. In der Förderschule

„Ludwig-Steil-Hof" lernte ich meine zukünftige Frau kennen. Da sie als Schlesien-Vertriebene ein ähnliches Schicksal erlebt hat wie ich, so hatte sie viel Verständnis für meine Situation und war in der Lage mir bei meinen Integrations-Problemen zu helfen, insbesondere beim Erwerb meiner Deutschkenntnisse. Glücklicherweise hat sie Deutsch studiert, sodass ich von Anfang an akzentfreies Hochdeutsch lernen konnte. An der Förderschule blieb ich ca. 1 ½ Jahre und erlangte dort den Hauptschulabschluss mit Qualifikation. Danach wurde ich nach Hagen geschickt, wo ich nach einem halben Jahr die Mittlere Reife erstanden habe. Anschließend kam ich aufs Gymnasium nach Rüthen. Dort verbrachte ich drei Jahre und verließ das Gymnasium mit dem Zeugnis der allgemeinen Hochschulreife (Abitur). Anschließend sollte ich, aufgrund meiner Polnisch Kenntnisse, „Karriere" bei der Deutschen Bank in Frankfurt machen – ich entschied mich für die VB-Espelkamp/Rahden und arbeitete dort ein Jahr lang als Kassierer. Da mich mein Beruf als Kassierer nicht ausfüllte, so folgten darauf drei Jahre Studium an der Uni Bielefeld und zwei Jahre Referendarzeit in Bünde mit Seminaren in Herford.

Nachdem ich meine Ausbildung zum Geografie- und Theologie- Lehrer für Sek. I beendet hatte, gab es jede Menge arbeitslose Lehrer, die sicherlich dringender eingestellt werden würden als ich. „Dumm gelaufen", würde man heute sagen.

Da ich eigentlich mein Leben lang „erfinderisch" war, so habe ich mich, aufgrund der unsicheren Situation, mit eigenen Erfindungen selbständig gemacht. Es war nicht leicht „ins kalte Wasser zu springen", jedoch letztendlich die richtige Entscheidung. So wurde das „schlechte" Ende ein guter

Anfang bzw. das Böse zum Guten, denn ohne die vielen arbeitslosen Lehrer hätte mein Leben mit Sicherheit einen ganz anderen Verlauf genommen. Ich hätte mich nicht selbständig gemacht und somit keinen Menschen kennengelernt, der außergewöhnlich war, der den Mut hatte, das aufzuschreiben, was er vor und während des 2. WK persönlich erlebt hatte. Einen üblicherweise sogenannten „bösen" SS-Mann, der nicht einmal im weitesten Sinne entfernt, ein SS-Mann war, denn als Kind bzw. Jugendlicher ist man noch kein Mann!

Nun sind meine Frau und ich seit einigen Jahren Rentner und nutzen die Zeit, um aus eigenen und hauptsächlich aus Lebenserfahrungen anderer zu lernen, zeitlos zu werden, denn das Vergängliche kann uns lehren unvergänglich zu werden. Wir müssen es nur ernsthaft wollen. Es liegt tatsächlich NUR an uns selbst, denn wer nicht sucht, der wird auch nichts finden, nicht einmal sich selbst. Er wird sein Leben lang ein blind Suchender bleiben, im Glauben ein Sehender zu sein. Seine einzige Gegenwart und Zukunft wird seine Vergangenheit sein. Er wird spurlos vergehen, ohne sinnvoll-nachgehbare Lebenserfahrungen seiner Umwelt zu hinterlassen – so als ob es ihn nie gegeben hätte.

Mein Freund

Nachdem ich mich nach meinem Lehramt-Studium Sek. I mit meinen eigenen Erfindungen selbständig gemacht habe und geschäftsbedingt in meinem Wirkungskreis viel herumreisen musste, so bin ich zwangsläufig auch mit vielen Kunden ins Gespräch gekommen. Eines Tages sagte mir ein meiner Mitarbeiter, dass er einen Kunden kennenlernte, der anders war als alle anderen, die er bis dato kennengelernt hat. Er meinte nur, dass ich ihn unbedingt kennenlernen sollte, denn er sei mir sehr ähnlich. Daraufhin übernahm ich selbst die Montagearbeiten bei ihm und konnte ihn dadurch näher kennenlernen. Ich war sehr beeindruckt von ihm, denn er sprach weitgehend das aus, was ich bezüglich gewisser Dinge und Ereignisse dachte. Ich war überrascht, dass es auch ehemalige SS Männer gab, die nicht so waren, wie sie die Allgemeinheit zu beschreiben pflegte. Er dachte ähnlich wie ich und so verstanden wir uns auf Anhieb sehr gut. Seine wahrhaftige Lebensauffassung und Denkweise waren von seinen eigenen Lebenserfahrungen dauerhaft geprägt.

Da ich u. A. Theologie studiert und mich für Religion und Selbstfindung stark interessiert habe, so kamen wir schnell ins Gespräch. Wir waren uns schnell darüber einig, dass Religion und Politik für die Weiterentwicklung der Menschenmasse scheinbar eher hinderlich als förderlich sind. Andererseits, so lange wie wir nicht wissen wer oder was wir sind, lassen wir uns gerne von anderen sagen, wer oder was wir sind. Beispielsweise von Kirchen und Politik – bis wir eines Tages erkennen werden müssen, dass sie uns immer wieder belügen und betrügen, dass sie nicht die Wahrheit sagen, weil sie sie selbst nicht kennen. Andererseits wollen die meisten von uns zwar die Wahrheit wissen, jedoch nicht wirklich hören, denn es tut weh zu erfahren, welche Gräueltaten unsere Spezies für einen Führer oder für einen Glauben bereit sind zu vollbringen. Allerdings funktioniert das nur, wenn sich das Volk durch manipulative Propaganda, sowie durch Lug und Betrug im Allgemeinen und somit aufgrund seiner Unwissenheit zielorientiert programmieren lässt. „Adolf der Große" soll gesagt haben, dass Lügen zur Wahrheit werden, wenn sie nur oft genug von mehreren Personen wiederholt werden. So ist viel Unrecht im Namen des Rechts und des Glaubens begeisterungsvoll verübt worden. Wenn man sich aufgrund seines Unwissens von fremden Geistern begeistern lässt, dann weiß man nicht bewusst was man tut, danach schämt man sich für das Unrecht, das man anderen angetan hat und schweig – was nur wenig Sinn macht, den aus Erfahrungen anderer **hätten** wir lernen können friedlicher zu werden. **Hätten,** denn die verschwiegenen Fehler von damals, die uns **hätten** lehren können friedliebender zu werden, wiederholen sich bereits – weltweit! Wir sollten lernen, uns für all diejenigen Leute zu schämen, die es immer noch nicht gelernt haben, sich für ihre unbelehrbaren Vorfahren fremd zu schämen. Denn Wegschauen heißt „Nichtsehen" dessen, was man sieht. Heißt Duldung und schließlich auch Mitschuld. Ein gutes Beispiel dafür sind Streit-, Prügelei-, Nötigung- oder Belästigungs-Zuschauer u. A., die als Zeugen angeben nichts gesehen zu haben.

Manche wenige sprechen darüber, wenn auch flüsternd oder hinter einer vorgehaltenen Hand und noch andere Wenige von den Wenigen schreiben ihre Lebenserfahrungen auf und – weil sie keinen Buchverlag finden der unpopuläre, **nicht** nur auf Profit bedachte, ehrliche Lebenserfahrungen drucken möchte – legen sie ihr Niedergeschriebenes zunächst in einer Schublade nieder, wo die meisten von ihnen, spätestens nach dem Versterben der Schreibenden in einem Papiercontainer entsorgt werden. Bei meinem Freund und mir hat es etwa 50 Jahre gedauert, bis wir uns trauten unsere Lebenserfahrungen niederzuschreiben – und schließlich in einer Schublader verschwinden zu lassen. Allerdings erkannten er und ich, dass Niedergeschriebenes völlig nutzlos ist, wenn es nicht veröffentlicht wird. Weil die meisten Verlage weniger an wahrheitsgetreuen Tatsachen interessiert sind als am Gewinn, so war es für uns fast unmöglich einen andersorientierten Verlag zu finden, was durchaus verständlich ist, denn kein Unternehmen kann von Zusätzen existieren.

Weil die Nachfragen die Angebote bestimmen, so liegt es an Interessen der Nachfragenden, ob sie aus den Lebenserfahrungen vergangener Generationen lernen wollen etwas gelehriger zu werden oder mehr an Events und anderen Spaßdingen interessiert sind und somit unbelehrbar bleiben wollen oder ob wir mehr an Tatsachen interessiert sind, die jedermann erfahren sollte, der bereit und intelligenzbedingt in der Lage ist, die ungeschminkte Wahrheit über die Vergangenheit seiner Vorfahren wahrhaftig erfahren zu wollen. Also **ohne** ein „Wenn und Aber", nur das, was von Zeitzeugen und Betroffenen selbst wirklich erlebt wurde. Wer aus den Lebenserfahrungen seiner Mitmenschen nicht lernen kann seine eigenen Fehler zu vermeiden, der wird sie wiederholen. Selbst ganze Völker, wie z. B. Deutschlands u. v. A., haben aus den vergangenen und gegenwärtigen Kriegen nicht gelernt, friedfertiger zu werden. Wir müssen nicht kriegstüchtig gemacht werden, denn das hatten wir bereits zur Zeiten des Nazi-Deutschland, sondern lernen wollen friedenswillig zu werden. Die Frage ist nur **von wem?** Von Politikern, die heute nicht wissen was sie uns gestern versprochen haben? Die heute Gesetze erlassen, die sie bereits morgen zurücknehmen? Von Glaubenspredigern, die an ihre eigenen Glaubenslügen, die sie tagtäglich predigen, selbst nicht glauben? Von realitätsfremden, „friedliebenden" Parteien, deren Waffenlieferungen unsere Mutter Erde blutrot färben? Von Kriegstreiberparteien die zunächst **NUR** Helme, dann immer mehr Mordwaffen, eventuell auch naive NATO-Soldaten als Kanonenfutter liefern und damit den 3. WK auslösen könnten, Waffensysteme die unzählige Weisen, Witwen, Invaliden und Tote sowie Ruinen hinterlassen?? Das sollen unsere angeblich „Frieden wollenden" Vorbilder sein? Nun ja, so lange wie es naive Soldaten gibt, die nicht in der Lage sind die wahren Verursacher der Kriege wehrhaft zu erkennen, werden sich die Verursacher weiterhin in Sicherheit wissen.

Vielleicht können die Aufzeichnungen meines verstorbenen Freundes und meine zu etwas mehr Friedfertigkeit beitragen. Vielleicht. Und wenn nicht? **Dann hätten wir es wenigstens versucht!** Dann hätten wir uns nicht weggeduckt oder Gräueltaten „übersehen", die deutlich für jedermann zu sehen waren – **und sind!?**

Die Gedanken, Notizen und Niederschriften, die mein Freund und ich gegenseitig austauschten, haben wir uns gegenseitig zur freien Verfügung überlassen. Ich habe zwar meinem Freund zugesagt, dass ich seine und meine Lebenserfahrungen zu veröffentlichen versuchen werde, allerdings ohne wirklich daran zu glauben. Und einen Verlag zu finden, der bittere Lebenserkenntnisse veröffentlichen möchte, ist sehr schwer und schon gar nicht zu finden, wenn die Autoren keine berühmten Namen tragen, Schönschreiber oder reich UND berühmt sind. Da weder mein Freund oder ich „reich, schön und **berühmt**" waren, so legten wir unsere Notizen und Aufzeichnungen in Schuhkartons nieder, die ich in einer Papiermülltonne entsorgen wollte. Damit hätte sich der Traum mit der Veröffentlichung für immer erledigt. Doch es kam alles anders als ich es gedacht habe.

Die Situation änderte sich, als die Freundin meiner Frau einen freundlichen Journalisten aus/in Herford kennenlernte und der im Laufe der Zeit ihr liebevoller Lebensgefährte und mein aufrichtiger Freund wurde. Da er in meinem Bekanntenkreis der einzige Mensch ist, der sich auch für die Schicksale anderer Mitmenschen wahrhaftig interessiert, so ist es nicht verwunderlich, dass wir im Laufe unserer Gespräche immer wieder auch über die schlechten Seiten der Menschen und deren Lebenserfahrungen sprachen. Insbesondere jedoch über unsere eigenen.

Kismet, Vorsehung, Vermächtnis? Ironie des Schicksals? Wer weiß das schon? Jedenfalls bedrängte mich mein Herforder Freund, wenn wir jedes Mal über die schrecklichen Lebenserfahrungen der Vergangenheit sprachen, zum Aufschreiben unserer Lebenserlebnisse. Da jeder Mensch für jeden anderen Menschen ein wegweisendes positives oder negatives Vorbild sein kann, so entstand diese Niederschrift. Es mag sein, dass es Menschen aufgrund ihrer Bildung und gesellschaftlichen Stellung mit einem größeren Überblick gibt als meinen Freund und mich und sie somit zu einer ganz anderen Wahrnehmung der Geschichte gelangt sind. Außer Zweifel steht jedoch, dass erheblich mehr Menschen die Nazizeit und den 2. WK so durchlebt und überlebt haben wie meine Eltern und mein bereits verstorbener Freund. Hierbei kam wir zu der Einsicht, dass es nicht möglich ist, einen Zeitabschnitt so realistisch zu beschreiben, dass dabei ganz persönliche Vorstellungen des Schreibers nicht mit einfließen. So unterscheiden sich seine Lebenserfahrungen und Einsichten, charakter- und mentalitätsbedingt, von denen der anderen Menschen. Im Grunde genommen ergeben sich daraus für jeden Menschen ganz persönliche Einsichten.

Unsere Notizen und Niederschriften sind mit der Absicht entstanden, die Lebenserlebnisse aus der Perspektive bescheidener Menschen darzustellen. Dazu ist zu sagen, dass mein Freund und ich niemals den Wunsch hatten über andere Menschen zu bestimmen. Als wir im Laufe der Jahre sahen, wie die moderne Gesellschaft sich fortentwickelt, die alle Energie darauf verwendet einen Spitzenplatz einzunehmen, so lagen wir mit unseren Vorstellungen nicht gerade im Trend und was nicht im Trend ist, das wird auch nicht nachgefragt.

Wenn mein Freund und ich es rückschauend betrachteten, so sahen wir, dass die Menschen sich nur wenig verändert haben, dass sie nur wenig aus der Geschichte gelernt haben. Damit wollten wir sagen, dass sich das Interesse der Menschen zu allen Zeiten wesentlich auf die eigenen Belange beschränkt hat. Eine grundlegende Betrachtung der Verhältnisse und Umstände haben wir kaum erlebt. Er dachte oft an die Worte seiner Oma, die sagte; „Wir werden den Hals wohl nie vollkriegen". Damit war dann das Thema für seine Oma erledigt. Für eine umfassende Einsicht fehlten seiner Oma scheinbar die Energie und wohl auch das Interesse – oder auch nicht, denn; „Weise ist, der nichts ändert, was nicht zu ändern ist". Und „Jugend hat ihre eigene Tugend" und Denkweise.

Die damaligen politischen Vorkriegsparteien wurden als Interessenverbände betrachtet. Zustimmung oder Ablehnung einer Partei wurde nur aus der Perspektive des eigenen Vorteiles gesehen. Darin erkannte mein Freund auch den Grund dafür, dass die Nazis immer wieder einen Konsens für das jeweilige Vorhaben finden konnten.

Auch der Glaube unterlag keinerlei Kritik. Es gab fromme Christen, die entsprechend christlich lebten und Menschen, die den Glauben als ein frommes Märchen betrachteten. Die Entscheidung für oder gegen wurde eher im Bauch als im Kopf getroffen und eine wahrhaftige, **nicht** von den Kirchen- oder Parteiinteressen diktierte Bildung, gab es nicht.

Meinem Freund und mir ist es immer ein Rätsel geblieben, warum die Menschen ihren Verstand nicht für eine kritische Aufarbeitung der Geschehnisse nutzten und immer noch nicht nutzen wollen. Allerdings bedachte er dabei nicht, dass nicht alle Menschen lernbegabt geboren werden und somit nicht zu gleichen Erkenntnissen gelangen können wie die lernbegabt Geborenen.

Der Vater meines Freundes wurde 1902 als zweiter von sechs Kindern geboren. Als der Vater meines Freundes am Ende des 1. WK die Schule verließ, erlaubten es ihm die Umstände nicht, einen Beruf zu erlernen. Da der Opa meines Freundes Soldat war, so wurde es notwendig, dass sein Vater zur Aufbesserung der schmalen Familienkasse sofort nach dem Verlassen der Schule eine Arbeit aufnahm. Im Jahre 1925 heirateten die Eltern meines Freundes. Im gleichen Jahr wurde auch mein Freund geboren. Soweit er sich erinnern konnte, also etwa seit seinem 5/6. Lebensjahr, war die Not sein ständiger Begleiter. Dieser Zustand war nicht das, was man heute darunter versteht. Es ging schlichthin um das Essen, das tagtäglich auf den Tisch kommen musste. Mein Freund erinnerte sich, dass sein Vater arbeitslos wurde. Die wöchentliche Unterstützung betrug 11 Mark, davon war noch die monatliche Miete von 16 Mark zu bezahlen.

Durch die hereinbrechende Inflation und die Auswirkungen des Versailler Vertrages war die Situation mehr als traurig. So war sein Vater viele Jahre „ziegeln" gegangen, wie man es damals sagte. Er ging im Frühjahr auf eine Ziegelei, die nahe der holländischen Grenze lag und kam erst bei Einbruch des Winters – oft erst nach Weihnachten nach Hause. Ohne seine Mutter, die **jede** Gelegenheit nutzte, um Geld zu verdienen, hätte mein Freund und seine Familie wohl nicht überleben können. So ist es zu verstehen, dass sein Vater und auch sein Großvater Sozialdemokraten waren. Von dieser Partei erhofften sie sich erträglichere, sozialere Verhältnisse.

Wenn mein Freund es rückschauend betrachtete, waren die Verhältnisse in den einzelnen Familien recht unterschiedlich. So war der Vater seines Spielkameraden als Knecht auf einem Bauernhof tätig. Der Verdienst war sehr gering. Die Tätigkeit war damals nicht leicht und ohne eine feste Arbeitszeit. Es waren die Witterung und die Jahreszeit, die den Arbeitsablauf diktierten. So gab es auf dem Hof Tage, die einen 14 Stunden Tag erforderten. Auf der anderen Seite war es möglich, dass nach der Versorgung des Viehs der Arbeitstag beendet war. Als Ausgleich für die geringe Bezahlung bewohnte die Familie ein mietfreies Haus. Heizung und

Strom wurden ebenfalls von dem Bauern gestellt und bezahlt. Auch Futter für die eigenen Schweine wurden vom Bauern gestellt. Arbeitslosigkeit war ebenfalls nicht zu befürchten.

Zwar hatten auch Bauern, wie Handwerker und Geschäftsleute unter der Krise zu leiden, jedoch am härtesten traf es die lohnabhängigen Arbeiter. In den ländlichen Bereichen war die Not noch ein wenig dadurch gemildert, dass auch die kleinen Leute einen Garten hatten, der immer essbare Früchte abwarf. Auch hatte so gut wie jede Familie ihr eigenes Schwein, sodass die Fleischversorgung halbwegs gesichert war. Die Stadtbevölkerung hatte noch wesentlich mehr unter den wirtschaftlichen Verhältnissen zu leiden.

Im Januar 1933, als mein Freund 7 **Jahre jung war** und mein Vater verhaftet und im KZ-Lager Auschwitz interniert wurde, kam Hitler nach Lippe, um die dort stattfindenden Wahlen für sich zu entscheiden. Die Nazis hatten in ländlichen Bereichen wenige Anhänger. So hat Hitler in jedem noch so kleinen Dorf Reden gehalten. Wie wir heute wissen durchaus mit Erfolg, denn die Landtagswahlen in Lippe waren der Einstieg der Nazis in die Regierung. Der Anfang vom Ende Deutschlands.

Damals wurde meinem Freund erstmals die Einstellung seines Vaters klar. Er war damals 7 Jahre alt. Sein Vater und er standen am Straßenrand, als sein Vater zu ihm sagte, gleich kommt Hitler hier vorbei. Wenn es gelingen würde ihn zu töten, wäre damit eventuell ein Krieg zu vermeiden. Erst viel später wurde meinem Freund klar, dass es für die Nazis keine andere Möglichkeit gab, ihr Ziel zu erreichen als durch einen Krieg. Die Historie scheint sich in der Ukraine und Palästina zu wiederholen.

In seinem Buch „Mein Kampf" hatte Hitler auch deutlich genug zum Ausdruck gebracht, dass er den großen zu erwartenden Kampf noch zu seinen Lebzeiten durchstehen wolle. Das Buch wurde später, als die Nazis an der Macht waren, an Stelle der Bibel an Brautpaare vergeben. Dieses Buch ist ein schreckliches Machwerk – meinem Freund ist schwer gefallen es zu lesen. Die meisten Menschen haben sich auch gar nicht damit befasst. Allerdings war es damals die einzige Möglichkeit, die Vorstellungen und Absichten Hitlers zu erkennen.

Für die Menschen auf der Straße war es indes ganz ohne Bedeutung, was da irgendwo geschrieben stand. Vielmehr interessierten sich die Menschen für das, was wirklich passierte. Und man muss einfach zugestehen, dass zu dieser Zeit recht viel passierte. Als durch die eingeleiteten Maßnahmen sehr bald fühlsame Verbesserungen eintraten, war leicht verständlich, dass die Menschen erleichtert aufatmeten. Was die Lebensweise betrifft, so hatten die Menschen kaum **mehr** erwartet als was verwirklicht wurde, endlich einen Arbeitsplatz für alle und ausreichend zu essen. So erreichte die Regierung eine breite Zustimmung. Und wie mein Freund es bereits sagte, ging das allgemeine Interesse nur wenig über persönliche Belange hinaus. Dadurch dass der Vater meines Freundes ihn zu kritischer Betrachtungsweise erzogen hatte, ging er als Jugendlicher gut informiert in die Nazizeit. Die Einstellungen seines Vaters waren eindeutig gegen die Nazis gerichtet. Ebenso eindeutig war die Meinung meines Freundes über die Vorstellung der SPD

und der Kommunisten geprägt. Durch seine kritische Einstellung kam mein Freund oft genug auch in Widerspruch
zu seinem Vater. Es ist ein Phänomen, ein Mysterium des
Lebens, dass das Leben sich immer weiter entwickeln muss,
denn ohne Kritik an den Alten, gäbe es keinen Fortschritt für
die Jungen, die ihrerseits auch alt und somit von ihren Jungen kritisiert werden, denn ALLES befindet sich im ständigen Wandel – sowohl des Materiellen als auch des Geistigen. Und alles was geschehen muss damit sich unser Urvermächtnis erfüllen kann, wird geschehen! Es ist nur eine
Frage der Zeit und wie meine Mutter es zu sagen pflegte:
„Gottes Mühlen mahlen langsam".

In dieser Zeit gab es sicherlich viel zu kritisieren, wenn man
bedenkt, dass eigentlich die ganze Gesellschaft umgekrem-
pelt wurde. Da mein Freund von Natur aus kein Herden-
mensch war, so sah er in der neu entstandenen Organisation
keinen Vorteil für sich. Immerhin musste er erkennen, dass
viele unbewusst lebende Leute, die ständig eine Lebensan-
leitung benötigen, die ständig, von wem auch immer, geführt und verführt werden wollen müssen, bei den Nazis
eine geistige Heimat fanden.

Vielen war die Partei ohne größere Bedeutung, wenn die Regierung verwirklichte, was alle so sehnsüchtig erhofft hatten, endlich einen festen Arbeitsplatz und ausreichend Nahrung zu bekommen. Dieser Erfolg konnte sich wirklich sehen lassen. Mein Freund stellte sich vor, wie Menschen sich
heute wohl verhalten würden, wenn es unserer Regierung
und den Kirchen gelänge in kurzer Zeit ehrlich zu werden,
die Arbeitslosigkeit abzuschaffen, auf unsinnige Kriege zu
verzichten oder friedlich die Überbevölkerung zu minimie-

ren. Also auf eine überlebenswerte Menge sinnvoll zu reduzieren, welche die vorhandenen Ressourcen nicht überstrapazieren und somit das Klima stabilisieren, die Schadstoffe wie Plastik und Abgase reduzieren, die …. Die Zeiten ändern sich und der durch Überbevölkerung bedingten Probleme werden immer größer – weil wir zu „groß", weil wir zu viele für unsere kleine Erde geworden sind. Wir sollten **nicht** durch Kriege weniger werden, sondern durch erlernbare Vernunft, dann würde es **von Allem für uns alle reichen!** Dann könnte unserer Erde für lange, lange Zeit ein strahlen**freies** „Paradies" werden! Utopie? Nicht unbedingt, denn die bösen Geister der atomaren Verseuchung unserer Mutter Erde könnten uns lehren, danach dauerhaft gelehriger zu werden.

Seltsam erschien meinem Freund damals, dass die Männer den Dienst in der Armee freudig aufnahmen. Immerhin musste er sagen, dass es den Nazis gelungen war hierfür Begeisterung zu wecken. Er hat selbst erlebt, wie die jungen Männer die Musterung zur Armee und die spätere Einberufung wie ein Fest feierten. Mir erscheint es **heutzutage** etwas seltsam, dass sich junge Männer UND Frauen freiwillig in den Dienst der Armee stellten, obwohl sie es aus der Geschichte gelernt haben müssten zu wissen, dass Waffen KEINEN Frieden schaffen, nur Leid und Zerstörung – auf **beiden** Seiten!

Die Sieger des 1. WK hatten ihren Sieg ohne jede Einsicht ausgenutzt und den Deutschen einen Friedensvertrag vorgeschrieben, der die Notwendigkeit in Deutschland in keiner Weise berücksichtigte. Offensichtlich war es nur der pure Rachegedanke, der hierbei die Feder führte. Es hätte den Siegern klar sein müssen, dass es auf Dauer nicht möglich sein würde ein ganzes Volk wie das deutsche, dauerhaft in „Haft" zu halten. So war **nicht ohne Verschulden** der westlichen Länder eine sehr unfreundliche Einstellung zu unseren ehemaligen Kriegsgegnern entstanden. Damit war auch eine vorzügliche Basis für die Politik der Nazis geschaffen worden, die ab da an auf dem Hassgefühl der Menschen ihr übles Süppchen kochen konnten. Heute sind es die Okkupanten, die die Okkupierten als Terroristen bezeichnen und damit ihre gräuelhaften Genozide legitimieren.

Durch die Beseitigung der Arbeitslosigkeit **in nur 3 Jahren** war bei der Bevölkerung eine recht positive Einstellung entstanden. Viele traten sogar in die Nazi-Partei ein. Mein Freund erinnerte sich sogar an die sogenannten Wahlen, die Hitler abhalten ließ. Die Frage lautete: „Bist du mit dem bisher Geleisteten zufrieden". Es gab die Möglichkeit mit „JA" oder mit „NEIN" zu stimmen. **Ohne damit eine Zustimmung für die Politik der Nazis zu verbinden**, haben sehr viele mit „JA" gestimmt.

So erhielten die Nazis eine breite Zustimmung. Der Vater meines Freundes berichtete damals von einem ungeheuerlichen Vorfall. Ein ausgewiesener Kommunist hatte gewählt und den Wahlschein abgegeben. Der parteitreue Wahlleiter hatte den Wahlschein nicht in die Wahlurne gesteckt, sondern öffnete den Umschlag, nachdem der Mann das Wahllokal verlassen hatte. Zu seinem Erstaunen stellte er fest, dass auf dem Wahlschein das „JA" angekreuzt war. Nichts konnte deutlicher zeigen, wie sehr der Erfolg der Nazis Frucht getragen hatte, denn in der Regel sind auch den Kommunisten nur ihre Nächsten ihnen am nächsten.

So hatten die Nazis eine gesunde Basis geschaffen, auf der sich viele Vorstellungen verwirklichen ließen. Endlich betrachtete die manipulierte Bevölkerung die Entwicklung aus ihrem Schneckenhaus und immer bemüht, nicht in die „Schusslinie" zu geraten. Sicherlich gab es viele Aktivitäten der Nazis, die nicht ungeheuchelt von der Bevölkerung begrüßt wurden. Mit der berühmten und auch heutzutage praktizierten Salamitaktik gelang es den Nazis, einen Punkt nach dem anderen abzuarbeiten. Dr. Goebels gelang es immer wieder, eine tragbare Basis für das jeweilige Vorhaben zu finden. Wenn trotzdem etwas wie Unwille auftauchte, ließ der Gedanke an die besseren Lebensmöglichkeiten die Bedenken zurückstecken und so manche Kröte zu schlucken. Letztendlich war, **auch damals**, jedem das Hemd näher als die Jacke.

Wurde dennoch mal eine Kritik laut, so wurde diese sofort unterbunden – auch mit Gewalt – wie es auch heutzutage durchaus üblich ist. Mein Freund erinnerte sich, wie ein Kommunist aus einer Kneipe von der SA abgeführt wurde – weil er sich abfällig über die Nazis geäußert hatte. Die SA traute sich selbstverherrlichend solche Eingriffe durchzuführen, die durch das bestehende Recht **nicht** gedeckt waren. Damit zeigte sich für alle sichtbar, dass **die Partei immer Recht hat**. Hätten die Nazis alle ihre Vorhaben im Block vorgebracht, wäre ihnen sicherlich größerer Widerstand entgegengeschlagen.

Diese Volksverdummungstaktik funktioniert auch heute noch: Zunächst sind es **nur** 5000 Helme, dann leichte und daraufhin schwere Feuerwaffen samt Munition, dann veraltete Raketen, russische Flugzeuge und kaputte Panzer deutscher Bauart, schließlich Waffensysteme, die bereits von den kriegstreibenden Nationen zur Kriegserhaltung an die Ukraine **so lange wie es** zur Kriegserhaltung **nötig ist** geliefert wurden und weiterhin werden. Selbst die Einsätze und die Lieferungen der todbringenden Taurus Marschflugbomben an die Ukraine, die vom deutschen Bundeskanzler **öffentlich** abgelehnt wurden, werden **„insgeheim"**, also „ohne das Wissen des Kanzlers", sozusagen hinterrücks, von hochrangigen Bundeswehroffizieren in, in Moskau bekannten, Geheimtreffen besprochen. Nein, es ist kein Witz!

Bleibt nur zu hoffen, dass die NATO sich nach der **Verschrottungsphase** NICHT zur Entsendung von naiven NATO-Soldaten bzw. „Taurus-Instruktoren" in die Ukraine hinreißen lässt. Das wäre dann **mehr als nötig**, um den 3., den atomaren WK zu verursachen – was dann das Ende der Schimpansen-Nachkommen wäre! Vielleicht würden dann in ferner Zukunft einige unserer Nachkommen geboren werden, die sich dann zurecht als Menschen bezeichnen könnten. Menschen mit strahlenbedingt veränderten Genkombinationen, die vernunftbedingt gewaltfrei wären. Vielleicht. Vielleicht wäre das das Gute am Bösen, denn alles, was geschehen **muss**, damit aus unbelehrbaren Leuten belehrbare Menschen werden, wird irgendwann geschehen. Bis dahin sollten wir gegenwärtig für unsere Zukunft lernen gelehriger zu werden, beispielsweise aus der Geschichte unserer Vorfahren. Insbesondere jedoch aus den ehrlichen Niederschriften der leidvollen Lebenserfahrungen der Kriegsgenerationen. Andernfalls wird es für die vielen Unbelehrbaren unter uns keine lebenswerte Zukunft geben, wobei die wenigen Belehrbaren dem lügenfreien, dem reinen Weg der Katharer folgen werden – **dem geistigen Weg der Bewusstwerdung.**

Im Gegensatz zu den Kommunisten in Russland, die ihr Programm mit der Ausrottung großer Teile des Volkes zu verwirklichen suchten, waren die Nazis immer um einen größtmöglichen Volkskonsens bemüht; **scheinbar** Gutes für das Volk tun **zu wollen**, was auch heute noch bei der naiven Volksmasse gut ankommt – auch wenn sie dabei oft belogen und betrogen wird.

Der Eintritt meines Freundes in die Hitlerjugend wurde von seinen Eltern, insbesondere jedoch von seinem Opa abgelehnt. Mit Rücksicht auf die Folgen im Falle eines **Nicht**beitrittes wurde auch diese bittere Pille geschluckt. Mein Freund selbst konnte dieser Organisation nicht viel Positives abgewinnen und so bemühte er sich, so wenig wie möglich am Dienst der Organisation teilzunehmen. Durch die Einstellungen seines Vaters war er in ständiger Opposition zu dem, was man ihm vermitteln wollte. Zu diesem Zeitpunkt lernte mein Freund zu einem Thema zu schweigen – zu dem 1939 verübten Anschlag auf Hitler im Bürgerbräukeller. So hätte der missglückte Anschlag auf Hitler durchaus eine gute Seite an sich haben können, denn der 2. WK war an Gräuellehren nicht zu überbieten und somit auch zur Belehrung der nachfolgenden Generationen zu gebrauchen. Stattdessen wurde 70 Jahre lang geschwiegen, bis die Schweigsamen ausgestorben und deren Nachkommen alt und kraftlos geworden sind.

Als mein Freund von dem Misslingen des Anschlages auf Hitler hörte, war er sehr niedergeschlagen. Als er am nächsten Tag zur Schule ging, begegnete er seinem Schulleiter. Dieser verurteilte mit galligen Worten die Verbrecher (Terroristen), die gewagt hatten eine derartig abscheuliche Tat zu vollbringen. Die Abscheu meines Freundes vor dem Gesagten war so groß, dass er fast „geplatzt" wäre. Im Nachhinein dachte er mit Schrecken daran, was geschehen wäre, wenn er seine Meinung zum Ausdruck gebracht hätte.

Wenn mein Freund auch in Opposition zu den Hetzzeitungen wie dem „Stürmer" stand, so konnte er es sich nicht verkneifen die Karikaturen der Juden in diesem Blatt, die in einem Schaukasten ausgestellt waren, zu betrachten.

1936 kam die Olympiade in Berlin. Deutsches Organisationstalent machte daraus ein großes Fest, das die ganze Welt beeindruckte. Die Menschen in Deutschland erlebten so etwas wie Genugtuung oder Stolz. Ach die Erfolge der Deutschen waren nicht zu verachten. So hat auch mein Freund es begrüßt, als die deutschen Truppen das Rheinland besetzten und damit eine unerträgliche Bestimmung des Versailler Vertrages außer Kraft setzten.

Der Anschluss Österreichs, von dem heute gesagt wird, dass hier ein Volk vereinnahmt worden sei, hat mein Freund ganz anders gesehen. Vom Widerstand hat er damals nichts gehört oder gesehen. Im Gegenteil, er hatte den Eindruck, dass die Deutschen von den Österreichern in Sachen „Jubel" noch lernen konnten.

Langsam wurde das Selbstvertrauen der Bevölkerung bis zur **Überheblichkeit** immer größer. Dieser Punkt war aus seiner Sicht erreicht, als bei den Verhandlungen um das Sudetenland die Premierminister Englands und Frankreichs nach München kamen. Leider wurde der damit sichtbare Wille zum Frieden dem Westen als Schwäche ausgelegt.

105

Heutzutage war es die Rede Putins vor der 43. Münchner Sicherheitskonferenz am 9. Februar 2007, die Putin von den Westmächten als Schwäche ausgelegt wurde. Worauf dann die provokante NATO-Osterweiterung fortgesetzt wurde. Wobei die Stationierungen der Pershing II- und Cruisemissiles Raketen sowie die Stationierung der „SS"-20 Raketen in Polen nur der Beginn der NATO- Provokationen gegen Russland waren und nur eine scheinbare Ursache für den Russland-Ukraine Krieg, denn die wahre Ursache war **und ist** der monopolare, der Alleinanspruch der USA auf die Weltherrschaft.

Und damals, zur Nazizeit? International wurde die deutsche Politik damit wesentlich aufgewertet. Im Inland setzte sich der Gedanke durch, dass alles in Ordnung sein muss, wenn hier eine friedliche Übereinkunft erzielt werden konnte. So wurden die Westmächte durch ihr verbindliches Verhalten gegenüber den Nazis zu deren Helfern.

Auch in der Familie meines Freundes änderte sich manches, so hatte sie bis zum Jahre 1939 kein Radio. Bis zu diesem radiofreien Zeitpunkt sangen seine Mutter, als auch sein Vater häufig. Seine Mutter sang Volkslieder, während sein Vater gern das Lied von dem faulen Gesellen sang. Mit dem Erwerb des Radios wurde das Singen weitgehend zurückgedrängt. Schließlich nahm die kontinuierliche Verdummung der Menschheit durch die Medien ihren bis heute manipulativ andauernden Lauf. Und weil die armen Leute mit viel Geld grundsätzlich maßlos gierig sind, so wird sich diesbezüglich auch in naher Zukunft nichts ändern.

Die Nazis erkannten sehr schnell, dass das Radio eine hervorragende Propaganda (Werbung) und ein meinungsmachendes Werkzeug ist, das sowohl zum Wohl als auch zum Unwohl eines ganzen Volkes gebraucht oder **missbraucht** werden kann. Heutzutage ist das Leben ohne die süchtig machenden Medien nicht mehr denkbar – insbesondere jedoch, bei der jungen Generation. Die Folgen sind dann trotz oder wegen der KI Intelligenzverarmung und soziale Kälte. Man trifft sich zwar gerne zu Demo**events**, ansonsten lebt man am liebsten mit dem Smartphone, also mit unzähligen Freunden, die man persönlich gar nicht kennt.

Nun zurück zu meinem Freund. Eines Tages erschien sein Vater strahlend zu Hause. Der Schulleiter meines Freundes hat seinen Vater angesprochen und ihm gesagt, dass die überragenden Fähigkeiten seines Sohnes unbedingt auf einer weiterführenden Schule weiter entwickelt werden sollten. Er schlug vor, meinen Freund auf die „Napola" zu bringen. Bei der Napola Schule handelte es sich um eine Nationalpolitische Lehranstalt, um eine Elite Schule „für den Führer" mit Internat. In ihr wurden ab 1933 Schüler aus allen Gesellschaftsschichten auf eine Karriere als Offizier, als „stolze Totenkopf Mützenträger" vorbereitet. Damit setzte sich die altbewährte Tradition der preußischen Kadettenschule fort. Dort sollte die **Lehrerelite** der neuen Zeit herangebildet werden. Zunächst war mein Freund stolz, so positiv beurteilt zu werden. Bald jedoch verdunkelte sich das Gesicht seines Vaters, als er überlegte, dass sein Sohn außer dem erstrebten Wissen auch im Sinne der Nazis erzogen würde. Mein Freund selbst sah den Pferdefuß an einer anderen Stelle. Bedenken hinsichtlich seiner Fähigkeiten hatte er damals nicht. Der Mangel bestand bei ihm lediglich im

Sport. Der Fehler lag darin, dass sein Sport wesentlich aus Fußball bestand und in diesem Bereich war er sicher die größte Flasche, die jemals den Globus betreten hat. Allerdings existierte **ich** damals noch nicht, sonst wären wir bereits zu zweit gewesen.

So wurde beschlossen, das Angebot auszuschlagen. Wie mein Freund später erkannt hat, durchaus zu seinem Vorteil. Nach dem Krieg wurden die Jünger dieser Schule **gnadenlos ausgegrenzt**.

Hier kam der Gedanke der Auslese ins Spiel. Denn es ging nicht **nur** darum Talente zu fördern. Es entstanden auch Gesetze, die es Menschen mit Erbkrankheiten unmöglich machen sollten Kinder zu bekommen. Im Klartext bedeutete das, dass diese Menschen sterilisiert werden sollten. Auch aus jetziger Sicht konnten mein Freund und ich nichts Verwerfliches daran sehen. Denn nicht Gezeugte fallen keinem zur Last, und sie selbst haben auch **keine Probleme**, weder mit ihren Zeitgenossen, noch mit sich selbst – oder hättest du **irgendwelche Probleme**, wenn du nicht gezeugt wärest, wenn es dich nicht geben würde? Sicherlich nicht, allerdings die auf Steuern angewiesenen Glaubens- und Staatssysteme, denn ohne führungsbedürftige Schafe wären „Hirten" überflüssig.

Es klingt zwar erschütternd, aber es würde kein Tierzüchter auf der ganzen Welt ein gesundes Tier mit einem genetischbedingt kranken Tier vermehren wollen. Bei uns, den sogenannten Menschen, die sich NICHT für die Nachfahren der Affen halten, ist meistens egoistische, hormonelbedingte Liebe der einzige ausschlaggebende Faktor fürs Kinderbekommen. Wie es den körperlich oder/ und geistig behinderten Kindern in ihrem Leben ergehen wird, darüber machen sich die verantwortungslosen Kindererzeuger keine Gedanken – Hauptsache das Kindergeld stimmt.

Einen solchen Gedanken heute zu äußern, wird sicherlich ein wildes Geschrei auslösen, wie bei allen Dingen, die irgendwie mit der Auslese oder den Nazis in Verbindung zu bringen sind. Ich persönlich bin 100%tig unschuldig zu 2 Jahren auf Bewährung verurteilt worden, nur weil ich gesagt habe, dass eine Frau **Nazi-Methoden** verwendet hat, um mich zu diskriminieren. Vor Gericht ging es nicht um den eigentlichen Grund für ihre Anzeige gegen mich, um eine 10 DM Sache, um ihre entlaufene Katze, die ich nach ihrer Meinung gefangen und anschließend irgendwo ausgesetzt haben sollte, sondern einzig und allein um den von mir verwendeten Begriff „Nazi-Methode", der sie angeblich persönlich sehr tangiert hat. Ich habe mich vor Gericht in Rahden entschuldigt, worauf ich auf Kosten der Staatskasse **zunächst** vom Richter freigesprochen wurde – wenn es da nicht einen jungen, mutmaßlich unerfahrenen Staatsanwalt aus Bielefeld gegeben hätte – dieser hat interveniert und zunächst eine viertel Stunde lang mit dem Oberstaatsanwalt in Bielefeld telefoniert, den Rest können wir uns vorstellen; es gab seinerseits einen Einspruch und nach dem richterlichen Freispruch die o. g. Verurteilung. Dabei ging es um einen Begriff, an dem sich kaum einer in der Nazizeit stören würde. Tja, damals gab es sehr viele Nazis in Deutschland – dann sind sie und ihre Nachkommen plötzlich, auch in Rahden, auf wundersame Weise alle „verschwunden" – ähnlich den SS-Leuten aus der Nazizeit und den „Stasis" der ehemaligen DDR!

Es steht wohl außer Zweifel, dass die meisten Ergebnisse der Nazizeit kein Wohlwollen verdienen. Allerdings verstehen mein Freund und ich nicht, dass auch verwertbare Erkenntnisse und Aktivitäten dieser Zeit ausnahmslos verworfen werden. Wir sind der Auffassung, dass man über den Sinn und Unsinn einer Sache erst gründlich nachdenken sollte, bevor man sie beurteilt. Und oft müssen erst viele Jahre vergehen, bevor man etwas gerecht beurteilen kann, denn die Sicht bzw. die Wahrnehmung der Dinge ändert sich ständig. Die Oma meines Freundes pflegte immer zusagen, dass es keinen noch so großen Schaden gibt, ohne dass es dabei einen Profit geben würde. Ich fügte hinzu, dass es ohne Judas keinen Jesus geben würde und somit keine „christlichen" Profiteure.

Nun kam mein Freund zu weiteren Problemen der damaligen Zeit. Es handelte sich um Zigeuner. Als Kind hatte er reichlich Gelegenheit dies so sehr besungene Volk zu bewundern. Von der Wohnung seiner Eltern hatte er einen Ausblick auf einen Platz, der von Zigeunern genutzt wurde. Verließ eine Zigeunerfamilie einen Platz, so war dieser in einem bedauernswerten Zustand. Nachdem die Gemeindearbeiter einen erträglichen Platzzustand herbeigeführt hatten, kamen neue „Gäste", die den Platz in gleicher Weise nutzten **und** verschmutzten.

Heutzutage bezeichnet man die Zigeuner als Roma und Sinti, denn die Bezeichnung „Zigeuner" wird als diskriminierend empfunden – ähnlich wie bei den Begriffen „Nazi" und „Neger". Und wer ein Zigeunerschnitzel in einen Restaurant bestellen möchte, der wird es vergeblich auf einer Speisekarte suchen. Damals und auch heute noch wurden die Zigeuner als „fahrendes Volk" bezeichnet – wobei die

Bezeichnung „Zieh-Gauner" zutreffender wäre. Sobald die Zigeunerwagen zum Stillstand gekommen waren, begannen die Aktivitäten der Zigeuner. Zu seiner Erheiterung hat mein Freund den Satz gelesen, dass „Zigeuner ihren Lebensunterhalt **durch Auffinden** von Lebensmitteln und anderen Dingen" bestreiten. Sachlich gesehen, ist das völlig in Ordnung. Bedenklich fand mein Freund nur, dass sie für das Auffinden von Lebensmitteln und anderen Dingen die Wohnungen der ansässigen Bevölkerung ausersehen haben.

Zu jeweils 2 Personen begannen die Zigeuner aggressiv zu betteln. Hatten sie nicht den erwünschten Erfolg, kam es zu wüsten Beschimpfungen und Verwünschungen. Seltsam war auch, dass nach den „Ziehgaunern Besuchen" Dinge verschwunden waren und nie wieder auftauchten. (Wie das Pferd meines Vaters, das plötzlich über Nacht unauffindbar verschwand) Bemerkenswert war vor allem ihre Fähigkeit Geld aufzufinden. Man sagt zwar, dass die Menschen von der Geschichte nichts gelernt haben, allerdings stimmt das nicht ganz, denn es gibt auch heute noch Menschen, die aggressiv betteln, die Wohnungen oder sogar ganze Häuser und Häuserblöcke besetzen und anschließend demolieren. Sie werden nicht ohne historischen Hintergrund als „moderne" Vandalen oder Zigeuner bezeichnet! Es sind Leute, die auf Kosten der Bevölkerung eines Staates leben. Und sie leben gar nicht so schlecht, denn es gibt genügend Staaten, die sie kräftig finanziell unterstützen. Was dazu führt, dass sie sich fortlaufend vermehren können, denn „Papa" Staat und seine Bürger ernähren sie doch. Und warum sollten sie einer geregelten Beschäftigung nachgehen, wenn sie mehr Geld vom Staat erhalten als diejenigen, die tagtäglich für ihr täglich Brot arbeiten MÜSSEN? Von wegen „von der Geschichte nichts gelernt". Als man dazu überging die Zigeuner anzusiedeln und zur Arbeit anzuleiten, konnte mein Freund bei der Bevölkerung keine Trauer feststellen.

Nun ist es Zeit, über das größte Verbrechen der Nazis zu sprechen. Niemals hat mein Freund in seinem Lande Menschen angetroffen, die die Vernichtung der Juden für richtig oder vertretbar gehalten hätten. Eine Entschuldigung für diesen Vorgang kann es nicht geben. Allerdings hat mein Freund zu diesem Vorgang auch viele andere Meinungen gehört.

Als mein Freund mit einem Russen über dieses Thema zum späteren Zeitpunkt sprach, sah ihn dieser lange an, dann sagte er, dass das eigentliche Verbrechen der Deutschen darin bestand, nicht **alle Juden** umgebracht zu haben. Gerade in diesen Tagen berichtete das Fernsehen darüber, dass damals in Schweden in Erwartung einer deutschen Invasion mit anschließender Besetzung Listen von Juden angefertigt wurden, die den Nazis übergeben werden sollten – warum wohl? Es gibt auch Anlass zum Nachdenken, dass gerade die Ukrainer und die Balten einen beachtlichen Eifer bei der Vernichtung der Juden gezeigt haben. Selbst in Frankreich beginnt man nach 60 Jahren darüber nachzudenken wie die Auslieferung französischer Juden an die Nazis zu erklären ist. Möglicherweise wäre das aktuelle Verhalten der jüdischen Einwanderer gegenüber die ansässigen Palästinenser eine plausible Erklärung für die meisten Ablehnungen der Juden durch die Einheimischen Bevölkerungen – sogar der der uralten Ägypter, die die Juden bereits vor mehr als 1000 Jahren v. Chr. NICHT auswandern ließen, sondern **vertrie-**

ben haben. Wir beide sind der Auffassung, dass eine Abneigung gegenüber den Juden keineswegs eine speziell deutsche Angelegenheit ist. Allerdings ist zweifelsfrei festzustellen, dass organisierte Vernichtung der Juden ausschließlich in Deutschland einmalig war.

Mit der Ausgrenzung von einzelnen Menschen und ganzen Menschengruppen begann Hitler dann eine Politik, die nur sehr bedingt Zustimmung bei der Bevölkerung finden konnte. Allerdings fanden sich mehr als genug Leute, die die abartigen Vorstellungen Hitlers mittrugen. Die dann am Ende durchgeführte „Endlösung der Judenfrage" fand trotz des umfangreichen Aufwandes fast ausschließlich außerhalb der Öffentlichkeit statt. Zu keinem Zeitpunkt hat Hitler diese Vernichtung mit Zustimmung des Volkes getätigt. Sicherlich war ihm dies auch bewusst. Allerdings war ihm das auch egal, wenn es um Realisierung seiner Vorstellung ging.

Irgendwann, als wir bereits als Familie in der BRD in Bremen lebten, sagte mein Vater zu mir, dass dem Hitler Menschen egal waren, insbesondere die Zigeuner, Juden und Kommunisten, die es auszurotten galt und die zum „Verrecken" in KZ Lagern interniert wurden.

Mein Freund und ich fragten uns, wo die Wurzeln für diesen ungeheuerlichen Vorgang lagen? Zunächst nahm mein Freund die Bibel zur Hand, die uns einiges „glaubhaft" über die Geschichte des jüdischen Volkes berichtet. Dies „halsstarrige" Volk, wie die Bibel sagt, verließ Ägypten unter Mitnahme von Gold und Schmuck, die sie von der Bevölkerung „erbeten" hatten. Dann zog das „auserwählte" Volk in ein Land, in dem „Milch und Honig fließt". Die ansässige Bevölkerung wurde nun nicht wie damals üblich versklavt, sondern ausgerottet. All das geschah auf Anordnung des einzig wahren Juden-Gottes? Bereits hier wird sehr deutlich, wie die Juden die Welt betrachteten – und weiterhin betrachten? Ein noch extremerer Egoismus ist wohl nicht denkbar. Allerdings scheint er sich erfolgreich bis zum heutigen Tage standhaft bewährt zu haben. Schließlich wurden die Juden über die ganze Welt verstreut. Wir haben **nirgendwo** gelesen, dass bei den Gastvölkern darüber Freude aufgekommen wäre.

In allen Ländern wurden die Juden ausgesetzt, obwohl sie keiner haben wollte. So sind nachweisbar Gettos seit dem Mittelalter entstanden. Ebenso die endlosen Pogrome, die sich über Jahrhunderte hinzogen. sodass die „Judenplage" nicht nur im Nazi Deutschland aktuell war. Allerdings war Nazi Deutschland das einzige Land, das sich mit der Lösung des Judenproblems mit deutscher Gründlichkeit intensiv befasste. Zu intensiv! Oder nicht intensiv genug, wie ein Russe meinem Freund kundtat.

Auch in der von meinem Freund miterlebten Zeit hatten die Juden einen Sonderstatus. Die armen, meist aus dem Osten zugewanderten Ostjuden lebten von dem Handel mit Tierfellen, Alteisen und dem Viehhandel. Hatten sie sich durch Fleiß, Ausdauer und Sparsamkeit einen gewissen Wohlstand erarbeitet, wurden sie als Kaufleute tätig, um schließlich ins Geldgeschäft einzusteigen. Beliebt wurden sie dadurch nicht. Eine manuelle Tätigkeit haben die Juden wohl nur in Ausnahmefällen betrieben. Denn: "Ist das Geschäft noch so klein, so bringt es mehr als Arbeit ein". Das haben die Juden wohl als erste erkannt, denn sie waren die ersten Geldverleiher, die skrupellos Geld gegen hohe Zinsen, insbesondere an diejenigen verliehen haben, die von ihrer Hände Arbeit lebten. So war es nicht verwunderlich, wenn sie von der einheimischen Bevölkerung dafür mehr gehasst als geliebt wurden.

Wie es überall Extreme gibt, war das auch hierbei der Fall, sodass man an dieser Stelle vom Judenhass bzw. von „Judenplage" sprechen konnte. Es ging sogar so weit, dass die Juden in Karikaturen als „Ratten" dargestellt waren und somit mit Rattenplagen verglichen wurden.

Dies war der Ansatz, auf den die Nazis aufbauten. Sie schürten die Abneigung gegen die Juden nach Kräften. Die dann sichtbar einsetzende Benachteiligung der Juden wurde von den Eltern meines Freundes mit Abscheu betrachtet. Mein Freund erinnerte sich, dass seine Eltern gezielt in jüdischen Geschäften einkauften. Was ihnen nicht nur Sympathien einbrachte, denn Gleichgesinnte halten auch im Fehlverhalten stets zusammen.

Die 1943 beginnende Vernichtung der Juden war von der Bevölkerung nicht erkannt worden. Allerdings glauben wir übereinstimmend, dass zu diesem Zeitpunkt ein Widerstand nicht möglich gewesen wäre oder etwas bewirkt hätte. Weder der Stellvertreter Gottes in Rom, noch die Westmächte, die von der Judenvernichtung wussten, haben ihr Wort dagegen erhoben. Im Gegenteil, denn es war nicht zu deren Nachteil. Sie warteten förmlich darauf, dass andere sich der Judenfrage annahmen.

So konnte die Vernichtung der Juden in Europa durch die Unwissenheit der kleinen und die Duldung der großen Leute unbehindert durch die Nazis durchgeführt werden. Im Nachhinein könnte man durchaus denken, dass diese Maßnahmen auch anderen Ländern ganz gelegen kamen. Und es ist nicht unüblich, wenn „Drecksarbeiten" von anderen erledigt werden.

Als kritischer Mensch und Judenkenner sah mein Freund die Entwicklung in dem neuen Staat Israel kritisch. Zunächst war es nur grenzenlose Bewunderung für das fleißige und tapfere Volk. Allerdings: **Die Überheblichkeit, mit der die Juden auftraten und die sichtbare Benachteiligung der ansässigen Bevölkerung, konnten seine Zustimmung nicht finden.** Bei einem Gespräch mit einem Juden, musste er feststellen, dass hier ein rassistisches Denken vorliegt. Wenn die Juden, wie sie vorgeben, in Frieden leben wollen, sollten sie erkennen, dass ihnen KEIN **Sonderstatus** zusteht. Dass sie nicht etwas Besseres oder mehr Wert sind als die ansässige Bevölkerung. Dass sie ihre Götzen auch in den Kirchen und Moscheen der ansässigen Bevölkerung finden könnten – wenn sie es denn aufrichtig wollen würden – **ohne imponierend-provozierende Outfits,** denn friedfertige Menschen müssen sich nicht provozierend oder imponieren wollend verkleiden! Ihnen genügt es gar und ganz **nur** ein aufrichtiger Mensch zu sein.

Nun wieder zu meinem Freund. Er war stark von den Gedanken seines Vaters geprägt, sodass die Gefahr, der Propaganda der Nazis zu erliegen, nicht gravierend hoch gegeben war. Er erinnerte sich an die Rede Hitlers, die er und sein Vater natürlich hören mussten. Anfangs hat er seine innere Kritik eingebracht. Später hörte er die Reden pflichtgemäß an, achtete aber kaum noch auf die Worte, sondern vielmehr auf den anschwellenden Tonfall. Das anschwellende Geschrei, das „Braune Gebrüll" sagte mehr aus als alle Worte.

Heute nennt man das Rhetorik oder Charisma, wenn Politiker während ihrer Reden mit den Händen wild herumfuchteln oder den Ton anschwellen lassen. Dass es sich dabei um Massenhypnose handelt, will keiner aufgrund seiner Unwissenheit wahrhaben. Propaganda und Werbung haben zielorientierte Beeinflussungen der Zielpersonen zum Ziel. Dann kaufen oder wählen wir das, was wir kaufen oder wählen sollen. Das teuflische an der Massenhypnose ist, dass sie von einfachen Leuten kaum als solche wahrgenommen wird. Sie lassen sich einfach „mitreißen" – egal wohin! Ganz zu schweigen von der Werbung in den modernen Medien die immer raffinierter wird.

In dem Konflikt mit dem Sudetenland erlebte Hitler, dass das Volk nicht bereit war, wegen welcher Sache auch immer einen Krieg zu führen. Wie später zu lesen war, hat Hitler einen Wutanfall erlitten, als ihm berichtet wurde, dass das Volk ihm nicht in einen Krieg folgen wolle. Angeblich hat Hitler bei dieser Gelegenheit sein Volk als ein Volk von Memmen und Feiglingen beschimpft, statt sich selbst einzugestehen, dass das „dumme Volk" schlauer war als er. Allerdings geschossen wurde **nur** nach vorne.

So wurde die militärische Auseinandersetzung mit Polen sehr sorgfältig propagandistisch vorbereitet. Hier wurden auch von den Nazis Tatbestände geschaffen, die den Polen **untergeschoben** wurden. Offensichtlich lag Hitler viel daran, in der Öffentlichkeit eine möglichst breite Zustimmung zu finden. Danach, als mein Freund 13 Jahre jung war, wurde **„zurückgeschossen"**! So lag der Krieg, der dann am 1.09.1939 gegen Polen begann, bereits in der Luft. Somit war mein Freund auch nicht erstaunt, als dann die militärische Auseinandersetzung begann.

Mein Freund erinnerte sich noch, dass er sich auf den Schulweg gemacht hatte, als er von seinem Nachbarn erfuhr, dass der Krieg ausgebrochen war und er und seine Schulfreunde schulfrei hatten. Zunächst stellte er fest, dass es in seiner Umgebung friedlich war. Es war ein schöner Spätsommer. Die Natur scherte sich nicht um die Dummheit der Menschen.

Dann kamen ihm Gedanken zu den Vorgängen. Wie immer dachte er etwas voraus. Zunächst überlegte er, dass er noch in diesem Krieg Soldat werden würde, sollte dieser so lange dauern wie der 1. WK. Seine Begeisterung darüber hielt sich in Grenzen. Seine späteren Gedanken waren, dass er den Krieg überleben wollte. Der Wunsch nach dem damals verbreiteten Heldentum, Ruhm und Ehre hat sich bei ihm nicht eingestellt.

Weiterhin betete er darum, dass ihm 2 Dinge erspart bleiben mögen. Erstens wollte er keine Kopfverletzung bekommen und zweitens nicht in russische Gefangenschaft geraten. Allerdings sollte es ganz gegenteilig kommen, denn seine Gebete wurden nicht erhört. Dass dies vor allem ein Krieg gegen Russland werden würde, war ihm von Anfang an klar. Aber es kam alles anders als erwartet. Es gab keine blutigen Schlachten. Polen wurde von den Deutschen überfallen und in nur 18 Tagen besiegt. Es war nicht nur der Sieg über Polen, auch die propagandaartige Ausschlachtung des Feldzuges war mustergültig. Viele Sondermeldungen, begleitet von Siegesfanfaren, schallten aus den Radioempfängern. Keiner hatte Mitleid mit den „bösen" Überfallenen die man als Terroristen hätte bezeichnen können.

Eine regelrechte Euphorie wurde durch allgegenwärtige Massenhypnose erzeugt. Alle fühlten sich als Sieger und freuten sich über die Niederlage Polens. Diese ruhmreiche Schande, die man der naiven Bevölkerung als Sieg präsentierte, ließ alles verblassen was vorher als Unrecht galt. Wie auch heute noch, wenn der Sieger immer Recht hat und Bewunderung hervorruft, wurde über die Rechtmäßigkeit nicht nachgedacht, und die Geschichte wird meistens **nicht** von den Besiegten geschrieben. Als dann auch noch der Frankreichfeldzug ein einziger Triumph wurde, trugen die Deutschen die Nasen **entschieden** zu hoch.

Bei meinem Freund stellte sich ein anderer Gedanke ein. Er war enttäuscht, dass die Westmächte so schlecht vorbereitet in den Krieg gezogen waren. Obwohl doch was dran war, wenn Hitler sagte, dass das Parlament eine „Quasslbude" sei. Heute, 90 Jahre später, sieht es auch nicht viel anders aus. Hauptsache man tuschelt miteinander, welche neue Bürokratie und neue Steuern man dem Volk als „Erleichterungen" präsentieren kann.

Eins hatte mein Freund damals gelernt, er zog die Fähigkeit von Demokratie in Zweifel. Dem kann ich nur beipflichten. Unser Bundestag hat auch nicht gerade dazu beigetragen, dass er und ich unsere Meinung ändern mussten. Die Demokratie, wie diese heute praktizier wird, ist unsere jetzige und zukünftige Aufgabe, nach einer besseren zu suchen.

Nun kamen weitere militärische Erfolge mit der Besetzung Norwegens, wo offensichtlich die Nazis den Engländern zuvorgekommen waren. Gleichzeitig half die deutsche Armee noch in Afrika aus, wo die Italiener mal wieder ihre Unfähigkeit unter Beweis stellten **oder** erkannt haben, dass man Frieden NUR ohne Waffen schaffen kann.

Die Meinung über die Tapferkeit der Italiener war einheitlich. Selbst Helmut Schmidt hat einen entsprechenden Gedanken vorgebracht. Er bezeichnete einen Panzer als einen italienischen Panzer, mit einem Vorwärts- und vier Rückwärtsgängen. Jedoch ist es manchmal klüger sich NICHT aufs „Eis" zu begeben, wenn es zu knistern beginnt.

Als mein Freund in Frankreich mit einer italienischen Einheit in Berührung kam, wurde er schon zuvor vorgewarnt. Was er und seine Kameraden dann sahen, hatten sie allerdings nicht erwartet. Die italienischen Einheiten bildeten aus ihrer Sicht einen unbeschreiblichen, zerlumpten „Sauhaufen". Als ich sagte: Einen „Sauhaufen" der **nicht** dumm genug war, um für einen schwachsinnigen Führer mit Begeisterung sterben zu wollen, erhielt ich keine Antwort von meinem Freund. Er schaute nur zum Boden und schwieg.

Bis Ende 1942 war der Krieg kaum spürbar geworden. Es gab Lebensmittelkarten, welche so bemessen waren, dass niemand verhungern musste. Die bedingt durch die Einberufung zur Wehrmacht fehlenden Männer wurden durch Kriegsgefangene ersetzt. Zuerst waren es Polen, später auch Franzosen. In seiner Gefangenschaft hat sich mein Freund oft gewünscht, seine Gefangenschaft so durchleben zu können wie die Franzosen. Wie beispielsweis die gefangenen zwei Franzosen, die meiner Mutter zugeteilt wurden. (Siehe kap. „Meine Mutter".

Bald kam der Tag, an dem der Wahnsinn die letzten Reste von Vernunft wegspülte. Die „stolzen" deutschen Helden griffen Russland an. Zu diesem Zeitpunkt standen deutsche Soldaten vom Nordkap bis nach Afrika einer Welt von überfallenen Feinden gegenüber. Die einzigen Verbündeten Deutschlands, die Italiener waren eher eine Last als eine Hilfe. Hier entschloss sich der „Gröfaz" (der größte Feldherr aller Zeiten) im Osten eine weitere Front aufzumachen. Auch ein unbedarfter Geist hätte bei einem Blick in den Atlas erkennen können, dass dieses Land **niemals** besetzt oder besiegt werden konnte. Vermutlich war es damals nicht viel anders als heute, denn Leute, die eine Karte maßstabgetreu nicht lesen konnten, gab es **nicht nur damals**.

Andererseits waren Dinge geschehen, die mein Freund auch nicht für möglich gehalten hätte. Tatsächlich geschah das Unerwartete. Die deutsche Armee eilte von Sieg zu Sieg. Die riesigen russischen Panzerverbände wurden ausgeschaltet. Meldungen von Kesselschlachten erreichten Deutschland, wonach ganze russische Armeen in Gefangenschaft gegangen waren, sodass die Menge der Gefangenen zum Problem wurde.

Abgesehen von der moralischen Berechtigung für diesen Krieg war die militärische Leistung nicht zu leugnen. Zudem war meinem Freund das russische System genauso verhasst wie das deutsche. Als er dann die Kolonnen der Gefangenen sah, die **ungleich schlechter** behandelt wurden als die westlichen Gefangenen, war er zunehmend empört. So habe er oft Brot mit nach Bielefeld genommen, wo er inzwischen eine Lehre angetreten hatte und mit Russen in Berührung kam. Das war möglich, weil seine Mutter mit dem Bäcker gesprochen hatte, der ihr daraufhin häufig ein Brot ohne Marken abgab. Dadurch hatte mein Freund guten

Draht zu 3 Russen, die häufig für seine Lehranstalt arbeiteten. Sein Chef, ein SA Hauptsturmführer musste erleben, dass sein Gebrüll bei den Russen nichts bewirkte. Sie standen nur da und verstanden ihn einfach „nicht". Wenn dagegen mein Freund einen Auftrag für sie hatte, wurde dieser schnell und ohne Murren ausgeführt. So ist es nun mal: „Wie man in den Wald hineinruft, so schallt es hinaus". Allerdings NICHT bei den meisten Deutschen der Nazizeit – sie ließen sich einfach durch Niederbrüllen hypnotisieren!

Eines Tages erhielten sie einen Anruf, dass das Lager keinen Posten zur Verfügung hatte um die Gefangenen abzuholen. Daraufhin erhielt mein Freund den Auftrag die Russen mitzunehmen, da das Lager am Ostbahnhof lag, wo er auch einsteigen konnte. Nun hatte mein Freund 3 belegte Butterbrote, die er auf dem Weg einen der drei Russen gab. Wenn er gedachte hatte, nun würde jeder eine Scheibe essen, hatte er sich getäuscht. Sichtlich erregt betrachteten sie die verschiedenen Brotbelege. Schließlich bekam jeder von jeder Sorte ein Stück, sodass jeder einmal alles kosten konnte. Mein Freund dagegen war sichtlich besorgt, dass man sie entdecken würde. Denn diese Art von Verhalten war nicht erlaubt. Endgültig brachte ihn ein Russe aus der Fassung, als er vor ihm die Knie sank. Nur mit Mühe gelang es meinem Freund diese ganz unangemessene Danksagung zu unterbinden. Es war ihm nicht klar gewesen, dass er einen derartigen Aufstand mit 3 Brotscheiben auslösen könnte. In seiner späteren russischen Gefangenschaft habe er begriffen, dass diese Männer vielleicht noch niemals etwas Derartiges gegessen hatten.

Wie alles, fand auch die Siegesserie in Russland ein Ende. Es tauchte ein Feind auf, der bei der Planung offensichtlich keine Berücksichtigung gefunden hatte, der russische Winter! Mit 40 Grad Kälte brach dieser über die deutschen Soldaten herein, die ihn mit ihrer Sommerkleidung nicht bestehen konnten.

Der Nachschub, soweit vorhanden, konnte über die große Entfernung nicht herbeigeführt werden. So kam es zu vielen Erfrierungen. Für die Soldaten, die diesen Winter in Russland durchgestanden hatten, wurde ein „Kannibalen-Orden" gestiftet, den die Landser nicht ohne einen ganz bestimmten Grund als **Gefrierfleischorden** bezeichneten. So ist es nun mal, wo es um nackte Überleben geht, da schwinden Anstand und Moral.

Bedingt durch den Stillstand der Front hatten die Russen Gelegenheit ihre Fernostarmee heranzuführen, die mit Winterbekleidung ausgerüstet war. Diese unverbrauchten Einheiten bildeten eine Front, gegen die die deutschen Soldaten nicht ankommen konnten.

Der größte Feind war auch hier der Gröfaz, dieser größenwahnsinnige Gefreite des 1. WK Hitler. Er ließ sich von seinem Generalstab nichts sagen. So kam es zu der ersten großen Niederlage des Krieges bei/in Stalingrad. Damit wurde auch die gerechte Wende des Krieges eingeleitet.

Zu allem Überfluss gelang es den deutschen Soldaten die russische Bevölkerung gegen sich aufzuwiegeln. Diese Menschen, die den Kommunismus reichlich satt hatten, begrüßten die deutschen Truppen anfangs als Befreier. Insbesondere die Ukrainer, die sich gerne an dem Krieg gegen die Russen beteiligt hätten. Nachdem sichtbar wurde, dass die deutschen Truppen keinen Krieg wie im Westen führten, vielmehr einen Vernichtungsfeldzug auch gegen die **unschuldige Bevölkerung**, schlug die Stimmung um. Hierbei wurde die Saat für den Widerstand gelegt, der dann überall hinter der Front aufflammte. Es bildeten sich ganze Partisanenarmeen gegen die kein Kraut gewachsen war.

Ein Russe, mit dem mein Freund später im Traktorenwerk zusammen arbeitete, erzählte ihm, dass die Erbitterung gegen Deutschland erst recht entstand, als bekannt wurde, **dass russische Gefangene in Deutschland** wesentlich schlechter behandelt wurden als die der anderen Nationen.

Langsam rückte der Krieg näher, so erlebte mein Freund den ersten Luftangriff auf Bielefeld als Zuschauer zu Hause. Mein Freund und andere standen in dieser sternenklaren Nacht etwa 10 km von Bielefeld entfernt und sahen die Flugzeuge anfliegen. Für ihn war es frustrierend das erleben zu müssen, ohne auch im Geringsten etwas dagegen tun zu können. Später, als mein Freund in Frankreich auf der Wache stand, erlebten er und seine Kameraden, wie die Engländer stundenlang über ihre Köpfe hinweg flogen, ohne dass sie als Soldaten etwas dagegen tun konnten. Es war ihnen klar, dass jedes Flugzeug Bomben geladen hatte, die auf deren Heimat fallen würden. Die Auswirkung der Luftangriffe auf deutsche Städte war schon schlimm genug. Daneben, sozusagen als Nebeneffekt, entstand aus seiner Sicht das Gefühl der Ohnmacht, nichts dagegen tun zu können, ein noch größere Schaden. Wenn es den Nazis gelungen war bei dem deutschen Volk ein Selbstgefühl heranzuzüchten, ging dies damit unwiederbringlich verloren? Nicht ganz, denn das braune Gebrüll wird von Tag zu Tag immer lauter und wer sich Mangels Bewusstseins hypnotisieren lässt, der hat keinen eigenen Willen mehr, der benötigt einen Führer! (Siehe nach in: „Was jeder wissen möchte, jedoch keiner hören will", Kap. „Suggestion" und „Hypnose".)

Was hingegen eher gefestigt wurde, war das Gefühl der Gemeinschaft, der von den Nazis propagierte Begriff der „Volksgemeinschaft" hatte hier seine reale Bewährungsprobe zu bestehen. Wenn man bereit ist eine Leistung der Nazis anzuerkennen, ist hier sicher die posthypnotische Propaganda zu nennen, die eine nicht zu unterschätzende Leistung erbracht hat.

Es ist schon sehr bedauerlich, dass der gewonnene Gemeinschaftsgedanke, verbunden mit der Opferbereitschaft, dazu genutzt wurde, das als ganz schwachsinniges Programm der Nazis zur Durchführung zu bringen. Hier musste mein Freund seinen Grundgedanken einbringen, dass alles Tun unsinnig wird, wenn wir nicht bereit sind unsere kritische Vernunft zur Anwendung zu bringen. Er war der Auffassung, dass dies spätestens zu Beginn des Krieges hätte geschehen müssen. Dem konnte ich mich nur anschließen. Fragte ihn allerdings, warum es auch 80 Jahre nach dem 2. WK **nicht** geschehen ist. Weil wir Mangels Bewusstseins immer noch unbelehrbar sind? Weil alles Unsinnige postum sehr wohl einen Sinn ergibt, und zwar dann, wenn wir aus unsrem und dem unsinnigen Verhalten anderer lernen, zukünftig selbst weniger Unsinniges zu tun. Wenn wir daraus lernen könnten weniger blauäugig zu sein, denn nicht alles ist wahr, was uns Kirchen und Politiker als wahr verhökern. Mein Freund nickte nur und erwiderte: "Es ist jedoch festzustellen, dass die schnellen Siege unserer Armee in Verbindung mit der Nazipropaganda ausreichten, um jegliche Bedenken zu zerstreuen". Dem stimmte ich voll und ganz zu.

Das Weihnachtsfest 1942 erlebte mein Freund zu Hause. Der Gedanke, schon in wenigen Tagen einberufen zu werden, kam ihm nicht in den Sinn. Er war gerade 17 Jahre geworden. So war er doch überrascht, als er im Januar 1943 einen Einberufungsbefehl zum Arbeitsdienst erhielt. Er hatte sich am 13. Januar 1943 in Handorf (bei Münster) zur Ableistung seines Arbeitsdienstes zu stellen. Es war ein trauriger Abschied von seiner Mutter, die ihn bis auf den Bahnhof begleitet hatte. Damit wurde das Mutter-Sohn Band zerrissen. Er tauchte in eine andere Welt ein, nur die dünne Nabelschnur der Briefe blieb ihm als Verbindung.

Sein Aufenthalt in Handorf war nur von kurzer Dauer. Die Jungs waren gerade eingekleidet, als sie auf dem Platz vor der Kaserne anzutreten hatten. Da sonntags kein Dienst vorgesehen war, hatten sie zunächst keine Ahnung, was das zu bedeuten hatte. Das wurde ihnen bald klar. Eine Gruppe SS Offiziere nahm sie in Augenschein. Mit einem Blick stellten sie fest, wer größer als 170 m war. Die kleineren wurden in die Unterkunft entlassen, alle übrigen, die über 170m waren gingen zur Musterung. Mein Freund wurde für gut befunden und erhielt einen Marschbefehl nach Warschau, wo er bereits am 25. 1. 1943 eintraf. Den 2. Brief von ihm erhielt seine Mutter bereits aus Warschau.

Der Schrecken hätte nicht größer sein können. Er war ein Soldat der Waffen SS und dazu noch ein Angehöriger der Division Totenkopf. Später hat er erfahren, dass seine Mutter es nicht übers Herz brachte das Wort „Totenkopf" in seine Adresse zu schreiben. Indessen ging sie zu ihrer Schwester, die für sie die Adresse schrieb.

Mein Freund fand die Entwicklung nicht so schrecklich. Die Waffen-SS war für ihn eine Eliteeinheit von der er eine gute Ausbildung und auch gute Bewaffnung erwartete. Eher hatte er den Eindruck, dass sich die Aussicht den Krieg zu überleben für ihn verbessert hat. Der Gedanke, dass Angehörige der Waffen SS, die auf diese Weise rekrutiert wurden, Nazis waren, ist später einem kranken Hirn entsprungen. Es waren gut gewachsene Soldaten – **nicht mehr**. Bei objektivem Informieren und Nachdenken sollte dies für jeden normal Denkenden deutlich sein. Allerdings ist es allgemein leichter eine Schuld bei anderen zu finden, als sie bei sich selbst zu suchen.

Heute wird die SS als ein einheitlicher Verbrecher Block betrachtet, was so nicht richtig ist. Zunächst mal gab es die Zivile SS. Hierbei handelte es sich um eine Ordnungstruppe, die im Inland eingesetzt wurde. Daraus ging der SD hervor, welche die Aufgabe hatte gegen Spionage und Sabotage vorzugehen. Diese Einheiten waren von der zivilen Gerichtsbarkeit weitgehend unabhängig. Sie konnten weitgehend unbehelligt schalten und walten, wann und wie sie es für richtig hielten.

Daneben entstanden militärische Einheiten, die für den Fronteinsatz bestimmt waren. Am Anfang war die politische Ausrichtung auf die NSDAP Voraussetzung für die Aufnahme in diese Truppe. Zudem wurden hohe Ansprüche hinsichtlich körperlicher Tüchtigkeit und Erscheinung gestellt.

Nach den Erfahrungen des Polenfeldzuges wurde deutlich, dass Einsatzbereitschaft und Heldentum noch keinen guten Soldaten abgaben. So ging man dazu über, Einheiten zu schaffen, die das Kriegshandwerk von der Pike an zu lernen hatten. Eine sehr strenge Ausbildung hinsichtlich der Kampffähigkeit war die erste Voraussetzung. Bis dahin war die **Freiwilligkeit** die Voraussetzung für die Aufnahme in diese Truppe.

Nachdem nicht genügend Freiwillige für diese Truppe gefunden werden konnten, ging man zu einer Rekrutierung auch NICHT Freiwilliger über. Auch die politische Ausrichtung blieb dabei auf der Strecke. Was blieb waren die Ausbildung und die Ausrüstung. Meines Freundes Kompaniechef brachte die Moral auf einen Punkt:

1. Es ist kein Heldentum den feindlichen Kugeln die Brust entgegenzustrecken. So ein Tun ist als Dummheit zu betrachten. So lange es möglich ist, ist die Schnauze in den Dreck zu halten.

2. Wenn es die Situation erforderlich macht, ist der Erfolg wichtiger als unser Leben. (Gegenwärtig freuen sich die **toten** Palästinenser, Juden, Ukrainer und Russen, dass sie ermordet wurden!? Irgendwie makaber – oder?)

Wenn die Bewacher der KZ Lager SS-Uniformen trugen, dürfte dies eher ein Zufall sein. Genauso gut hätte auch jede andere Organisation oder Person wie z. B. mein Vater, der zuletzt ein Kapo im KZ Lager Auschwitz war, diese Aufgabe übernehmen können. Wenn heute die ganze SS für die Ausrottung der Juden verantwortlich gemacht wird, ist das mal wieder eine der schrecklichen Vereinfachungen, ohne die das lernunwillige Volk anscheinend nicht leben kann.

In Anbetracht der heute anstehenden Probleme ist es verständlich, dass sich kein Mensch hierbei bemüht Unterschiede zu machen. Es ist nur erstaunlich, dass Volksvertreter, insbesondere der jüngeren Generation, ihren unqualifizierten Standpunkt vortragen, ohne sich selbst jemals über den tatsächlichen Sachverhalt kundig gemacht zu haben.

Es gelang bald einen zackigen Haufen aus den Jungs zu machen, sie marschierten im Gleichschritt und gaben auch sonst ein recht ordentliches Bild im preußischen Sinne ab. Der schwerer zugängliche Bereich, die Ausrichtung auf die Parteilinie war weniger erfolgreich.

Mein Freund erinnerte sich, wie die Jungs ihr Geld zusammenkratzten, um ein Radio zu kaufen. Damit war es ihnen möglich den schweizerischen Landessender Beromünster und auch den der Engländer zu erreichen. So konnten sie auch andere Stimmen hören, obwohl es streng verboten war. Ihnen war absolut klar, dass die eigenen Nachrichten nur sehr bedingt Aussagen über die wirklichen Geschehnisse vermittelten. Aus heutiger Sicht wird man einer Einheit der Waffen SS kaum so etwas zutrauen.

Auch die Offiziere waren nicht unbedingt auf die harte Linie festgelegt. Mein Freund erinnerte sich, dass er und seine Truppe in Südfrankreich auf einer Wiese lagen. Ein Hauptsturmführer kam zu ihnen und erzählte ihnen Witze.

Zunächst ein SS Witz: Hitler, Goebbels und Himmler fuhren übers Land. Plötzlich stand ein Esel vor ihnen auf der Fahrbahn. Die Bemühungen des Fahrers, Hitlers und auch Goebbels bewirkten nicht, dass der Esel den Wagen vorbeiließ. Da stieg der erste General der SS Himmler aus und sprach kurz mit dem Esel, worauf dieser mit einem Riesensatz verschwand. Goebbels war sehr erstaunt und erkundigte sich daraufhin bei Himmler was er wohl dem Esel gesagt hat. Sehr einfach, antwortete Himmler, ich habe ihm gesagt, dass er zur SS kommt, wenn er nicht sofort verschwindet.

Goebbels telefoniert und meldet sich mit Berlin West. Auf der anderen Seite ertönt die Stimme von Schäl aus Köln, hier ist Köln Rest. Darauf Goebbels, Verzeihung, dann habe ich falsch gewählt. Darauf Schäl, das haben wir 1933 auch gemacht.

Goebbels war wegen seines großen Mundwerks berühmt. Da setzten sich ein Floh und eine Fliege auf Dr. Goebbels Mundwinkel. Die Beiden glaubten, dass sie schneller sind als die/der andere. So wetteten sie, wer zuerst auf dem gegenüberliegenden Mundwinkel ankommt. Mit einem Satz ist der Floh dort angekommen und war erstaunt, dass die Fliege schon da war. Das wiederholte sich mehrere Male. Niedergeschlagen fragte der Floh die Fliege, wie sie das macht. Die Fliege grinste und sagte ganz einfach: „Ich fliege hinten herum, da ist es näher".

Goebbels meldet dem Führer eine Versammlung. „Mein Führer, ich melde die vierzigtausend politischen Leiter, zweitausend im Saal, zweitausend vor dem Saal, insgesamt vierzigtausend, mein Führer".

Tünnes besucht Schäl und stellt fest, dass er ein Hitler- und ein Göring-Bild aufgehängt hat, dazwischen ein Kruzifix. Er stellt daraufhin Schäl zur Rede. Der sagt: „ Jesus hat am Kreuz doch auch zwischen zwei Verbrechern gehangen".

Göring hat gesagt, wenn nur ein feindliches Flugzeug über einer deutschen Stadt auftaucht, will er Meier heißen. Als die Engländer dann begannen deutsche Städte zu bombardieren, wurde er zunächst als Meier bezeichnet, schließlich als Obermeier. Zum Schluss dann als Tengelmann, getreu dem Slogan an jedem Ort eine Niederlage.

Nun wieder zu meinem Freund. Nach einer etwa 4 wöchigen Ausbildung in Warschau, fand ein Scharfschießen statt. Als er zum Schießstand marschierte, hörte er eine ihm bekannte Stimme. Er wurde aufgerufen und stand plötzlich vor seinem Vater. Die Einheit seines Vaters war in Dirschau stationiert. Dort hatte sein Vater von seiner Anwesenheit in Warschau erfahren. So kam er ihn besuchen. Das war ein ungewöhnlicher Vorgang. Der Gedanke seines Vaters, ihn von der SS wegzuholen, war natürlich von Anfang an zum Scheitern verurteilt.

Mein Freund bekam einen Tag frei, um mit seinem Vater in seine Kaserne zu fahren – das obwohl er die Bedingungen beim Schießen nicht erfüllt hat. Die anderen Kameraden, die die Schießbedingungen nicht erfüllt haben, legten den Weg zur Kaserne zu Fuß zurück. Nach etwa 5 Stunden tauchten sie in der Kaserne auf, mehr tot als lebendig. Sie waren mit allen Methoden militärischer Schikanen vertraut gemacht worden.

Mein Freund dagegen fuhr quer durch Warschau mit der Straßenbahn. Als er und sein Vater im Zentrum ankamen, wurde die Straßenbahn recht voll. Als dort eine ältere Dame zustieg, bot mein Freund ihr seinen Platz an. Er war sehr erstaunt, als er in ihren Augen einen Schrecken erkannt hat – es war ihr nicht leicht seinen Platz einzunehmen.

Leider war gutes Benehmen und Verrohung der Sitten **auch** zur Nazizeit nicht jedermanns Sache, denn was Hänschen im Elternhaus nicht beigebracht wird, das wird Hans sein Leben lang nicht können.

Die Augen aller Polen waren auf ihn gerichtet. Offensichtlich haben sie noch nicht erlebt, dass ein deutscher Soldat einem Zivilisten seinen Platz anbot. Wie er später erfuhr, war es für einen Polen Pflicht, einem deutschen Soldaten seinen Sitzplatz anzubieten, sobald dieser den Waggon betrat. Allerdings war es **keine** Pflicht des deutschen Soldaten, so ein Sitzplatzangebot anzunehmen!

Nun hatten Vater und Sohn reichlich Gelegenheit ihre Gedanken auszutauschen. Dass der Krieg für sie verloren war, stand für sie außer Zweifel. Zu diesem Zeitpunkt waren in Warschau schon Bombenabwürfe auf ihre Versorgungsvorrichtungen zu hören. Vater und Sohn wurden sich schnell einig, dass das für sie nur eine Bedeutung hatte, den Krieg zu überleben. Damals hatte mein Freund nicht geglaubt, dass es noch 6 Jahre dauern würde, bis er und sein Vater sich wiedersehen würden.

Zunächst machte sein Vater seine Aktentasche auf, in der er belegte Brötchen für die Fahrt mitgenommen hatte. Er bot auch seinem Sohn eins der belegten Brötchen an. Erstaunt sah er seinen Sohn an, wie dieser es herunterschlang. Seine vorher gestellte Frage, ob er Hunger hatte, musste sein Sohn nicht mehr mit Worten beantworten. Woran sich mein Freund noch erinnern konnte, war, dass sein Vater nicht gegessen hatte, er dagegen hat den ganzen Inhalt der Aktentasche in sich hineingeschaufelt. Sein Vater war entsetzt als er sah, was die Jungs zu Mittag bekamen.

Der Erfolg war, dass sein Vater, bei seiner Einheit angekommen, darüber mit seinen Kameraden sprach. Daraufhin erhielt mein Freund bereits nach 2 Tagen Pakete mit Brot. Seines Vaters Kameraden haben auf eine Tagesration Brot verzichtet, um ihm zu helfen. Da sein Vater auch seine Mutter benachrichtigte, so bekam er auch von dort Pakete. **Niemals wieder hat mein Freund von seinen Kameraden so viel „Aufmerksamkeit" gefunden!** So sind „Schleimer und Füße lecker" nun mal, hauptsächlich sie bekommen das, was sie bekommen wollen.

Nun nahm alles seinen Lauf. Nach der Grundausbildung wurden die Jungs nach Frankreich verlegt, um eine neue Division zu bilden, einen großen Truppenverband mit verschiedenen Einheiten und dazugehörigen Waffengattungen. Sie erhielten eine gründliche Ausbildung und eine der Einheit entsprechende Bewaffnung.

Die Zeit meines Freundes in Frankreich war sicher die friedlichste in seiner Soldatenzeit. Wirklich erkannt hat er die französische Art erst viel später. Die Gelassenheit der Menschen, mit der sie die deutsche Besatzung ertrugen. Die geruhsame Lebensweise stand im Gegensatz zu den Aktivitäten der Deutschen. Wenn die Deutschen zu Mittag in ihre Unterkunft marschierten, ausgelaugt bis auf die Knochen, dem Umfallen nahe, hatten es sich die Franzosen bequem gemacht. Bei einer Temperatur von 40 Grad machten sie es sich mit einem gekühlten Getränk an einem schattigen Plätzchen gemütlich. Sicher haben die Franzosen einen Feldzug verloren, dennoch war das Leben für die Menschen erheblich angenehmer als in Deutschland. Einen nächtlichen Fliegeralarm gab es nicht. Die Engländer und Amis besuchten mit ihrer Bombenlast die deutschen Gebiete, nicht die französischen. Auch die Versorgung der Bevölkerung war entschieden besser als in Deutschland. Viele Dinge, die in Deutschland Mangelware waren, konnte man in Frankreich jederzeit kaufen.

Das Verhältnis zu den Franzosen war überall freundlich, manchmal auch herzlich. Verachtung oder Hass hat mein Freund weder von der einen noch von der anderen Seite erlebt. Wenn es dennoch zu Zwischenfällen gekommen war, erschien ihm das mit Rücksicht auf die Lage nicht verwunderlich.

Mein Freund erinnerte sich an eine Begebenheit besonders gern. Seine Einheit lag auf einem Gutshof. Die Tochter, sie mochte etwa 5 Jahre jung sein, besuchte die deutschen Soldaten häufig. Eines Tages trug sie ihnen ein Lied vor, in dem der Tag besungen wurde, an dem die deutschen Soldaten das Land verlassen und nach Deutschland zurückkehren würden. Sie freuten sich darüber sehr. Im Grunde hatten auch sie keinen sehnlicheren Wunsch, als nach Hause zu kommen. Dass sie in diesem Land **ungebetene Gäste** waren, war ihnen allen klar. So sollte es auch heute noch keinen deutschen Touristen wundern, wenn er von vielen älteren Franzosen nicht besonders freundlich willkommen geheißen wird.

Mein Freund selbst war mager und abgezehrt, was bei schlechter Verpflegung und unerträglichem Dienst durchaus verständlich war. Durchaus als mitfühlend empfand er die französische Bevölkerung. Damals hatte er oft milden Senf gegessen, um seinen Hunger zu stillen. Als er eines Tages in einen Schlachterladen kam, sah ihn die Frau mitleidig an und gab ihm eine Wurst. Noch öfter hat er in diesem Geschäft etwas bekommen – wenn **nicht** gerade französische Kundschaft im Laden war.

Eines Tages hatte die Einheit meines Freundes Scharfschießen im Gelände. Ihm war die Aufgabe zugefallen einen Weg abzusperren, der in das Gelände führte. Nach 4 Stunden sollte er abgelöst werden. Als Verpflegung hatte er ein Stück Brot und Kakao mitgenommen. Die Sonne war unerbittlich und der Kakao hatte seinen Durst eher noch verstärkt. So war er froh, als die 4 Stunden vorbei waren. Leider hatte man ihn vergessen und er blieb weitere 4 Stunden auf seinem Posten. Als er dann abgelöst wurde, war sein Durst unerträglich. Er wankte in ein Gehöft und bat um ein Glas Wasser. Die Franzosen, die seinen Zustand erkannten, gaben ihm einen mit Wasser verdünnten Rotwein. Niemals in seinem Leben hatte er etwas Köstlicheres getrunken. Es wird nicht ohne Berechtigung gesagt, dass Hunger und Durst die allerbesten Köche sind.

Mein Freund hat in Frankreich herzlich wenig von dem heute so sehr hochgejubelten Widerstand gesehen. So lag er mit seiner Einheit friedlich in Süd-frankreich, im Lande der Basken. Es war gegen 5 Uhr früh, als sie durch einen Alarm geweckt wurden. Ihre Begeisterung hielt sich in Grenzen. Bald wurde ihnen mitgeteilt, dass dies keine Übung sei, sondern der Ernstfall. Sie besetzten die wichtigen Plätze in ihrem Bereich und nahmen alle Männer fest, um sie in einer Schule unterzubringen.

Was war geschehen? Ihre **2. Kompanie** (etwa 60 bis 240 Soldaten) war bei einer Nachtübung beschossen worden. Sehr bald darauf erreichte sie eine **zweite Meldung**, wonach auch die **3. Kompanie** beschossen worden war. Wie man ihnen mitteilte war der Feind mit modernen Waffen ausgerüstet – was ihre Wachsamkeit nochmals erhöhte. Dann kam eine **dritte Meldung**, sodass ihre Wachsamkeit ein jähes Ende fand. Bei genauer Betrachtung der Lageskizzen der betroffenen Einheiten wurde klar, dass die 2. **und** 3. Kompanie sich gegenüber lagen.

Als die Italiener den Deutschen die Freundschaft aufkündigten und den Krieg für sich beendeten, wurde die Einheit meines Freundes an die Rhone-Mündung verlegt. Dort war ein großer Flughafen. Seine Einheit war dazu auserwählt worden, mit Lastseglern in seiner Nähe zu landen und das Gebiet in ihren Besitz zu bringen. Da sie auf eine derartige Kampfart nicht vorbereitet waren, wäre das ein reines Himmelfahrtskommando gewesen. Hier hatten sie den Engländern zu verdanken, dass es zu diesem Einsatz nicht kam. Sie waren gerade beim Mittagessen, als feindliche Flugzeuge in großer Zahl auftauchten und den Flughafen in Schutt und Asche legten. Dabei wurden alle Lastenträger verbrannt. Somit war der geplante Einsatz nicht mehr möglich und nötig.

Da die meinem Freund und seinen Kameraden in Frankreich zugeteilte Verpflegung absolut unzureichend war, so hat sich ihr Kompaniechef, der ein ehrlicher Knochen war, dazu entschlossen von Zeit zu Zeit ein Schwein **aufzufinden** bzw. zu beschaffen und es dann der Küche zuzuführen. Damit ging er ein großes Risiko ein, das ihn Kopf und Kragen kosten konnte. Immerhin stand damals auf Schwarzschlachtung die Todesstrafe. Allerdings nicht auf vorsätzliche Tötung, also auf Ermordung der „Feinde" – dafür gab es Auszeichnungen wie Beförderungen oder christenkreuzähnliche Buntblechauszeichnungen.

Schlimmeres geschah in Südfrankreich. Durch den Ort, in dem er und seine Einheit lagen, wurden häufig riesige Schafherden getrieben. Hier hatte sich ihr Koch entschlossen, ein paar dieser Tiere abzuzweigen. Auch mein Freund und seine Kameraden erhielten ein halbes Schaf als Verpflegung. Nun aßen sie täglich einen anständigen Batzen Schaffleisch. Eines Tages hörte mein Freund seinen Kompaniechef sagen, dass er ganz alleine das halbe Schaf aufessen könnte. Dann erkrankte ein Kamerad an Gelbsucht. Dem folgten alsbald weitere Männer. Bei der Suche nach der Ursache stellte es sich heraus, dass der übermäßige Genuss von fettem Schaffleisch dafür verantwortlich war.

Während die ersten Männer im Lazarett eingeliefert worden waren, wurden später erkrankte Soldaten bei der Einheit belassen, da inzwischen etwa 40% der Einheit krank war. Eine Untersuchung hätte sicher den Grund aufgedeckt, was sicherlich dem Verursacher das Leben gekostet hätte. Manchmal kann des Guten zu viel sehr schlecht enden oder das Gute zum Bösen werden.

Im **März 1944** ging die Zeit meines Freundes und seiner Einheit in Frankreich zu Ende. Sie wurden verlegt. Bald wurde die Richtung, in sie sich bewegten, klar. Feindliche Flugzeuge tauchten in großer Zahl über ihnen auf, um sie nachhaltig zu schädigen. Der Erfolg der Flugzeuge war eher gering.

Nachdem sie bei der Fahrt um Paris auf ihren Panzerfahrzeugen in der Sonne gelegen hatten, erhielten sie in Nordhausen in Thüringen Winterbekleidung. Schließlich wurden sie in Lemberg bei Schneetreiben ausgeladen.

Das war eine andere Welt. Zuerst waren es die schlechten Straßen, die den Jungs die Köpfe schütteln ließen. Bei den traurigen Straßenverhältnissen war es schwer etwas von der Straße zu erkennen. Die schmale Sichtluke des Panzerfahrzeuges schwankte durch die Unebenheiten ständig auf und ab und das Schneetreiben bewirkte, dass die „Straße" mehr erahnt als gesehen wurde. Als sie dann die Stadt verließen, ergaben sich andere Probleme. Das einsetzende Tauwetter verwandelte den Fahrweg in ein einziges Schlammloch, aus dem man sich nicht allein befreien konnte. So war es ratsam das freie Gelände zu befahren. Und so war es verständlich, dass der Fahrweg oft 50 oder gar 100 Meter breit war.

In der ersten Unterkunft, in dem kleinen Dorf Hermanow, hatten mein Freund und seine Kameraden die erste Berührung mit der unschuldigen Bevölkerung des von ihnen überfallenen „Feindes". So sahen sie die unerträgliche Armut der Bevölkerung. Es wurde ihnen schnell klar, dass dies nicht eine Folge des Krieges sondern der Normalzustand war.

Die kleinen Häuser, die aus Sicht meines Freundes eher Hütten waren, waren alle von gleicher Bauart. Am Eingang hatten sie einen kleinen Windfang, von dem zwei Türen abgingen. Eine führte nach rechts in den Stall für das Vieh. Die nach links gehende Tür führte in den Wohnbereich. Dieser wurde von einem riesigen Ofen beherrscht. Dieser war etwa 1,50 m hoch und bestand aus Lehm. Eine Koch-gelegenheit und eine Warmhalteröhre waren unmittelbar über der Feuerstelle angebracht. Auf dem Ofen befand sich die Lagerstätte für die ganze Familie, die somit eine angenehme Wärme hatte.

Außer einem Tisch und Stühlen bestand der Raum der Hütte noch aus einer Ecke mit Heiligen-Bildern und Ikonen. Dies hätte mein Freund, nach dem was er über Russland gehört hatte, am wenigsten erwartet. Was die Heiligenecken in Schlafzimmern anbelangt, so kann ich mit Gewissheit sagen, dass es sie auch in Zielonka bei vielen Polen gab, insbesondere bei denen, die aus dem Osten kamen.

Sehr bald dann folgte der erste Einsatz. Seine Einheit hatte die Aufgabe, einen Kessel aufzumachen in dem deutsche Einheiten eingeschlossen waren. Zunächst hatten sie nur kleine Gefechte zu bestehen, für die nur kleine Einheiten eingesetzt wurden. Hier sah mein Freund auch den ersten toten Russen. Dieser entsprach nun gar nicht seinen Vorstellungen von einem Russen. Er hatte hellblondes, fast schulterlanges Haar und trug eine elegante Rubashka (Hemd, Bluse, Jacke) mit einem breiten Ledergürtel.

Als mein Freund und seine Einheit ihr Quartier verließen, rief ihnen eine Frau in nicht ganz einwandfreiem Deutsch zu: „Alle Russen totschlagen". Abgesehen davon, dass sie diese Art des Tötens erheiterte, war zu erkennen, dass sie sich nicht als Russin betrachtete und sich offensichtlich diesem Volk nicht verbunden fühlte. Viele meinten sogar, dass Hitler den Russlandfeldzug den Ukrainern überlassen sollte, statt **auch** gegen sie vorzugehen. Es wäre sicherlich klüger gewesen, denn die Ukrainer hassten die Russen und wie die Gegenwart uns zeigt, sie tun es noch immer. Dabei sind es NICHT **die** Ukrainer oder **die** Russen, die für ihren gegenseitigen Hass die Verantwortung tragen, sondern die früheren **und jetzigen** Führer, die ihre naiven Völker mittels „Gehirnwäsche" zu gegenseitigen Hassern gemacht haben.

Schließlich kam es zu dem großen Einsatz, der alle Kräfte in Anspruch nahm. Meines Freundes Einheiten hatten die feindlichen Linien zu durchbrechen und ihre eingekesselten Einheiten zu befreien. So fuhren sie fort, flankiert von einer Flakeinheit in Bereitstellung. Sie fanden ein Gelände vor, das wie geschaffen für einen Panzerangriff war. Auf einer Breite von 5 km war die geballte Kraft von 2 Divisionen zu sehen. Die deutsche Sturmartillerie, die auf Selbstfahrlafetten schwere Waffen montierte, verteilte sich auf der ganzen Breite des Geländes. Hinter diesen dann leichte Panzereinheiten. Eine halbe Stunde vor Beginn des Angriffes begann die Artillerie zu feuern. Die schweren Granaten rauschten über ihren Köpfen hinweg und hüllten die gegnerische Front in Rauch. Auf die Minute genau tauchten die deutschen Panzer auf. Mit ihren Langrohrgeschützen kamen sie aus der Tiefe des Raumes und übernahmen die Angriffsspitze. An dieser Stelle wurde die ganze russische Front durchbrochen und seitlich aufgerollt. Noch am gleichen Tag erreichten sie die eingeschlossenen Verbände.

Mein Freund erinnerte sich sehr gut an dieses Zusammentreffen. Als erstes kam eine Kolonie von marschfähigen Verwundeten, dann die Verwundeten, die transportiert werden mussten. Der erste Soldat, der sie ansprach, sagte zu ihnen: **„Kinder was wollt ihr denn hier?"**. Hier wurde meinem Freund klar, dass sie Kinder waren. Sie waren mit Ausnahme der Offiziere alle gerade 18 Jahre alt. Junge unschuldige Menschen, die ihr ganzes Leben noch vor sich hatten. Sobald zeigte der Erfolg auch seine Kehrseite. Am Eingang eines brennenden Dorfes bezogen die Jungs Stellung und nahmen Verbindung zu ihren Nachbareinheiten auf. Unmittelbar vor ihrem Fahrzeug brannte ein Haus lichterloh. Eine Frau, die offensichtlich mit diesem Haus ihr Heim verlor, weinte unter Anrufung Gottes, der zu diesem Zeitpunkt sicherlich sehr viele Anrufe bekam, so herzzerreißend, dass sich auch mein Freund der Tränen nicht erwehren konnte. Leider ist emphatisches Verhalten nicht jedermann gegeben – Tendenz steigernd.

Nach deren Erfolg „schenkten" die Russen den Jungs zusehends mehr Beachtung. Das wirkte sich dahingehend aus, dass sie ständig Beschuss von feindlichen Flugzeugen bekamen. So bekamen sie eines Tages vom russischen Bomberverband Besuch – sie zählten 42 Flugzeuge. Für die Russen waren sie ein gefundenes Fressen. Seine Panzereinheit befuhr eine befestigte Straße. Daneben waren Marschsäulen aller möglichen Einheiten. Nachdem das Geschwader Maß genommen hatte, luden sie ihren Segen auf sie ab. Die Jungs waren vor den Splittern sicher. Die nicht geschützten Einheiten hatten schreckliche Verluste hinnehmen müssen. Hier sah mein Freund das erste Massengrab deutscher Soldaten. Als ständige Begleiter hatten sie 3 russische Jagdflugzeuge, die sie den ganzen Tag über bejagten. Wenn ein Verband abgeflogen war, wurde er sofort von einem weiteren Verband abgelöst. Der Schaden war relativ gering, da sie unter ihren Fahrzeugen Deckung finden konnten. Was mein Freund als besonders schlimm empfand war der tiefgründige Schlamm. Nachdem die Kampfflugzeuge sie beharkt hatten, mussten sie schnell die andere Seite des Fahrzeuges aufsuchen, da die Russen beim Abflug aus dem Heck schossen. Da hat sich die Empfehlung des Kompaniechefs „Schnauze in den Dreck halten" bewährt. Dabei waren nicht nur die „Schnauze" sondern auch die Stiefel voller

Schlamm. Sie zu säubern hatten sie kaum Gelegenheit. Besonders unangenehm war der Besuch von primitiven Flugzeugen, die sie keine Minute schlafen ließen. Der angerichtete Schaden war gering, schlimmer war es, dass sie am nächsten Tag hundemüde waren.

Dann kam der **14.4.1944**. Sie hatten einen Fluss durchwatet und einen Brückenkopf gebildet, als sie plötzlich einen Beschuss von der Flak der „ bösen" Okkupierten erhielten. Sofort gerieten mehrere Fahrzeuge in Brand. Auch ein neben ihnen fahrendes Sturmgeschütz war darunter. Da sie mit dem beschädigten Sturmgeschütz gegen den übermächtigen Verteidiger ihres Landes nicht ankommen konnten, blieb ihnen nichts anderes übrig, als den Ort so schnell wie möglich zu verlassen. Hier erwischte es dann meinen Freund. In Höhe des Sturmgeschützes traf ihn ein Splitter am Kopf – wo er doch vor seiner Einberufung darum inständig zu Gott gebetet hatte, **nicht** während des Krieges am Kopf verletzt zu werden. Da er keine erheblichen Schmerzen und auch kaum Blutverluste hatte, wollte er weiterlaufen. Dabei musste er feststellen, dass seine Kräfte versagten, und er nicht aufstehen konnte. Zu diesem Zeitpunkt hatte er mit seinem Leben abgeschlossen. Was die Verletzung selbst anbelangte, so konnte ich meinem Freund nur beipflichten, denn auch ich habe während meiner mir durch die Polen beigefügten vier Messerstiche keine Schmerzen empfunden, mehr noch, ich habe sie erst so gut wie gar nicht bemerkt.

Zu seinem Erstaunen kam kein Russe, um ihm die Kehle durchzuschneiden, wie er es erwartete. Im Gegenteil, die Russen beachteten ihn scheinbar überhaupt nicht. Bei anbrechender Dunkelheit kam dann ein deutscher Schwimmwagen, der einen Überlebenden des Sturmgeschützes und meinen Freund abholte. Die anderen **Schwerverletzten** wurden weniger beachtet. Sie wurden einfach ihrem Schicksal überlassen. In den ersten Tagen kam mein Freund nur selten zur Besinnung. Es gab keine unerträglichen Schmerzen. Die Natur ist in solchen Fällen so gnädig, die Besinnung den Betroffenen zu nehmen. Es ist wie mit einer modernen Kaffeemaschine, die sich vor der Überhitzug automatisch von selbst abschaltet – weil sie „Jemand" mit einem Thermo-Schalter ausgestattet hat, der sie vor Überhitzung schützt. Irgendwann wird die „Kaffeemaschine" recycelt werden und als neues Produkt „auferstehen". Das wird dann die bewusstlose Auferstehung des „Fleisches" sein! Wer diesen „Teufelskreis" nicht lernt zu seiner Lebenszeit zu verlassen, der wird für ewig verlassen und damit bewusstlos bleiben. Der wird viele verschiedenartige Leben durchleben, ohne jemals zu erfahren, dass er sie gelebt hat.

Nachdem mein Freund seine Besinnung auf einem Hauptverbandplatz wieder fand, stellte er fest, dass er ein menschliches Bedürfnis hatte. Das war ein Problem. Einen Schieber oder ein ähnliches gab es dort nicht. So gab man ihm einen Spaten in die Hand und sagte, er solle in den nahegelegenen Garten gehen und das Ergebnis seiner Bemühungen mit Erde bedecken. Leider war es ihm nicht möglich dem nachzukommen. So macht er wenige Schritte, um sich zu erleichtern. Dabei hatte er sein Hinterteil den Männern zugekehrt, die das mit Gelächter und Heiterkeit vermerkten.

Die nächste Erinnerung, die mein Freund noch behielt, war die als er im Sanka (Sanitätswagen) lag und transportiert wurde. Als der Ruf „Flieger!" erscholl, gelang es den Männern ihn mit seiner Trage auf die Straße zu setzen. Damit war erreicht, dass er nicht verbrennen könnte, falls der Sanka getroffen und ausbrennen würde – was mein Freund später durchaus gesehen hatte. Die Männer brachten sich hinter einer Mauer in Deckung. So war er auf der Straße dem Angriff der Verteidiger ausgesetzt. Er hatte nicht den Eindruck, dass die Russen das Rote Kreuz aus Moralgründen akzeptieren wollten. Auf jeden Fall schlugen die Geschosse in unmittelbarer Nähe eins nach dem anderen ein. Da nicht jede Kugel traf, überstanden die meisten Beteiligten den Angriff unbeschadet.

Das nächste Ziel war ein Feldlazarett. Dort wurde festgestellt, dass mein Freund sofort ausgeflogen werden musste. Bei Anbruch der Dunkelheit wurde er zu einem Flughafen gebracht. Die Verletzten gelangten vor eine Maschine, die ihre Motoren bereits angelassen hatte. Eine Traube von Männern drängte sich um das Flugzeug, um mitgenommen zu werden. Es gab keine Begeisterung über die Ankunft meines Freundes. Die Soldaten sagten, er sei ein SS Mann und damit Freiwilliger – was, bereits o. g., nicht stimmte – und er sollte sehen wo er bliebe! Der ihn begleitende Offizier stellte an meinen Freund die Frage, ob er Freiwilliger sei, worauf mein Freund nur mit dem Kopf wackeln konnte. Die Frage, ob er sitzen könnte, musste er ebenso beantworten. Daraufhin mussten 2 Männer, die sitzend in der Maschine waren, aussteigen damit er Platz fand. Der Offizier musste diese mit seiner Pistole um Freigebung ihrer Sitzplätze „bitten". Zum Schluss hatten sie noch einen Angriff von russischen Angreifern zu überstehen, dann ging es aber sofort los.

Seine nächste Erinnerung hatte mein Freund an die Untersuchung im Lazarett. Ein Arzt leuchtete ihm in die Augen und stellte fest, dass er sofort operiert werden müsste. In diesem Lazarett wurden die dringend notwendigen Operationen durchgeführt. Es waren 2 Splitter, die im und hinter dem Auge saßen.

Auch als mein Freund und ich unsere Gedanken austauschten, dachte er voller Dankbarkeit an die Schwester, die ihn damals liebevoll betreute. Bedingt durch den Umstand, dass mit den Splittern auch Schmutz in die Wunde gekommen war, begann es heftig zu eitern. Beim Verbandwechsel war es nicht möglich darauf Rücksicht zu nehmen, dass die Eiterkruste angetrocknet war. So kam die Schwester an sein Bett und löste die Eiterkruste zunächst mit Wasser an, dann ab. Nach etwa 2 Wochen wurde der große Verband dann abgenommen. Die Schwester bat ihn zum Fenster zu sehen und stellte die Frage, ob er mit dem verwundeten Auge etwas sehen könnte. Seine Antwort war. „Nicht viel, aber es wird schon werden". Die Antwort der Schwester war grausam, sie sagte nur: „Es wird sich nichts daran ändern". Mein Freund war darüber keineswegs erschrocken – im Gegenteil. Später fand er sogar einen Vorteil in dieser Tatsache. Durch diese Verwundung war er nicht mehr für den Fronteinsatz zu gebrauchen. Das war und ist das „Gute am Bösen", denn: „Ende gut, alles gut", und manchmal muss man Negatives erleben oder sogar überleben, um darin Positives zu erkennen. Dabei musste ich an den Freund meines Vaters denken, der durch die Explosion der Panzerfaustladung in seinem Keller schwerhörig wurde und daraufhin, einige Jahre später, in der BRD frühverrentet wurde.

Bei allem Ungemach hatten die Jungs ihren Humor nicht verloren. Ein Berliner und sein Freund standen auf dem Flur des Krankenhauses, als sie den Entschluss fassten, etwas zu singen. Nur konnte der Berliner kaum einen menschlichen Laut hervorbringen, da sein Gesicht so sehr zerstört war, dass er kaum Kontrolle über seine Gesichtsmuskeln hatte. Nach stotternden Versuchen sangen sie dann im Duett „Wer uns getraut" aus der Operette „Der Zigeunerbaron" von Johan Straus. Die Situation war sicher ziemlich grotesk. Eine Schwester holte sogar den Arzt aus dem O. P., damit auch er in den Genuss der Gesangdarbietung kam. Der Beifall war ein wieherndes Gelächter. Ein Schamgefühl entwickelten die Jungs dabei nicht. Den nicht nachlassenden Rufen nach Zugabe haben die beiden allerdings nicht entsprochen. Nach dem Motto: „Wer der Schaden hat, braucht für den Spott nicht zu sorgen".

Eines Tages wurde meinem Freund ein Kamerad vorgestellt, der einen Einschuss im Genick hatte, denn wer die Frontlinie verlassen wollte, der konnte von hinten schwer verletzt werden. Das Geschoss war aus dem Mund ausgetreten. Nach menschlichem Ermessen gab es wohl keine Möglichkeit so etwas zu überleben. Es war klar, wenn das Geschoss einen geraden Weg genommen hätte, wäre vom Gehirn nichts übrig geblieben. Das Geschoss war aber am Schädelknochen entlanggegangen und so hatte er überlebt. Die Frage meines Freundes an den Verletzten, wo er wohl sein Gehirn vermute, erregte den Verletzten nicht. Diese Frage hatte er schon unzählige Male gehört.

Von diesem Lazarett wurde mein Freund ausgeflogen, diesmal nach Breslau. Als ihm mitgeteilt wurde, dass er mit anderen am Abend am Flugplatz sein sollte, wurden Zigaretten angeboten. Es handelte sich um die billigen Sorten wie „Weichsel" und „Halb fünf", die keiner wollte. Die Kameraden bekniffen meinen Freund, doch Zigaretten zu kaufen, denn in der Heimat würde man froh über **jede** Zigarette sein. So entschloss sich mein Freund, sein ganzes Geld in Zigaretten anzulegen und flog so mit einer Packtasche voller Zigaretten ins Reich.

Von Breslau ging es dann nach Lauban in die Augenklinik des Dr. Putzar. Dieser Mann hat viel für meinen Freund getan, sehr viel mehr als seine Pflicht gewesen wäre. Dabei erinnerte sich mein Freund an eine Chefvisite. Als dieser an sein Bett trat, sagte die Oberschwester: „Die Wunde ist ausgeheilt, er kann entlassen werden". Dann zischte sie dem Arzt hinter vorgehaltener Hand etwas ins Ohr. Der Arzt zeigte ein weites Grinsen und sah sich das Krankenblatt an. Du bist 18 Jahre alt und willst sicherlich noch mal zum Tanzen gehen. Das wurde von meinem Freund bejaht. „So geht das nicht", sagte Dr. Putzar, „wir müssen noch an dir arbeiten". Dadurch, dass ein Splitter hinter dem Auge steckte, war eine tiefe Narbe entstanden. Zudem hing das Augenlid schlaff über dem Auge. Herr Dr. Putzar hat noch mehrere Operationen an meinem Freund durchgeführt. Das waren reine Schönheitsoperationen, zu denen er sicherlich **nicht** verpflichtet war – er tat es trotzdem, trotz oder gerade wegen der „Flüsterdiagnose" der Oberschwester.

Die Abneigung der Oberschwester gegen meinen Freund war nicht ganz unbegründet. Sie traf ihn eines Tages mit einem Mädchen in der Stadt, was sie mit Unmut zur Kenntnis nahm. Als sie ihn nach einigen Tagen mit einem anderen Mädchen sah, stand ihr Urteil über ihn fest.

Wie es dazu gekommen ist? – Mein Freund war ein schüchterner und was Mädchen anbelangte, unerfahrener Jüngling und sicher kein Draufgänger. So ging er eines Tages in ein

Café. Als er eintrat, stellte er fest, dass nur ein Gast im Lokal war, ein recht ansehnliches Mädchen. Natürlich setzte er sich an einen anderen Tisch. Daraufhin kam das Mädchen lächelnd auf ihn zu und meinte, dass es doch wohl albern sei, wenn sie als einzelne Gäste einzeln an verschiedenen Tischen sitzen würden. Ganz ungezwungen und ohne Scheu begann sie ein Gespräch. So kam es, dass sie schon am nächsten Tag eine Verabredung hatten. Das Mädchen war in der Zahnklinik des Ortes tätig und meinem Freund gegenüber sehr aufgeschlossen. Ein Feldwebel, der mit Bruni, so war ihr Name, zusammenarbeitete, fragte ihn voller Neid, wie ihm gelungen war, das Mädchen für sich zu gewinnen. Meinem Freund war auf den ersten Blick klar, warum er bei Bruni nicht ankommen konnte. Er war aus seiner Sicht ein uralter Mann, sicher schon 30 Jahre alt. Hierbei bestätigte sich meine Behauptung, dass die meisten Leute gerne von sich auf andere schließen. Wobei sie das richtige Alter, die richtige Größe, die richtige …, haben.

Eines Tages gingen mein Freund mit zwei Kameraden spazieren und kamen dabei an einer Fabrik vorbei. Da es sehr warm war, war ein Fenster weit geöffnet. Offensichtlich waren dort nur Frauen tätig. Als sich die Jungs dem Haus näherten, kam eine Schar junger Mädchen ans Fenster. Sofort fiel meinem Freund ein Mädchen auf, das genau seinen damaligen Vorstellungen von einem schönen Mädchen entsprach. Zu seiner Überraschung stellte ihn das Mädchen, das er zu diesem Zeitpunkt gar nicht kannte, den anderen Mädchen als ihren Bruder vor, der in Urlaub sei. Um seine Unsicherheit zu beseitigen, bat sie ihn noch, sie um 5 Uhr abzuholen, wenn sie Feierabend hatte. Wo die Liebe hinfällt, da beginnt sie zu wachsen.

So waren seine beiden Eroberungen keinesfalls auf seine Aktivitäten zurückzuführen. Als er Anne, so hieß das zweite Mädchen, erklärte, dass er am Ort bereits eine Beziehung zu einem anderen Mädchen hatte, nahm sie das zum Anlass ihre Bemühungen um ihn zu verstärken.

Auf seiner Stube waren 2 lustige Kölner, die seine Eroberungen mit Neid betrachteten. Was sie nicht verstehen konnten war, dass sich mein Freund nicht entschließen konnte, **eine** Verlobung einzugehen. Die Mädchen damals waren eifrig bemüht einen Partner zu finden, der halbwegs akzeptabel war, denn aufgrund der vielen Ausfälle wurde das immer schwieriger, einen Partner zu finden, der ihren Idealen entsprach. So kam es dann, dass so mancher Nachbar oder Bekannte von alleinstehenden Frauen um „irgendwelche" Gefälligkeit oder Rat gebeten wurde. Nun verstand ich endlich, warum meine Mutter 1945 schwanger war, obwohl oder gerade deswegen, weil ihr erster Mann bereits ein gutes Jahr zuvor oder mehr in Russland getötet wurde.

Als mein Freund den Kölnern erklärte, dass er in Anbetracht der damaligen Lage keine Eheversprechungen abgeben könne, sahen sie ihn voll Erstaunen an. Wie sie sagten, hätten sie niemals die Absicht gehabt, ihre Mädchen jemals zu heiraten. Für sie war nur von Bedeutung, dass sie durch die Verlobung in die Familie aufgenommen wurden und somit **alle** Rechte eines Ehemannes hätten. Und da ihnen eine Verlobung einer Probezeit gleichkam, so konnte sie jederzeit bedenkenlos aufgelöst werden.

Durch den Besitz der vielen Zigaretten, die mein Freund mitbrachte, erfreute er sich großer Beliebtheit. Da er selbst kaum rauchte, reichte der Vorrat viele Wochen. Wie auch später nach dem Krieg waren die Gesundheit schädigenden Zigaretten von unschätzbarem Wert.

Der Stubenälteste auf jeder Stube war meistens ein Blinder. Dabei spielte das Alter keine Rolle. Auf die Frage seines Stubenältesten, was mein Freund von seinem Auge halte, ob er wohl jemals sehen würde, unterlief meinem Freund ein schrecklicher Schnitzer. Er sagte, dass das linke Auge wohl nichts mehr werden würde, das rechte Auge dagegen recht gut und damit vielversprechend aussehe. Der Stubenälteste sagte nur „ha", da wusste mein Freund sofort, was er angerichtet hatte, denn das rechte Auge war ein Glasauge. So kann manchmal ehrlich Gemeintes ganz gemeine Wirkung haben und gut Gemeintes nicht immer Gutes bewirken.

Nach einigen Tagen erfuhr mein Freund aus seinem Lazarett in Polen, dass ein Kamerad, den sie sorgsam abgeschirmt hatten, sich erschossen hat. Dieser Mann hatte viele Auszeichnungen und war verlobt, wie sie wussten. Ihn hatte es schlimm erwischt. Vom Auge bis zum Mund war sein Gesicht total zerstört. So hatten die Kameraden darauf geachtet, dass er keinen Spiegel in die Hand bekam. Nachdem mein Freund verlegt wurde, erwischte er einen Spiegel. Als er sein Gesicht sah, nahm er seine Pistole und erschoss sich. Damals erkannte mein Freund, dass eine gut gemeinte Lüge zunächst gut sein kann, jedoch nicht auf Dauer. Man sagt auch, dass Lügen kurze Beine haben.

Lauban war bis dahin eine vom Krieg verschonte Stadt. Für meinen Freund war es erholsam in dieser gemütlichen Kleinstadt leben zu können. Die Rekonvaleszenten hatten keinen Dienst und konnten sich total ihren persönlichen Belangen widmen. Unangenehm waren lediglich die Operationen und die schlechte Verpflegung.

In dieser Zeit fand auch die Invasion der Engländer und Amerikaner in Frankreich statt. Mit Ungeduld verfolgten die Rekonvaleszenten die täglichen Wehrmachtsberichte und waren sehr erstaunt über die quälende Langsamkeit der westlichen Verbände, die auch noch Schlappen hinnehmen mussten, wie beispielsweise die Ardennenoffensive.

Am 10.August 1944 war die Zeit des „Krankfeierns" dann vorbei. Mein Freund bekam noch einen Genesungsurlaub bis zum 26. August. Dann kam er zu einer Ersatzeinheit nach Prag. Dort wurde er zunächst in der Schreibstube beschäftigt. Langsam begannen auch die Optimisten zu begreifen, dass die Zeit ihrer Siege vorbei war und das Ende des Krieges nahte.

Mein Freund erinnerte sich noch an seinen Friseur, einen Tschechen, er hatte in seinem Salon einen Führerausspruch aufgehängt. „Wo der deutsche Soldat steht, kommt kein anderer hin". Den Jungs war klar, dass dies ein blanker Hohn war. Da es ein Ausspruch des Führers war, hatten sie keine Möglichkeit etwas dagegen zu unternehmen.

Am 1. Oktober 1944 bekam die Ersatzeinheit meines Freundes 300 Rekruten zur Ausbildung. Ende November stellte man fest, dass diese „Männer" noch keine 18 Jahre alt waren und ihnen daher eine größere Fleischzuteilung zustand. Nun erhielten sie die zustehende Menge für drei Monate auf einen Schlag. Es war fast unmöglich diese große Menge so schnell zu verbrauchen. So bekamen auch sie, die „Alten" davon einen ordentlichen Batzen ab. Dann kam der Gedanke auf, das bevorstehende Weihnachtsfest auf ihre Weise zu feiern.

Die Einheit meines Freundes hatte einen Bauernhof, der ihnen Mehl, Eier, Milch und Butter liefern konnte. So wurden alle möglichen Reserven zusammen-gekratzt, um eine Backorgie in Betrieb zu setzen. Die bestehende Schwierigkeit bestand in der Beschaffung von Backpulver und Hefe. Diesen Notstand beseitigte ein Kamerad. Er ging im Dienstanzug, also mit Stahlhelm und Pistole, in ein Lager, das von einem Tschechen verwaltet wurde und forderte diese Dinge, die im Lager verfügbar waren. Dank seiner **überzeugenden Bitte** erhielt er die notwendigen Mengen an Backpulver und Hefe. Die Bedenken des Verwalters wurden dadurch zerstreut, dass er den Empfang ordnungsgemäß quittierte. Als dann im Januar die Feldpolizei nach dem namentlich bekannten Mann suchte, der die Treibmittel für die Einheit besorgt hatte, war niemand da, der jemals so einen Namen gehört hatte.

Nun wurde der Schutzengel meines Freundes nochmal für ihn tätig. Es bestand die Gefahr, dass er zu einer Einheit kommen würde, die absolut nicht seinen Vorstellungen entsprach. Es wurde bei ihm eine gepanzerte Führerbegleitkompanie aufgestellt. Er konnte sich gut vorstellen, dass es für diese Einheit wenig Aussicht auf Überleben geben würde. Da für diese Einheit nur Männer genommen wurden, die bereits Fronterfahrung hatten und auch ausgezeichnet worden waren, war die Auswahl nicht sehr groß. Manchmal ist es von Vorteil **nicht** ausgezeichnet zu sein.

Allerdings kam mein Freund in einen Unterführerlehrgang, der auch keine Begeisterung bei ihm auslöste. Dieser Lehrgang sollte von 1.1.1945 bis zum 31.3.1945 stattfinden. Allerdings erlebte er diesen Tag nicht mehr in Prag. Der Russe hatte über die Oder gesetzt und bedrohte Berlin. So wurden mein Freund und seine Einheit geschlossen an die Front geordert. Sie bezogen eine Stellung nördlich von Stettin. Hier wurden sie erstmals in einem Privathaus untergebracht. Seine Gruppe lag in dem Haus einer Frau, deren Mann auch ein Soldat war. Sie erzählte ihnen, dass ihr Mann den Krieg in Stettin als Stabszahlmeister durchlitten hatte. Im Eingang des Hauses war ein großer „Ölschinken" zu bewundern, der „Eure Korpulenz" zeigte. Die Frau erklärte ihnen, dass die ungewöhnliche Körperfülle ihres Mannes kein Zeichen von gutem Leben, sondern auf eine Stoffwechselkrankheit zurückzuführen war.

Diese Frau bedauerte sehr, dass sie uns nichts geben konnte, da sie auch nur von den Marken lebte. Das war schlimm, denn die Feldküche meines Freundes war nicht nachgekommen. Auch der Bauer nebenan konnte ihnen nicht helfen, da auch er angeblich nichts hatte. Schließlich kam die Hilfe in Gestalt eines Arbeiters, der ihnen Kartoffeln kochte und einmal sogar Bratkartoffeln für sie machte.

Die nahestehenden Russen zwangen die Bevölkerung zur Flucht. Trotz Verbot öffneten die Jungs den „leeren" Vorratskeller ihrer Wirtin. Hier fanden sie Wurst und Schinken neben unvorstellbaren Mengen anderer Lebensmittel, die ihre Wirtin auf Jahre versorgt hätten. Dieser Anblick wurde nur von dem überboten, was sie bei dem Bauern fanden, der „selber nichts hatte." Es war eine Räucherkammer, gefüllt mit Wurst und Schinken, die die „arme" Familie des Bauern niemals selbst verbrauchen konnte.

Das waren zwei wichtige Lebenserfahrungen, die mein Freund nie vergessen sollte:

1. Die grenzenlose Gier, durch die diese Zeitgenossen ungeheuerliche Mengen an Lebensmitteln angesammelt haben.

2. Der unerträgliche Geiz, der es ihnen nicht erlaubte auch nur ein Stück abzugeben – obwohl der Russe bereits in den Ort hineinschoss.

So ist es nun mal mit der Solidarität. Denn in der Not sind sich die meisten selbst näher als alle anderen, dann ist ihnen das Hemd näher als der Rock. Dann hören Begriffe wie „Anstand" und „Moral" plötzlich auf zu existieren. Dann werden verborgene Überlebensinstinkte plötzlich wieder wach. Dann wird jeder sich selbst der Nächste.

Mein Freund und seine Gruppe hatten hinsichtlich ihrer Zukunft keine großen Illusionen mehr. Als er einmal Straßenposten war, kam ein einziger Soldat die Straße entlang. Da er keinen Marschbefehl hatte, hätte er ihn eigentlich festnehmen müssen. Der Soldat sagte ihm, dass er nicht die Absicht habe noch mal einen Einsatz mitzumachen. (Es hätte auch mein Onkel sein können.) Als mein Freund den Soldaten nach seinem letzten Einsatzort fragte, sagte er, dass er bei Augustdorf gekämpft habe und dass dort noch einige Panzer geknackt worden seien. Für meinen Freund war von großer Bedeutung zu wissen, dass sein Heimatort bereits von den Engländern besetzt war.

Die Engländer, die eigentlich Feinde Deutschlands waren, wurden von meinem Freund und seiner Gruppe eher als Retter angesehen. Dieser Gedanke wurde verstärkt durch die Mitteilung des Funktrupps, der Verbindung zu den Engländern hatte. Es wurde gesagt, dass die Westmächte sich mit den deutschen Verbänden gemeinsam gegen die Russen wenden wollen. Von dem abgekarteten Spiel, von den geheimen Absprachen zwischen den Westmächten und den Russen wusste damals – und viele Jahrzehnte danach – die gesamte Bevölkerung **gar nichts.** Und heute? Was erfährt die gesamte Bevölkerung heute, wenn sich zwei Staatsführer unter vier Augen besprechen? – **nichts!** Wer die Wahrheit erfahren möchte, der muss aufwachen, andernfalls bleibt sein Leben ein auf Lügen basierender Traum.

Es war sicherlich nicht verlockend den Kampf noch einmal antreten zu müssen. Der Gedanke, die russischen Befreier in ihre Grenzen zurückzudrängen, war schon ein echtes Anliegen. Der Ruf der Russen, die den Krieg NICHT angefangen haben, war damals noch schlechter als es die traurige Realität verlangte.

Mein Freund selbst hatte sich entschlossen mit einem Kameraden in den Westen zu gehen, um in englische Gefangenschaft zu kommen. Die Vorstellung an eine russische Gefangenschaft war ihm ein Gräuel. Dieses Vorhaben scheiterte darin, dass sie Alarm hatten und somit keiner sein Fahrzeug unbemerkt verlassen konnte.

Mein Freund wurde mit seiner Gruppe nach Süden verlegt und zwar in die Nähe von Frankfurt an der Oder. Leider war der Russe dort durchgebrochen und so wurde mein Freund mit seiner Truppe zur Rettung ihrer Hauptstadt ins Gefecht geworfen.

Die letzten Illusionen wurden ihnen geraubt. Als sie den Ort Märkisch Buchholz erreicht hatten, kam es zu einer eigenartigen Befehlsausgabe. Es wurde ihnen mitgeteilt, dass die Russen beiderseits von ihnen durchgestoßen waren und sie im Kessel saßen. Da ein organisierter Durchbruch mit den vorhandenen Mitteln nicht möglich war, erhielten sie den Befehl, als einzelne Kämpfer durch die russischen Stellungen zu sickern und sich im Raum Leipzig zu sammeln. Wie ihnen gesagt wurde, sollten sie eine Stellung in der „Festung Alpen" beziehen, die angeblich vorzüglich ausgebaut und für Jahre hervorragend versorgt sei. Ihre letzte Tätigkeit bestand darin, alle schriftlichen Unterlagen zu verbrennen. In echter preußischer Ordnung wurde die Kompaniekasse abgeschlossen und nachdem der Inhalt überprüft und die Richtigkeit festgestellt worden war, verbrannt. Über den Vorgang wurde ein Protokoll angefertigt. Auch dieses Dokument wurde dann verbrannt. Als ich meinen Freund nach dem Sinn dieser Aktion fragte, da sagte er nur: „Befehl ist Befehl" – „auch heute noch?" Fragte ich nach und bekam keine Antwort.

Das war gleichzeitig die letzte organisierte Handlung. Von da an ging jeder seine eigenen Wege. Die Einheit meines Freundes hat sich in nichts aufgelöst. Die Reste der Armee wurden von Stabsoffizieren, die aus Berlin geschickt wurden, noch mal zusammengetrieben und in kleine Kampfgruppen gegliedert.

Hier erhielt mein Freund noch einmal einen besonders „ehrenvollen" Auftrag. Als SS Mann vertraute man ihm eine

Kompanie Landsturm an. Die Männer hätten, vom Alter her gesehen, alle seine Opas sein können. Der Führer des Vereins meldete meinem Freund seine Einheit. Mein Freund sagte ihm, dass er in den letzten Tagen kaum geschlafen habe und bat ihn auf die Männer aufzupassen, während er etwas schlief. Als mein Freund erwachte, war wie erwartet, keiner der Männer mehr zu sehen.

Im Walde von Halbe kam dann der Abschluss. Ganz unerwartet wurde meinem Freund die Aufmerksamkeit einer russischen „2cm" zuteil. Mit einem unglaublich großen Satz erreichte er ein Deckungsloch, das von den Russen daraufhin weiter beschossen wurde. In blanker Panik trennte mein Freund seine SS Spiegel und den Ärmeladler ab und warf alles zusammen mit den vorhandenen Auszeichnungen weg. Hier hatte er sicherlich einen Tiefpunkt seines Lebens erreicht. Es war nicht nur die fast ausweglose Lage, sondern auch der Verlust jeden Selbstwertgefühls.

Wenn man jung und naiv ist, glaubt man die Lügen, die einem die Alten, die selbst oft nicht all zulange zu leben haben, vorgaukeln. Dann ist „Wahres" wahr, auch wenn es selbstsüchtig gelogen ist.

Die Feststellung meines Freundes, dass er noch lebte, vermittelte ihm gleichzeitig ein alles durchdringendes Glücksgefühl. Die Einsicht, dass dieses Deckungsloch der Ort war, an dem alle seine Vorstellungen eine andere Richtung nehmen würden, ist ihm erst später gekommen. Als es ihm schließlich gelang den Bombenkrater zu verlassen, hatte er das Gefühl gehabt, einen Erfolg erzielt zu haben. Es war nun wohl unvermeidlich in der folgenden Zeit die Tiefen russischer Gefangenschaft durchleben zu müssen.

Der Erfolg reichte jedoch nur bis zum Glücksgefühl. Vernunft war dadurch offensichtlich nicht freigesetzt worden. Mein Freund ging dann auf einen Hügel, wo sich ein russisches MG (Maschinen Gewehr) seiner annahm. Bald erkannte er, dass dies hinter dem Hang lag und nur die Bäume erreichte, die etwa 2 Meter über seinem Kopf standen. So stand er immer wieder auf, um die Russen zum Schießen zu reizen. Wenn er das im Nachhinein betrachtete, so konnte er nur sagen, dass mehr Leichtsinn und Dummheit kaum denkbar war. Wenn man jung ist, dann weiß man noch nicht, dass Leichtsinn schwere Konsequenzen haben kann, dass eine Komödie zur Tragödie oder ein Lachen schnell zum Weinen werden können.

Eines Abends fand mein Freund eine Einheit, die sich zur Nacht eingeigelt hatte. Dort fühlte er sich einigermaßen sicher, da zwei Vierling-Flaks (vierröhrige Flugabwehr Vorrichtung) dabei waren. Kaum war er eingeschlafen, als eine wüste Knallerei losging. Die beiden Vierlinge hatten die Rohre aufeinander gerichtet und waren damit beschäftigt sich unter wüsten Beschimpfungen gegenseitig auszulöschen. Wie mein Freund aus deren Worten entnehmen konnte, hatte sich im Laufe der Zeit zwischen den beiden ein unbändiger Hass aufgebaut. Es hatte nur wenige Minuten gedauert, bis der gegenseitige Hass ausgestanden war. Die Vierlinge haben ihnen einen gegenseitigen ewigen Frieden beschert. Beide lagen verkohlt neben ihren Fahrzeugen – **ohne sich gegenseitig zu hassen!** Und wer weiß, wie viele Menschen sie mit ihren Vierlingen noch getötet hätten, wenn sie sich gegenseitig NICHT getötet hätten? Manchmal kann der Hass größer sein als die Angst vor dem eigenen

Tod und somit ewigen Frieden bringen. Und manchmal kann der Tod Einzelner das Leben von Vielen erhalten.

Sehr bald bot sich meinem Freund ein weiteres seltsames Bild. Ein Soldat hatte sein Fahrrad bis zur Grenze seiner Belastbarkeit mit Fleischkonserven beladen. Nun lag er in dieser Herrlichkeit selbst, getroffen von einem größeren Geschoss. Offensichtlich hatte das so beladene Fahrrad ihn daran gehindert in Deckung zu gehen. Die Konserven waren alle heil geblieben, was viele kurzzeitig fröhlich stimmte. So rasch kann „des einen Leid zu des anderen Freud werden".

Einmal suchte mein Freund bei einem Feuerüberfall ein Deckungsloch auf, als ein weiterer Soldat zu ihm ins Loch sprang. An Stelle einer Waffe trug dieser eine Schreibmaschine. Im Verlauf des Feuerüberfalls erläuterte er meinem Freund seine Zukunftspläne, die in Verbindung mit der Schreibmaschine standen. Bei aller Vorsorge hatte er übersehen, dass jeder Soldat, der ohne Waffe angetroffen wurde, zu erschießen war. Wenn man kriegsbedingt traumatisiert ist, dann hält man unbewusst sogar Träume für wahr – ohne dabei selbst zu wissen, dass man nur träumt.

Eine schreckliche Waffe der russischen Verteidiger sollte mein Freund noch kennenlernen. Die Flugzeuge flogen niedrig und schwefelten aus ihren Flugzeugen so etwas wie flüssiges Gas ab, das bereits in der Luft brannte. Geriet man in so einen Feuerteppich gab es keine Hilfe – nur verbrannte, unschuldige Menschen, die irgendwelche Idioten mittels Gehirnwäsche zu Soldaten machten. So sah er eine Sanitätskolone, die von so einem Feuerteppich voll getroffen worden war. Die ganze Truppe lag nun dort wie gegrillte Lämmer. Offensichtlich hatte es für sie keine Möglichkeit gegeben dem Angriff auszuweichen. So hatte mein Freund die Nase endlich gestrichen voll und beschloss diesen Zustand für sich zu beenden. Zeitgerecht machte er sich auf den Weg in Richtung der russischen Stellungen. Bald gelang es ihm einen Weg zu finden, auf dem er ohne Beschuss weiterkam. Hier gelangte er zu einem einsamen russischen Posten, der ihn ohne ein Anzeichen von Unruhe herankommen ließ, um ihn dann wie einen guten Kameraden zu begrüßen. Ein eisiger Schock durchfuhr ihn, als er feststellte, dass er noch seine Waffe trug. Er war, ohne seine Hände zu erheben, einfach mit seiner Waffe zu dem russischen Soldat gegangen. Als er dann die Waffe ablegte, erregte das den Posten nicht. Sein Interesse beschränkte sich auf seine Armbanduhr, obwohl an seinem Arm eigentlich kein Platz mehr für eine weitere Uhr vorhanden war. Es ist wohl wie den vielen anderen vergänglichen Dingen, die Leute bekommen NIE genug davon.

Schließlich erklärte der russische Posten meinem Freund, dass der Krieg nun zu Ende gehe und sie alle nach Hause gehen würden. Seine Meinung konnte mein Freund nicht teilen. Wie er postum erfahren musste, hatte er zu damaligem Zeitpunkt noch 3 ½ Jahre Gefangenschaft vor sich. Auch die Heimkehr des russischen Postens dürfte sich noch erheblich verzögert haben.

Wie mein Freund später erfuhr wurden alle Soldaten, die im Westen gewesen waren, einer eingehenden Gehirnwäsche unterzogen, bevor sie auf die Bevölkerung losgelassen wurden. Danach hätten sie sich lieber die Zunge abgebissen, bevor sie auch nur ein Wort darüber verloren hätten, was für ein wunderbares Land Deutschland doch war, das sie kennengelernt hatten. Der Schaden für Stalin wäre größer gewesen als der ganz 2. WK. Wahrscheinlich hätte es eine Revolution gegeben und mit Revolutionen kannten sich die russischen Machthaber, geschichtsbedingt, einigermaßen gut aus.

Schließlich stellte der Posten meinem Freund frei zu bleiben oder zu gehen wohin er wollte. Wie mein Freund bemerkte, befand sich in Sichtweite des Postens ein deutsches MG Nest. Diese Helden beschossen die Russen nicht, wurden aber auch von den Russen nicht beschossen. Der Posten, bei dem mein Freund in Gefangenschaft gegangen war, bat ihn zu seinen Leuten zu gehen und sie zur Aufgabe zu bewegen. Sein Gespräch mit diesen Kameraden führte indes zu nichts. Sie hatten sich entschlossen dort zu bleiben bis alles vorbei war und dann nach Hause zu gehen. Vom Kampf „bis zum letzten Bluttropfen", war keine Rede. Es war eine eigenartige Vorstellung, dass die Russen das gestatten würden. Sein Posten gab meinem Freund zu Essen und auch einen Wodka, sowie 600 Mark deutschen Geldes. Außerdem überreichte er ihm das Soldbuch eines deutschen Soldaten, von dem er wusste, dass dieser getötet war. Allerdings wurde ihm das Soldbuch später abgenommen.

Nach einiger Zeit kam ein junger russischer Soldat, der meinen Freund sofort als SS Mann erkannte und sein Lebenslicht ausblasen wollte. Nur der beherzte Einsatz des Postens bewahrte ihn vor dem Tod. Was eine gute Vorsehung war, denn ohne diese unerklärliche Vorsehung wäre das Leben meines Freundes an dieser Stelle zu Ende und wir würden nie erfahren, dass böse Erfahrungen anderer durchaus lehrreich sein können – vorausgesetzt wir wollen sie nicht nur wissen, sondern auch verinnerlichend hören!

Bei der eigentlichen Einheit der Russen angekommen, wurden mein Freund und inzwischen zwei weitere deutsche Soldaten von den Russen herzlich begrüßt. Die Russen schleppten Wasser herbei, denn im Wald hatten sie kein Wasser zur Verfügung gehabt. Dann forderten sie sie auf, ihre Waffen wegzuwerfen, soweit noch welche vorhanden waren. Überwacht wurde das nicht. Offensichtlich war es ihnen egal. Allerdings je weiter sie kamen, desto kleinlicher wurden die Kontrollen.

Wie mein Freund nach dem Krieg gesehen hat, waren im Wald von Halbe mehr russische als deutsche Soldaten ermordet worden. Es blieb ihm immer ein Rätsel, warum die Russen die dort gegebene Überlegenheit nicht nutzten um die eigenen Soldaten zu schonen. Niemals vorher hatte mein Freund solche Mengen getöteter Soldaten, toter Tiere und zerschossenen Kriegsmaterials gesehen wie dort. Es war sehr warm in diesen Tagen und der Leichengestank war unerträglich. Die Russen machten keine Anstalten auch nur die eigenen Toten wegzuräumen; sie matschten mit ihren Fahrzeugen einfach über alle und alles hinweg. Von später in Gefangenschaft geratenen Kameraden erfuhr mein Freund, dass sie zum Begraben der Toten eingesetzt wurden.

Mein Freund und seine Leidkameraden marschierten über die Autobahn nach Königs Wusterhausen. Hier wurden sie auf einem Gelände, das an einem Gewässer lag, untergebracht. Sie marschierten auf das Gelände, wo sie dichtgedrängt nebeneinander standen. So hatten sie die ganze Nacht zu verbringen. Sie lagen übereinander, an schlafen war nicht zu denken. Hier erhielt mein Freund noch mehrere **Lektionen in Sachen Solidarität und Kameradschaft**. Erstmal kam ein Russe geritten, der sie um Zigaretten und sonstige Rauchwaren bat. Im Nu hatte er eine Plane voll davon. Danach sagte er ihnen, dass es ihm nicht an Zigaretten gelegen sei. Er wollte ihnen nur zeigen, was für Kameraden sie waren denn **niemand** hätte zuvor einem Kameraden auch nur eine Zigarette abgegeben. Danach warf er alles unter die Gefangenen. Es war sehr beschämend das zu erleben. „Der gute Mann denkt an sich zuerst" und in der Not erkennt man sogenannte Kameradschaften am besten.

Sehr bald kamen einige Posten, die vier oder fünf Mädchen vor sich trieben. Ohnmächtig mussten die Gefangenen erleben, wie die Mädchen von den Russen vergewaltigt wurden; dies immer und immer wieder. Bald dann begannen die Mädchen vor Schmerzen zu schreien. Am Ende war nur noch ein leises Wimmern zu hören. Die Leiden der Mädchen interessierte die russischen Vergewaltiger offensichtlich nicht. Warum auch? Als die Deutschen Russland überfielen, ganze Dörfer niederbrannten, Frauen vergewaltigten, unschuldige Männer, Frauen und Kinder ermordeten, interessierte es auch keinen Deutschen. Andere leiden zu sehen ist erträglicher als Leid an sich selbst zu erfahren. Und aus Angst selbst Opfer zu werden, haben alle „Helden", statt zu helfen, still gehalten. Auch mein Freund, denn es ging um das eigene nackte Überleben.

In einem Durchgangslager erlebten die Gefangenen den 8. Mai 1945, den Tag der Kapitulation des unschlagbaren, des über alles und allem stehenden Deutschland. Für meinen Freund war der Krieg schon seit Tagen vorbei. Anders sahen es die Männer der Antifa (Anti Faschisten). Das waren Männer, die schon früher in Gefangenschaft gegangen waren und sich in **wunderbarer Weise** in Kommunisten verwandelt hatten. Nun war mein Freund, wie er sagte, nie ein Nazi. Ebenso wenig war es sein Wunsch, dass die Deutschen den Krieg gewinnen sollten, dennoch hat er mit Verachtung gesehen, wie diese deutschen charakterlosen Knechte um die Russen herumschleimten.

Aus seiner gegenwärtigen Sicht war sein damaliger Gemütszustand nicht zu verstehen. Einerseits wünschte er sich, dass die Nazis verschwinden würden. Es war ihm klar, dass es dazu einer totalen Niederlage seiner Truppen bedurfte. Andererseits konnte er über die Niederlage seiner Truppen nicht jubeln.

Nun führte der Weg die Gefangenen über die Autobahn nach Frankfurt/Oder. Dieser Marsch hatte seine Eigenarten. Die Kolonne war etwa 15.000 Mann stark. Bei der Hitze, die sie Anfang Mai hatten, konnten manche Männer nicht durchhalten. Sehr bald sprach es sich herum, dass die Russen das Problem mit einer Kugel lösten. Dabei musste ich daran denken, wie die Deutschen auf dem Fluchtmarsch aus Auschwitz mit den gehunfähigen Häftlingen umgegangen sind – **genauso!**

Kam die Kolonne am Abend an ihrer Zielvorgabe an, füllten die Posten die fehlenden Männer durch Zivilisten auf, die in der Nähe aufzutreiben waren. Auf diese Weise geriet manche Frau und manches Kind in Gefangenschaft.

Einigen wenigen Männern, wie meinem Vater auf dem Auschwitz-Marsch, gelang die Flucht. Auch andere „**verlo-**

ren gegangene Männer" wurden wieder auf diese Weise ersetzt. Meinem Freund selbst ist damals der Gedanke an Flucht nicht gekommen. Das war nicht bei allen so. In seiner Näher waren Männer, die Verbindung zu ihren Frauen hatten und eine Flucht planten.

Als die Gefangenen am nächsten frühen Morgen losmarschierten, und mein Freund völlig überrascht die Kameraden vom Vortag auf der anderen Seite der Fahrbahn ihm entgegenkommen sah, bekam er eine weitere Lektion in Sachen Kameradschaft und Solidarität schockartig erteilt. Die Mitgefangenen vom Vortag trugen französische Fahne und hatten an ihren Feldmützen französische Hoheitsabzeichen. Mein Freund musste sich eingestehen, dass er zu einer derartigen Frechheit nicht fähig gewesen wäre. Vielleicht war er aber nur neidisch, dass er selbst nicht solche Idee hatte. Der Erfolg gab ihnen Recht; die Russen hielten sie für ehemalige französische Kriegsgefangene, die auf dem Weg in ihre Heimat waren und unterstützten sie sogar.

Mein Freund selbst hatte ein anderes Problem. Er trug noch den Uniformrock der SS. Zwar hatte er die Abzeichen entfernt, dennoch war es nicht zu übersehen, wo die Ärmeladler gesessen hatten. So ging sein ganzes Trachten dahin, eine andere Jacke zu finden, da immer wieder „Kameraden" versuchten ihn aus der Kolonne zu stoßen. („Kleider machen Leute" – nicht nur damals) Als er dann eine recht zweifelhafte Jacke fand, zog er diese ohne Bedenken an. Dass dies kein Glücksfall war, stellte sich alsbald heraus. Die Jacke war voll von Ungeziefer. So hatte mein Freund hinzunehmen, wenn die Kameraden auf seinem Kragen Läuse entdeckten und ihn dann als verlaustes Schwein beschimpften.

So rücksichtslos, wie die Russen allgemein waren, so gab es auch andere Beispiele. So marschierte ein Ritterkreuzträger mit, von seinen Männern umgeben, und mit Orden und Ehrenzeichen behängt. Sie führten mit sich einen Wagen, der mit Verpflegung beladen war. Mein Freund hatte nicht erlebt, dass die Russen gewagt hätten diesen Männern ihren Sonderstatus streitig zu machen. Eher hatte mein Freund den Eindruck, dass sie ihnen mit Respekt und Hochachtung begegneten. Es ist nun mal so, dass die meisten Leute generell von der Verpackung auf den Inhalt schließen – von der Kleidung auf die Personen, die sie tragen und auf die Ämter oder Berufe die sie innehaben. Selbst einen Papst **ohne** Verkleidung würde kaum einer in einer Menschenmenge erkennen.

Am 13. Juni 1945 kamen die Gefangenen in Charkow an. Der Empfang war nicht gerade herzlich. Die Menschen waren voller Hass auf sie. So marschierten sie unter Beschimpfungen der Bevölkerung durch die Stadt. Was ihnen aufgefallen war, waren viele Männer, die ihre Glieder durch deutsche Granatensplitter verloren hatten. Vor allem fielen ihnen Beinamputierte auf. Diese Männer saßen auf einem Brett und stießen sich mit einem Holzpflock voran. Wie mein Freund später gelesen hatte, wurde von den russischen Ärzten nicht die Sorgfalt angewandt, die in Deutschland zu damaliger Zeit üblich war.

So kam mein Freund mit 1.000 Gefangenen in einem Lager an. Zunächst wurden sie verpflegt. Dann kam es zur Zählung. Nachdem man festgestellt hatte, dass sie vollzählig waren, wurden 500 Männer abgestellt, die in die Seilfabrik gingen. Die anderen verblieben im Lager Traktorenwerk. Alsbald begannen sie dann ihre Arbeit im Traktorenwerk.

Am Abend fand die übliche Zählung statt. Eines Tages hatten alle anzutreten, auch die Kranken und der Koch aus der Küche. Dabei stellte es sich heraus, dass sie 499 waren und keiner mehr. Es wollte nicht gelingen den 500sten aus dem Hut zu zaubern.

Was war geschehen? Als die 500 Männer in ein anderes Lager aufbrachen, war ein Mann, der mit seinem Freund zusammen bleiben wollte, zu der abziehenden Kolonne übergelaufen.

Das ganze wäre nicht so schlimm gewesen, wenn sie nicht tagelang ihre Vollzähligkeit nachgewiesen hätten. Auch in dem anderen Lager war es nicht anders, dort war der 501ste die ganze Zeit unterschlagen worden.

Mit Schmunzeln stellten sie fest, dass die Russen offensichtlich Probleme mit den Zahlen hatten. Diese Tatsache wurde auch den vorgesetzten Russen klar, allerdings konnten sie darüber nicht lachen. Dies war nicht der einzige Fall, wo sich Schwierigkeiten beim Zählen ergaben.

So war es eines Tages nicht möglich, den Posten davon zu überzeugen, dass sie vollzählig waren. Endlich wurde des Rätsels Lösung gefunden. Sie marschierten in Russland in Kolonnen zu je 5 Männern. Zum Schluss verblieb eine Rotte, die weniger als 5 Männer zählte. Nun gingen die Kompanieführer meist neben der Kolonne. An diesem Tag war es ein Kompanieführer, der morgens im Glied und später als Kompanieführer neben der Kolonne mitmarschierte. Dadurch war die letzte Gruppe nur 2 an Stelle von 3 Männern stark. Dies war nun der Punkt. Der Posten hatte sich früh nur gemerkt, wie viele Männer in der letzten Gruppe standen. Das Problem wurde dadurch gelöst, dass der Kompanieführer wieder ins Glied zurücktrat. Jetzt war der Posten beruhigt, denn die Kompanie war wieder vollzählig.

Einmal hatten sie einen Posten, der die Vollzähligkeit sehr schnell ermittelte. So genügte ihm, wenn sie sagten, dass sie vollzählig waren. Wie immer ging er an der Kolonne entlang und schon waren alle gezählt und anschließend schnell unterwegs. Als die Kolonne etwa 100 Meter gegangen war, kamen drei Kameraden angelaufen, die sich verspätet haben. Es stellte sich heraus, dass der Posten niemals gezählt hatte, weil er das nicht konnte. Die ganze Kolonne hat herzlich gelacht – der Posten ebenfalls.

Die beiden ersten Jahre verbrachte mein Freund in Charkow, in einem Traktorenwerk. Im Vergleich zu anderen Gefangenen hat er es gut getroffen. Er hatte sogar die Möglichkeit Geld zu verdienen und damit im Basar einzukaufen.

Ein schwerer Schlag traf meinen Freund dennoch, als sein neu gewonnener Freund verstarb. Es war sein 10. Hochzeitstag, an dem sie ihn beerdigten. Diesen hatten sie feiern wollen. Georg Dürr, so hieß er, war für ihn ein väterlicher Freund, mit dem er alles geteilt hat.

Natürlich wurde immer die Möglichkeit zur Flucht erwogen. In der Halle meines Freundes befanden sich drei Kameraden, die einen Versuch machen wollten. Die Vorbereitungen bestanden darin, von dem verdienten Geld etwas für die Flucht zurückzulegen. Mein Freund selbst hat sich daran nicht beteiligt. Er war der Auffassung, dass ihr Russisch dafür nicht ausreichte. An einem Sonntag meldeten sich die drei für eine Tätigkeit außerhalb des Lagers. Da die Bewachung an Sonntagen nicht so streng war wie sonst, gelang ihnen die Flucht auch. Es dauerte etwa vier Wochen bis die drei wieder auftauchten. Sie wurden in einem Bunker untergebracht wo sie regelmäßig gefoltert und totgeschlagen wurden. Spätere Fluchtversuche endeten weniger schmerzhaft. Die Flüchtigen wurden erschossen und zu Abschreckung am Lager-Tor hingelegt, so dass die Gefangenen an ihnen verbeigehen mussten.

Im Traktoren Werk lernte mein Freund die Russen richtig kennen, insbesondere ihre totale Unfähigkeit zur Organisation, sowie ihre fehlende Disziplin bis hin zur totalen Gleichgültigkeit. Wäre nicht die Knute gewesen, hätten diese Menschen überhaupt nichts getan. Die Knute war hier das Brot. Wurde die Norm nicht erfüllt, wurde das Brot gekürzt. (Hunde- und andere Tierdressuren funktionieren ähnlich.) So wurde der Hunger als „Motivationsknüppel" genutzt. Im Werk wirkte sich das so aus, dass in den ersten Tagen des Monats wenig getan wurde. Da die Norm so nicht zu erreichen war, wurden die verbliebenen Sonntage zu Arbeitstagen erklärt. Am letzten Tag des Monats wurde dann um Mitternacht der noch fehlende Motor geliefert.

Hier ist einzuflechten, dass für die Russen das Brot das Lebensmittel schlechthin darstellte. War das Brot zureichend vorhanden, bestand aus Sicht der Russen kein Mangel. Die westlichen weitergehenden Bedürfnisse waren den Russen weitgehend fremd und somit unbekannt.

Am Arbeitsplatz meines Freundes wurde zeitweilig auch ein junger Russe beschäftigt, der einen Unterschenkel verloren hatte. Sie verstanden sich gut. So kam es dazu, dass mein Freund ihm erzählte, wie er in Gefangenschaft gekommen war. Mit einem Lächeln sagte der Russe, dass mein Freund bei ihm nicht in Gefangenschaft gekommen wäre. Er hätte ihn ganz einfach umgelegt. Trotz dieses Schocks haben die beiden weiterhin gut zusammengearbeitet.

Diese russische Denkweise war meinem Freund immer wieder aufgefallen. Sie konnten urplötzlich ihr Verhalten von freundlich und verbindlich zu böse und auch grausam umstellen. Allerdings ist diese Bipolarität von Gut und Böse nicht nur bei den Russen vorhanden, sondern bei **jedem Lebewesen.** Insbesondere jedoch bei den Nachkommen der Schimpansen, nämlich bei uns, den sogenannten Menschen, die nicht nur wegen Nahrungsbeschaffung oder Verteidigung, also aus Selbsterhaltungstrieb, andere Lebewesen zunächst physisch und psychisch foltern und quälen, bevor sie sie töten.

Russland hat schon immer eine besondere Beachtung meines Freundes gefunden. In diesem Land sind von je her Spitzenleistungen in Wissenschaft und Kultur erbracht worden. Unterhalb dieser Ebene jedoch klaffte ein riesiges Loch. Was bei uns seit dem Mittelalter entwickelt worden ist, sei es im Handwerk, der Rechtspflege oder dem Handel, hatte bei den Russen kaum eine Entsprechung. Sicherlich ist dieser Trend durch den Kommunismus noch verstärkt worden.

Mein Freund hat kaum erlebt, dass ein Russe etwas über seine Pflicht Hinausgehendes getan hätte. Für die Russen war nur von Bedeutung, dass der Kontrollmeister das Werkstück abnahm. Ob das Werkstück dann funktionierte oder auch nicht, das interessierte sie nicht. Wenn man aufgrund seiner Lern**un**fähigkeit oder Resignation zulässt, dass andere das Denken für einen selbst übernehmen, wenn man von Politkern und anderen „feinen Leuten" andauernd belogen und betrogen wird, dann wird man im Laufe der Zeit lethargisch, apathisch oder sogar beides.

Auch die Vorstellung, dass in einem Gefangenenlager alle Menschen gleich sind, ist absolut falsch. Bei Gründung des Lagers meines Freundes wurde erstmal der Grundstein für die zukünftige Ordnung gelegt, denn „Ordnung muss sein" damit kein Chaos entsteht. Als Erstes wurde die Besatzung für die Küche bestimmt. Das waren 2 Männer, die **angaben**, Ahnung vom Kochen zu haben. Ihnen wurden dann nach der Notwendigkeit Hilfskräfte zugeteilt. Damit hatten diese beiden Männer einen großen Vorteil gegenüber den anderen Gefangenen, sie konnten sich satt essen. Aufgrund des allgemeinen Selbsterhaltungstriebes hat mein Freund nur bedauerte, obwohl er nicht kochen konnte, dass er sich als Koch **nicht** gemeldet hatte. Denn im Lager musste man nicht zwingend kochen können, um ein „guter" Koch zu sein. Dort war der Hunger der beste Koch und Hunger hatten alle – und immer.

Als nächstes wurde ein Lagerkommandant ausgewählt. Er war ein Stabsfeldwebel der Wehrmacht, Hermann Gondermann, ein echtes Produkt deutscher Erziehung. Ohne Rücksicht darauf, dass er am unteren Ende der menschlichen Werteskala angekommen war, legte er eine grenzenlose Überheblichkeit gegenüber den Russen an den Tag. Besonders darunter zu leiden hatte der Dolmetscher Edgar. Er hatte das Vergnügen die Worte des Lagerkommandanten an den russischen Offizier zu übersetzen, was alles andere als leicht war, denn Überbringer schlechter Nachrichten wurden seit eh und je nicht besonders freundlich belohnt. Seine

Mimik und Gestik zeigten mehr als deutlich was der Lagerkommandant meinte. Wenn er den russischen Leutnant als „Jungsche Sprinter" oder schon mal als Arschloch bezeichnete, konnte Edgar dies so nicht übersetzen. Der Leutnant spürte das natürlich und wollte dann wissen, was ein Arschloch ist. Die dringende Bitte von Edgar, nicht so ausfallend zu werden, wurde von Hermann nicht berücksichtigt. Er sagte den Gefangenen, dass sie ohnehin nicht wieder nach Hause kommen würden. Für ihn hat sich dies auch bewahrheitet. Als Kommandant erhielt er doppelte Verpflegung. Oft hatte mein Freund erlebt, wie dieser seine Suppe verplemperte, während er und seine Kammeraden unter Hunger litten. Er behauptete die Verpflegung sei ausreichend. Wenn jemand etwas anderes sagte, erklärte er ihn für verfressen. Als sie dann später in ein anderes Lager verlegt wurden, verlor Hermann seine Sonderstellung. Als mein Freund Urlaub im Lager verlebte und genug zu essen bekam, ist Hermann an sie herangetreten, um etwas Essen zu bekommen. Wie mein Freund meinte, hat niemand ihm etwas abgegeben. Allerdings hat er ihm leidgetan, als dieser total abgemagert verstarb. Wer andere schlecht behandelt, der darf sich nicht wundern, wenn ihm das Gleiche widerfährt. Die meisten Gefangenen sagten dazu, dass dies die „ausgleichende Gerechtigkeit" sei.

Außer den erwähnten Männern gab es noch weitere Funktionäre im Lager. Da war zuerst der Rechnungsführer zu nennen, der dafür zu sorgen hatte, dass die Gefangenen für ihre Leistungen auch angemessen entlohnt wurden. Weiterhin gab es 2 Lagerelektriker, die die einzige Aufgabe hatten dafür zu sorgen, dass das Stromaggregat, welches die Sperrzone mit Strom versorgte, funktionierte und die „defekten"

Glühbirnen nicht zu oft „ausgewechselt" wurden. Und schließlich gab es da noch 4 Wäscher, deren Aufgabe es war, die Kleidung der Gefangenen zu waschen.

Auch unterhalb der Funktionärsebene war von Gerechtigkeit nicht die Rede. Die Klasse, zu der auch mein Freund zählte, hatte einen Arbeitsplatz, welcher ihnen ermöglichte, Geld zu verdienen und auszugeben – z. B. für Nahrungsmittel. Somit war der Vorteil gegenüber den anderen nicht zu übersehen.

Neben dem Dolmetscher Edgar gab es noch andere Männer, die recht gut russisch sprachen. So lag neben meinem Freund auf der Pritsche ein Litauer, der einwandfrei russisch sprach, aber nur sehr ungern übersetzte. Der Grund dafür war seit eh und je, dass die Russen den Übersetzer dafür verantwortlich machten, was und wie dieser übersetzt hatte. Wie meinem Freund ein anderer Leutnant, der neben ihnen lag, erzählte, war der Übersetzer in Litauen ein wohlhabender Mühlenbesitzer gewesen und lebte in ständiger Angst umgebracht zu werden. Er hatte im Krieg für seine Mühle russische Gefangene angefordert, die er dann auch bekam. Als diese halb verhungert bei ihm ankamen, hatte er ihnen einen reichen Tisch gedeckt. Die Männer hatten so gewaltig zugelangt, dass sie verstarben. Dafür machten die Russen **ihn** verantwortlich. Wie der Mühlenbesitzer meinem Freund erzählte, hat er spätere Gefangene erst langsam hochgepäppelt. Hierbei musste ich an meinen Vater denken, als er aus Auschwitz nach Hause kam und nur etwa 46 Kg wog. Suppe, Suppe und nochmals Suppe waren seine Hauptnahrungsmittel – „eimerweise", wie er es im Nachhinein sagte.

173

Es gab noch weitere Männer zu denen mein Freund engen Kontakt hatte. Hierbei war zunächst Georg Dürr zu nennen, dieser Mann war im Zivilberuf Bankangestellter. Er war etwa 10 Jahre älter als mein Freund war verheiratet und hatte ein 2 Jahre altes Kind. Die beiden hatten ein regelrecht freundschaftliches Verhältnis und konnten ohne Rücksicht über all die Dinge miteinander sprechen, die sie bewegten. Leider verstarb Georg im Oktober 1946. Es hatte ein leichter Schneefall eingesetzt, als sie sein Grab aushoben. Die Befehle, ihm seine Unterwäsche auszuziehen, haben sie nicht befolgt. Auch der russische Posten bestand nicht darauf. Später hat mein Freund seiner in Ravensburg lebenden Frau über die Umstände beim Ableben ihres Mannes berichtet. Sein Kind hat der Verstorbene nie gesehen. Es wäre sehr wünschenswert, wenn **A**nhänger **f**aschistischer **D**enkweisen darüber nachdenken würden – die Frage ist nur, womit? Mit einem lernresistenten Verstand?

Einen vertraulichen Kontakt hatte mein Freund noch zu Klaus Pappe aus Werther, der eine Zeit lang im gleichen Lager war. Außerdem traf er noch Erich Lohmeier aus Ubbedissen. Als dieser ins Entlassungslager verlegt wurde, hat mein Freund ihn beauftragt, seine Eltern aufzusuchen und ihnen zu berichten, wie es um ihn stand. Leider hat Erich diesen Auftrag nicht erfüllen können, da er noch in Russland verstarb.

Nachdem sein Freund Erich verstorben war, näherte sich meinem Freund ein älterer Mann, der mit ihm gemeinsam gegessen und auch über manche Dinge gesprochen hat. Allerdings dauerte es nicht lange, bis mein Freund erkannte, dass es sich hierbei um einen alten KP Mann (Kommunistischer-Partei-Spion) handelte, den man auf ihn angesetzt hatte. So war es meinem Freund möglich den Lauschangriff dieses charakterlosen Untermenschen, die es auch heutzutage überall gibt, abzuwehren.

Weil nicht alle deutschen Kameraden so waren, wie sie vorgaben es zu sein, so ist es an dieser Stelle angebracht, auch über ihr weniger erfreuliches Verhalten zu sprechen. Wie den Gefangenen bekannt wurde, berichteten russische Arbeiter über das Verhalten ihrer Kollegen an Organe der Partei. Es war nur logisch, dass diese Methode auch bei den Gefangenen angewandt wurde.

Es begann damit, dass Männer, die in Deutschland in der kommunistischen Partei waren, für diese Aufgabe aktiviert wurden. Es war die Aufgabe dieser Männer herauszufinden, wer dem Kommunismus gegenüber ablehnend stand. Außerdem sollte herausgefunden werden, wer ein SS Mann gewesen war oder der NSDAP angehört hatte. Auch wurde auf diese Weise erforscht, ob jemand im Verlaufe des Russlandfeldzuges an Handlungen beteiligt gewesen war, die aus russischer Sicht zu verurteilen waren. **Für ein Stückchen Brot haben diese charakterlosen Untermenschen den Russen manchen unschuldigen Kameraden ans Messer geliefert.** Sich zu rechtfertigen oder seine Unschuld zu betreuen, war sinnlos, denn es gab ja die Folter. Mein Freund selbst wurde zweimal so einem Lauschangriff ausgesetzt. Da er das rechtzeitig erkannte, konnte er entgegensteuern. Obwohl mein Freund keine SS-Tätowierung an der Innenseite seines linken Unterarmes Trug, war die Angst als SS Mann erkannt zu werden, natürlich immer vorhanden.

Hierbei wurde es deutlich, wie leicht es war, ein Netz von Horchern aufzubauen. So haben mein Freund und ich uns überhaupt nicht gewundert, dass in der späteren DDR die Stasi zu einem tragenden Element dieses Staates wurden. Ich persönlich habe mich immer wieder gefragt, wo die vielen Stasis nach der großen Wiedervereinigung der beiden deutschen Staaten am 3. Oktober 1990 wohl geblieben sind. Plötzlich waren alle verschwunden und niemand wollte es gewesen sein. Meuchler und Heuchler hat es schon immer gegeben und wird es auch zukünftig weiterhin geben, denn Lug und Betrug gehören zur Überlebensstrategie der All*gemeinheit*. Insbesondere jedoch, zu der der charakterlosen Heuchler.

Und wenn jeder jeden belügt und betrügt, dann ist es völlig normal, auch selbst ein Betrüger zu sein? Als ich in den 80er Jahren selbständig war, da sagte mir einer meiner Mitarbeiter, dass es normal und gerecht sei, wenn jeder jeden belügt und betrügt, weil dann ja an **alle** gedacht wird. Leider habe ich es damals nicht ernst genommen – bis er eines Tages meine Firma übernahm. Daraufhin habe ich keine GmbH, sondern eine „Einmannfirma" gegründet und war sogar erfolgreich damit, wohingegen mein ehemaliger christlicher Mitarbeiter Pleite ging.

Immerhin hat dieser Gedankenaustausch zwischen meinem Freund und mir zu der Einsicht geführt, die es uns ermöglichte, manche Vorgänge in unserer gegenwärtigen Gesellschaft besser zu verstehen. So erkannten wir, dass sowohl unsere Kultur, als auch die sogenannte christliche Ethik bei uns, den sogenannten Menschen, nicht gerade tief in uns eingedrungen sind. Wir sind sogar stolz auf sie, jedoch ohne sie verinnerlicht oder gar zu eigen gemacht zu haben. Denn: „Wir blinken links und fahren rechts" und „Schuld haben immer die Anderen". Von wegen: „Du sollst nicht lügen!".

Nun zurück zum Traktorenwerk. Auf dem Weg ins Traktorenwerk begegneten die Gefangenen vielen Kolonnen von Strafgefangenen, die ihren Arbeitsplätzen zustrebten. Zunächst glaubte mein Freund, dass es nur in seinem Bereich so war. Später stellte er fest, dass dies überall so war. Menschen, die einzeln zur Arbeit gingen waren eher in der Minderzahl. Wenn es mein Freund anfangs noch nicht verstehen konnte, so hatte er sich doch später gewundert, dass es noch überhaupt Menschen gab, die frei herumliefen.

Das russische Strafgesetzbuch war so ausgelegt, dass demnach jeder Mensch straffällig werden konnte oder sogar musste. Insbesondere, wenn er Dinge besaß, die andere besitzen wollten. So wurde selbst eine unterstellte Absicht mit Freiheitsstrafen belegt. Jedes kritische, oft genug sogar **nicht** ausgesprochene Wort über den Staat, war ein Grund dafür, den Kritiker ins Arbeitslager zu bringen. Heutzutage ist es ganz, ganz anders – oder?

Zeitgenossen, die behaupteten die westliche Wirtschaft sei erfolgreicher als die russische und die Menschen dort würden besser leben, waren reif für 5 bis 10 Jahre Arbeitslager. Da die Menschen tagtäglich über die unübersehbaren Vorteile des Kommunismus unterrichtet wurden, war das Volksverhetzung und damit eine Gefährdung des Staates, denn die „Kirche und der Staat haben immer Recht" – auch wenn sie Unrechtes tun.

Auf dem Wege zur Arbeit kamen die Gefangenen an einem Kartoffelacker vorbei, der bei Anbruch des Winters noch nicht gerodet war. Nachdem der erste Frost eingesetzt war, entschloss sich die Frau eines Russen Kartoffeln für sich auszubuddeln. Bei diesem verwerflichen Tun wurde sie erwischt. Nur mit Mühe gelang es, eine Anzeige wegen Diebstahls des Volkseigentums abzuwenden. Wäre die Anzeige erfolgt, wären ihr 25 Jahre Haft sicher. Die Kartoffeln wurden nicht geerntet und erfroren.

Immer wieder kam es vor, dass geerntete Lebensmittel verfaulten oder erfroren. Der offensichtliche Mangel an Nahrungsmitteln führte nicht dazu, dass mit dem vorhandenen sorgsamer umgegangen wurde. Immerhin eigneten sich die gefrorenen Kartoffeln, so lange sie noch gefroren waren, zur Herstellung von Samogonka (selbstgebrannter Wodka). Der Samogonka schmeckte ziemlich ekelig, benebelte jedoch glücklich machend den Verstand und manchmal, wenn er unsachlich gebrannt wurde, machte er sogar für immer blind.

Die redlichen Bemühungen der russischen Offiziere den Gefangenen den Kommunismus näherzubringen, waren nicht gerade von Erfolg gekrönt. Da die Deutschkenntnisse der Offiziere recht mangelhaft waren, haben sich die Gefangenen oft ein Vergnügen daraus gemacht sie zu veräppeln. Hatten sie die Internationale zu singen, sangen sie an Stelle von „Völker hört die Signale, auf zum letzten Gefecht, die Internationale erkämpft das Menschenrecht" – Völker esst Marmelade, ein köstliches Gericht, die Überlandzentrale versorgt Berlin mit Licht.

Allerdings erhielten sie einmal Essensentzug; sie hatten sich erlaubt, den Vortrag eines russischen Majors über die Endstufe des Kommunismus mit Gelächter zu würdigen. Dieser Offizier teilte ihnen mit, dass bei der Endstufe des Kommunismus alles Geld abgeschafft sein wird und jeder wird sich nach seinen Bedürfnissen in den Geschäften das nehmen können, was ihm beliebt. Für einen Neugeborenen bzw. für einen wahrhaftig gewordenen Menschen würde dieses Verhalten kein Problem darstellen, denn ein selbsterwachter Mensch nimmt nicht mehr als er selbst bereit ist der Gesellschaft zu geben.

Manche Visionen scheinen sich zu erfüllen, denn bargeldlose Zahlungen sind heutzutage, insbesondere bei jungen blauäugigen Optimisten, die nicht wissen, dass auch elektronische Abbuchungen Geld kosten oder nach einer gewissen, kostenlosen Einführungsphase, kosten werden. Und wenn dem Fisch der Wurm schmeckt und er sich daran gewöhnt hat, dann schluckt er nach einer gewissen Angewöhnungszeit auch den Haken. Es ist wie mit den Drogen allgemein – den ersten Schuss gibt es meistens gratis. Und hinter jeder Geschäftsidee steht auch eine Profiterwartung – allerdings nicht für den Kunden.

Auch wenn die Mehrzahl dem Kommunismus nichts abgewinnen konnte, so gab es auch Männer, die sich voll einbrachten und sich als Zeichen ihrer Einstellung mit einem roten Halstuch zeigten und nicht alle, die es taten, waren Heuchler. Die Russen waren gegenüber den „geläuterten" Gefangenen sehr aufgeschlossen. Die dann entstehenden Antifa-Gruppen erhielten eine bessere Verpflegung als die übrigen Gefangenen. Für die meisten Männer war sicherlich nur die bessere Verpflegung der Grund für ihre Aktivitäten in der Antifa. Wobei man dabei sagen muss, dass die meisten sogenannten Menschen, generell sehr froh darüber sind, wenn sie sich mit ihren Überzeugungen, Berufen, Hobbys oder Posten identifizieren können, denn dann „wissen" sie endlich, wer sie sind.

Wenn mein Freund das aus gegenwärtiger Sicht betrachtete, erschien ihm das Verhalten der Antifa nicht mehr so verwunderlich, schließlich ging es damals nur um das eigene Überleben. Damals hat er das anders gesehen. **Damals** war es für ihn nicht denkbar, sich zu einer Sache zu bekennen, nur weil ihm das Vorteile bringen konnte. Dabei hatte er selbst eine **eidesstattliche** Erklärung über seine Vergangenheit abgegeben, in der kein Wort von seiner Zugehörigkeit zur SS stand.

Wäre er konsequent ehrlich gewesen, hätte er seine SS Zugehörigkeit angeben müssen. Allerdings hielt er es aufgrund der Situation, in der er sich befand, für angemessen einen teilweise zu seinem Vorteil erdachten Lebenslauf zu beeiden. Wer würde da anders handeln, der in seiner Situation gewesen wäre? Möglicherweise(?) gab es sogar sehr viele Personen, die ihre SS Zugehörigkeit nicht geleugnet haben, vielleicht. Und wenn ja, dann haben sie ihre Ehrlichkeit nicht lange überlebt. Was die Tatsache erklären „würde", warum es nach dem 2. WK kaum(?) ehemalige SS Zugehörige in Deutschland gab. So sind wir nun mal. Wenn es um den, Evolution bedingten, **nicht steuerbaren** Selbsterhaltungstrieb geht, dann müssen wir ihm notgedrungen gehorchen. Dann müssen, des eigenen Überlebenswillen, Anstand und Moral als erste geopfert werden. Denn Triebe und/oder Reflexe sind genetisch angelegte Selbsterhaltungsmechanismen, die nicht steuerbar sind, denn sie funktionieren völlig automatisch! Sie sind wie Sprinklerfeuerwehranlagen die sich in Notsituationen völlig automatisch einschalten um Feuerschäden zu verhindern.

Die längste Zeit seiner Gefangenschaft verbrachte mein Freund im Traktorenwerk in Charkow. Seine Tätigkeit bestand darin Ventile einzuschleifen und Zylinderköpfe zusammenzusetzen. Von Anfang an war es wichtig die Norm zu erfüllen. Gelang das nicht, wurde die Brotration gekürzt. Im Herbst 1945 kam es zu einer Regelung, wonach sie ihren Lohn ausbezahlt bekamen. Dabei wurden zuerst 400 Rubel für Verpflegung und Unterkunft in Abzug gebracht. Den verbleibenden Nettolohn erhielten sie unter Abzug von 15% Verwaltungskosten ausgezahlt. Niemals jedoch mehr als 400 Rubel auf einmal.

Bei erster Auszahlung erhielt mein Freund 13 Rubel. Damit konnte er sich im Basar 400 Gramm Brot kaufen. Im Basar gab es alles zu kaufen. Es gab Schmuck, wie z. B. Herrenarmbanduhren verschiedener Fabrikate in Fülle, genauso wie Kartoffelschalen. Es war möglich rostige und krumme Nägel zu erwerben genauso wie Kosmetikartikel. Nicht verstanden hat mein Freund, welche Aufgabe abgebrannte Glühbirnen noch haben sollten, die auch angeboten wurden. Erst später hat er den Zweck erfahren. Die abgebrannten Glühbirnen wurden zum Arbeitsplatz mitgenommen und gegen brauchbare Glühbirnen ausgetauscht.

Natürlich war mein Freund bemüht, seinen Verdienst zu steigern, was ihm auch bald ohne besondere Mühe gelang. Hier begann sein Einstieg in die russischen Methoden, die zu meiner Zeit auch den Polen nicht unbekannt waren. („Dann schreiben wir 4 statt 3 Fuhren und die eine teilen wir uns".) Zunächst bemerkte mein Freund, dass viele Traktoren, die das Traktorenwerk verlassen hatten, wegen grober Fehler gleich wieder hereinkamen.

Das Werk, in dem mein Freund arbeitete, war ein Remontage-Werk. Dorthin wurden die alten Traktoren gebracht und in der Halle 1 in die Einzelteile zerlegt. Nachdem die unbrauchbaren Teile ausgesondert worden waren, wurde der Rest gewaschen und den entsprechenden Abteilungen zugeliefert. Da die von meinem Freund bearbeiteten Zylinderköpfe keiner Bearbeitung bedurften, hatte er die kompletten Köpfe in der Halle abgeholt, mit Benzin sorgfältig gewaschen und zur Kontrolle vorgeführt. Für einen kompletten Motor erhielt er 3 bis 4 Stunden angerechnet. So konnte er oft schon zu Mittag seine Tagesnorm erfüllen.

Diese Regelung kam auch den Männern in der Halle 1 entgegen. Diese brauchten die Köpfe nicht auseinanderzunehmen und zu waschen. Das bedeutete natürlich nicht, dass sie dafür keinen Arbeitszettel ausgefüllt hätten.

So hat sich eine gute Zusammenarbeit entwickelt. Immer wenn ein brauchbarer Traktor in Halle 1 ankam, wurde mein Freund von dort benachrichtigt. Im Laufe der Zeit fand sich eine Reihe von Tätigkeiten, die auf diese Weise Geld einbrachten. So stieg sein Verdienst langsam aber stetig an. Im letzten Monat seiner Tätigkeit im Traktorenwerk verdiente er 1.783 Rubel; das war nicht wenig, wenn die Frau, die die Halle sauber halten musste, 800 Rubel verdiente. Der Bergmann, der Kohle förderte, gehörte zu den Spitzenverdienern und brachte es auf 2.000 Rubel.

In den Genuss seines letzten Verdienstes ist mein Freund indes nicht gekommen, da er verlegt wurde. Am 30.9.1944 war sein letzter Arbeitstag im Traktorenwerk. Nach einer ärztlichen Untersuchung wurden die kräftigen und gesunden Männer ausgesondert und in den Bergbau geschickt. Das

Guthaben hat er nie gesehen oder irgendwo irgendwie gutgeschrieben bekommen. Vielleicht ein anderer. So gesehen war sein Guthaben nicht weg, es war nur woanders verbucht worden.

Zu besonderen Anlässen, wie zum 1. Mai und zur Oktoberrevolution wurden Wettbewerbe ausgeschrieben. Dies geschah in der Weise, dass von Arbeitern Verpflichtungen abgegeben wurden, zu Ehren dieses Tages die Normen mit einem bestimmten % Satz zu übererfüllen. Wenn sein Kompanieführer wiedermal eine solche Verpflichtung erreichen sollte, hat mein Freund stets dem entsprochen. Eine Schwierigkeit ergab sich für ihn dabei nicht, da er ohnehin die Norm mit 180% erfüllte.

Es war immer schwierig das nötige Brennmaterial für die Küche zu beschaffen. So war im Winter 1945-46 ein Notstand eingetreten. Die Küche konnte aus Holzmangel am folgenden Tag nicht kochen. Am nächsten Tag erfuhren die Gefangenen, wie das Problem zu lösen war. Ein russischer Posten zog mit 6 Männern aus dem Lager zu einem geeigneten Ort, um dort zwei Telefonmasten abzusägen. Diese wurden dann im Laufschritt ins Lager gebracht.

Mein Freund selbst hatte einmal die Gelegenheit, an so einer Holzbeschaffung mitzuwirken. Es war an einem Sonntag, als ein Posten kam um drei Männer zu suchen, die Brennholz besorgen bzw. auffinden sollten. Da eine derartige Tätigkeit meistens etwas Essbares einbrachte, meldete sich mein Freund freiwillig. Seine Hoffnung erfüllte sich bald. Als sie den LKW bestiegen, fanden sie auf der Ladefläche Mekucha vor. Hierbei handelte es sich um ausgepresste Sonnenblumenkerne, die als Viehfutter Verwendung fanden.

Hier sollten sie eine Würdigung der Semetschki (Sonnenblumenkerne) vornehmen. Immer hat ein Russe einige davon in der Tasche. Was „dem Ami sein Kaugummi" ist, waren damals „dem Russen seine Semetschki". Die Kerne wurden leicht angeröstet. Nachdem sie in den Mund geworfen wurden, wurden sie mit den Zähnen von den Spelzen befreit. Die Spelzen wurden augenblicklich wieder ausgespuckt.

Nun aber zum Holzauffinden. Sie waren drei Gefangene und ein Posten. Als sie die Stadt verließen, wehte das Käppi vom Kopf des Postens. Ehe der Fahrer das begriffen hatte, waren sie 200 m gefahren. Nun gab der Posten meinem Freund den Auftrag sein Käppi zu holen, was er nur sehr zögernd tat und den Posten wiederum ärgerte. Seine Vorbehalte konnte der Posten nicht kennen. Seine Befürchtung bestand darin, dass sein Posten ihn erschießen könnte, wenn er laufend den Wagen verlassen würde. Mein Freund hatte eine Zeitungsmeldung in Erinnerung, die er häufig bei den Nazis gelesen hatte – „auf der Flucht erschossen". Auf diese Weise entsorgten die Nazis unliebsame Zeitgenossen, ohne dass dafür ein Prozess notwendig wurde. Auch Rosa Luxemburg und Karl Liebknecht wurden auf diese Weise ent**sorgt**, sodass die Nazis sich keine **Sorgen** über den einen oder den anderen Ausgang eines eventuellen Prozesses machen mussten. Wie mein Freund später erfuhr lagen seinem Posten solche Gedanken fern. Da der Posten sich über ihn geärgert hatte, erhielt mein Freund den Auftrag, sein Gewehr zu tragen. Der Posten hatte sichtlich keine Sorge, dass mein Freund diese Lage ausnützen würde. Allerdings wusste mein Freund zu diesem Zeitpunkt nicht, dass das Gewehr nicht geladen und somit schießuntauglich war.

Nun aber zu deren eigentlichen Mission. Im freien Gelände angekommen, begannen sie die passenden Stämme auszusuchen. Sodann wurden Balken an eine Seite der Ladefläche schräg angelegt und die Stämme aufwärts auf die Ladefläche gerollt. Sie hatten gerade 2 riesige Stämme verladen, als der unvermeidliche Wächter auftauchte. Recht vernehmbar verlangte er, die Stämme sofort wieder abzuladen. Dazu kam es allerdings nicht.

Zunächst nahm der Posten meines Freundes Machorka (Tabak) aus der Tasche und ein Stück Zeitung, um sich eine Zigarette zu drehen. Das Angebot des Postens an den Wächter sich auch eine zu drehen wurde angenommen. Mit dieser Geste waren die Verhandlungen eröffnet. Es gelang dem Posten den Wächter davon zu überzeugen, dass es mühsam und gefährlich war, die Stämme ohne Rampe wieder abzuladen. Diese spezielle Rampe befand sich **angeblich** im Lager.

Diese Einsicht des Wächters wurde dadurch herbeigeführt, dass der Posten dem Wächter einen Beutel Machorka übergab. Allerding war damit die Tragfähigkeit des Wagens noch nicht ausgelastet. Dann gelang es dem Posten den Wächter mit Hilfe eines Brotes zu einer „Brotzeit" außerhalb des Ortes zu bewegen. Nun konnten sie ungestört einen 3. Stamm aufladen. So hat, nicht nur in Russland, alles seinen Preis – auch das Wegschauen oder „ein Auge zudrücken".

Die Federn des Wagens hingen total durch. Die Befürchtung, sie könnten brechen, bewahrheitete sich ebenso wenig, wie die Angst, der Wagen könnte bei Fahrt durch Senken und über Hügel umkippen.

Bald kamen sie an einem prächtigen Sonnenblumenfeld vorbei. Der Posten ließ anhalten und forderte sie auf mitzukommen und mitzunehmen was sie haben wollten. Dies rief den Unwillen der weiblichen Wächterin hervor. Recht vernehmlich verlangte diese, das Feld zu verlassen. Die Antwort des Postens war von umwerfender Deutlichkeit. Bei dieser Gelegenheit lernte mein Freund Vokabeln kennen, die ihm noch fremd waren. Da eine Übereinkunft so nicht zu erreichen war, griff die Frau zum letzten Mittel und schoss über deren Köpfe hinweg. Deren Posten, der auch kein Kind von Traurigkeit war, beglückte sie in gleicher Weise. Nach diesem Austausch von Zärtlichkeiten ging es fröhlich zurück zum Lager – ohne Sonnenblumenkerne.

Am 31.12.1947 wurde das Lager meines Freundes aufgelöst. Sie kamen mit in das Lager Seilfabrik. Dieses Lager hatte sich ganz anders entwickelt als das vorhergehende. Im Gegensatz zum vorherigen Lager war dieses Seilfabrik Lager gut beheizt. Dort gab es einen Speisesaal, eine gut eingerichtete Krankenstube und sogar eine Waschmöglichkeit mit fließendem Wasser.

Selbst ein Erholungsraum war vorhanden, in dem verdiente Mitarbeiter einen Urlaub verbringen konnten. Als Bestarbeiter hat mein Freund dort 2 Wochen Urlaub verbracht. In der Zeit bekamen sie so viel Essen wie sie wollten. Das Problem war, dass mein Freund in dieser Zeit kein Geld verdiente und somit bei der nächsten Auszahlung leer ausging. Das Guthaben aus der Traktorenfabrik existierte nicht mehr – allerdings wurde es an einen anderen ausbezahlt. So hatte alles seine Richtigkeit – insbesondere die Buchführung.

Zu bemerken sei noch, dass sowohl die Gebäude als auch die komplette Einrichtung des Lagers durch „Auffinden" zusammengetragen worden war, denn im „Organisieren" waren nicht nur die Polen, sondern auch die Russen sehr gut. Wurde irgendwo eine Baustelle entdeckt wo Material aufzufinden und „umzulagern" war, gingen die Gefangenen mit 500 Mann dorthin und „lagerten" das Material einfach um. Es war nicht wenig, was 500 Mann mit einem Mal weggeschleppt und somit „nur umgelagert" haben, denn das Material war nicht wirklich weg, es war nur woanders – wie z. B. die Außenbeleuchtungen während meiner Lehre als Elektriker:

Als ich in Polen in den 65er Jahren, in meiner Geburtsstadt Szczytno (ehemalig Ortelsburg), meine Lehre zum Elektriker absolvierte, musste ich auch verschiedene Elektroinstallationen ausführen. Elektroinstallationen von Außenbeleuchtungen, die das „Auffinden" vom Eigentum kleinerer und größerer Betriebe erschweren sollten, gehörten auch dazu. Diese Arbeiten wurden von sogenannten Instruktoren, die meistens auch selbständige Unternehmer waren, überwacht und auf Funktionalität überprüft. Als nächstes erfolgten Abnahmen der ausgeführten Arbeiten durch „aufrichtige" staatliche Inspektoren. Damit sich diese nicht überanstrengten, wurden sie zwischendurch zum Essen eingeladen oder andersartig beköstigt – je nachdem wie hoch das Auftragsvolumen war und wie viel Pfusch vertuscht werden sollte. Die Begleichungen der Rechnungen erfolgten grundsätzlich erst nach der einwandfreien Endabnahme durch die Inspektoren. Ich erinnere mich noch an **einen** Abnahmetag, wo ausnahmsweise gleich zwei Baustellen abgenommen werden sollten. Allerdings fehlten auf der zweiten Baustelle noch einige Außenbeleuchtungen, die erst **nach** der ersten Abnahme zu späterem Zeitpunkt montiert werden sollten. Das Problem wurde dadurch gelöst, dass während der Verköstigung der Inspektoren, die nach der ersten Abnahme stattfand, mehrere Außenleuchten von der ersten Baustelle in die noch abzunehmende zweite Baustelle durch mich und andere Lehrlinge diskret im Eiltempo „um-montiert" wurden.

Nun zurück zu meinem Freund, dessen Lager im Donbas in der Nähe von Golowka lag. Ihre Tätigkeit dort bestand darin ein Bergwerk, das während der deutschen Besatzung abgesoffen war, wieder in Betrieb zu nehmen.

Wenn mein Freund eine starke Abneigung gegen Arbeit unter Tage hatte, so änderte sich das bald. Der Schacht war 380 m tief. Dort herrschte eine konstante Temperatur von 15 Grad, während die Kameraden über Tage gegen Kälte von bis zu minus 40 Grad und ständigen Wind zu kämpfen hatten. Da die Norm unter diesen Umständen nicht zu erfüllen war, kam es noch zum Brotabzug. Dort hat es einige Selbstmorde durch Erhängen gegeben. Diesen Mut und Reife hatte mein Freund zu diesem Zeitpunkt noch nicht, denn Selbsttötung galt damals noch als Sünde und NICHT als Selbstbefreiung, als **Befreiung des Selbst aus seiner Körperhaft!**

Meines Freundes Gruppe bestand aus 5 Männern und hatte die Aufgabe einen Ofen durch ein Kohlefeld zu befördern. Das geförderte Gut wurde mittels einer Lore zum Hauptstollen gebracht. Da das Kohlefeld abschüssig war, rollte die Lore von selbst. Lediglich eine Stelle war zu flach, dort musste die Lore geschoben werden; das war die Aufgabe meines Freundes. Die Kameraden beluden die Lore mit ihren Körpern, er dagegen drückte diese über die flache Stelle hinweg. Den Rückweg erleichterte er sich dadurch, dass er sich in die Lore setzte und von den Kameraden hochziehen ließ – was nur gerecht war.

Da sie keine Vorsicht hinsichtlich Gasexplosion haben brauchten, wurde im Schacht geraucht. So entschloss sich mein Freund eines Tages eine Zigarette zu rauchen und bat einen Kameraden für ihn den Brems-Hebel herunterzudrücken. Was nicht so einwandfrei funktionierte wie es eigentlich funktionieren sollte, denn der Brems-Hebel war auf abschüssigen Gleisen zum Abbremsen und nicht zum Beschleunigen vorgesehen.

Sie waren erstaunt, als es einen fürchterlichen Krach gab. Als sie zur Lore liefen, stellten sie fest, dass diese aus dem Gleis gesprungen war und einige Stempel (Stützpfeiler) umgerissen hatte. Hätte mein Freund wie üblich in der Lore gesessen, wäre es ihm wie seinem Kameraden ergangen, von dem nicht viel Heiles übrig blieb.

Im Schacht hatten sie natürlich genügend Kohle zur Verfügung. Die Schwierigkeit bestand darin, diese für sich nutzbar zu machen. Zunächst wurde ein Stück Kohle ausgebrochen, das von einem Mann **unauffällig** gut getragen werden konnte. Am Ende der Schicht begann dann der dornige Weg zum Lager. Zunächst kamen sie mit der Kohle am Förderkorb an. Die dort tätige Frau benötigte natürlich auch Kohle. Schließlich hatte sie eine Familie, die nicht frieren sollte. So befahl sie „alle" Kohle abzuwerfen. Das wurde von den Gefangenen so verstanden, dass **ein** Mann die Kohle ablegte.

Erschien das der Frau zureichend, war die Sache damit erledigt. War die Menge für die Frau nicht ausreichend, befahl sie wieder „alle" Kohle abzuwerfen. In diesem Falle legte **ein** weiterer Mann die Kohle ab.

Nachdem alles seine Richtigkeit hatte, ging es ab in Richtung Lager. Dabei kamen sie an der Unterkunft der Posten vorbei, die auch nicht frieren wollten. Dort war dann nochmals ein Wegzoll zu entrichten. Mit dem Rest erreichten sie dann schließlich das Lager. Dort wurden sie bereits erwartet, wo ihr Beitrag für die Küche fällig war.

Der noch verbleibende Rest wurde der eigenen Nutzung zugeführt. Sie arbeiteten in drei Schichten zu je 8 Stunden. Jede Gruppe bestand aus 18 Männern, von denen jeweils 3 Männer im Lager blieben. Diese hatten hauptsächlich für warmes Wasser zu sorgen, wenn sie schwarz im Lager ankamen.

Nicht immer verlief alles so glatt. Eines Tages verlangten die Posten von ihnen **wirklich** alle Kohle bei ihnen abzuladen, was auf heftigen Widerstand stieß. Die Posten sagten ihnen jedoch, dass sie nicht ohne Brennmaterial ins Lager kommen würden.

Nun war unmittelbar am Lager eine Siedlung im Bau, den Häusern fehlten nur die Dächer. Der Posten hatte nämlich vorher erkundet, dass das Bauholz für die Dächer angeliefert worden war. so beluden sie sich also mit dem Bauholz und schleppten es ins Lager. Und da das noch vor dem Duschen geschah, so wurden sie nicht einmal bemerkt. Es berührte keinen, dass die Häuser keine Dächer bekamen und der Regen und Schnee in sie ungehindert eindringen konnten. Ich kenne diese Vorgehensweise aus der Zeit, als ich noch in

Polen gelebt habe, unter dem durch dort ansässige Deutsche geprägten Begriff „Polnische Wirtschaft". Den Begriff „Klauen" verwendeten die Polen in Bezug auf sich selbst so gut wie gar nicht. Sie sagten „organisieren" dazu, so wurde überall alles „organisiert", was nicht niet- und nagelfest war. Im „Auffinden" fremder Güter waren die Polen genauso talentiert wie die anfangs erwähnten Zigeuner. Einmal haben sie sogar unser Pferd, das mein Vater vormittags auf dem Viehmarkt in Szczytno, mutmaßlich von ihnen „günstig" erworben hatte, noch in der darauf folgenden Nacht in unserem Stall „aufgefunden". Danach war es für immer verschwunden. Sogar die Polizei, die Gipsabdrücke von den Hufen des geklauten Pferdes abgenommen hatte, hat es nicht finden „können". In ihren Augen war ja nur das Pferd eines Nazis. Dass es unter den Deutschen auch KEINE Nazis gab, das interessierte damals das einfache polnische Volk nicht.

Im April 1948 wurde das Lager zum Sonderlager umfunktioniert. Dort wurden SS Männer und andere Gefangene untergebracht, die auf der schwarzen Liste standen. Die übrigen kamen in ein Lager in Golowka. Von dort aus hatte mein Freund noch verschiedene Einsätze. Zunächst wurde er in einer Ziegelei zum Abbau von Ziegelstapeln eingesetzt. Im Verlauf der Mittagspause sprachen die Arbeiter darüber, wie man sich im Falle einer umfallenden Ziegelwand am besten verhalten sollte. Sie kamen zu der Ansicht, dass es falsch wäre, wegzulaufen. In diesem Falle würden die fallenden Ziegel eine fast tödliche Gefahr bilden. Besser wäre es, sich gegen die Ziegelwand zu stemmen und zugeschüttet werden.

Kaum war die Pause beendet, kam ein LKW um Ziegelsteine zu holen. Mein Freund war ausgewählt worden, in den

Ziegelofen zu gehen und die Ziegelsteine auf das Band zu werfen. Als die Ziegelwand plötzlich kippte, da dachte er an das vorhin geführte Gespräch und stemmte sich gegen die Wand. Der Erfolg war, dass er zwar verschüttet wurde aber kaum Verletzungen davon getragen hat. Er konnte dann von außen, leicht verletzt, befreit werden.

In der Ziegelei sprachen die Gefangenen oft mit den Russen über Gott und die Welt. Eine Ausnahme bildete eine bemerkenswerte Frau, die in der Formerei tätig war. Diese Frau unterschied sich schon optisch von den anderen. Sie sprach kein Wort mit den Arbeitern, was dazu führte, dass sie alsbald als eingebildete Ziege verschrien war. Nach dem Grund für ihr Verhalten fragte keiner.

Einmal kam mein Freund in die Formerei und sprach mit der Frau allein. Zu seinem Erstaunen sprach ihn die Frau in einem recht guten Deutsch an. Sie erzählte ihm, dass sie in Deutschland tätig gewesen war. Auf seine Nachfrage hin erfuhr er, dass sie in den Dürkopp-Werken in Bielefeld als Kriegsgefangene (sogenannte Fremdarbeiterin) gearbeitet hatte.

Mein Freund war überrascht und bekundete ihr sein Bedauern über diese Ungerechtigkeit, die ihr widerfahren war. Daraufhin erhielt er eine erschütternde Antwort. Sie sagte ihm, dass die Zeit in Bielefeld die schönste Zeit in ihrem bisherigen Leben gewesen sei. Zu ihrer Auflage gehörte, dass sie über ihre Erlebnisse in Deutschland nicht berichten dürfte. Wäre sie bei einem diesbezüglichen Gespräch mit einem Gefangenen erwischt worden, hätte das unabsehbare Folgen für sie haben können. Später hat mein Freund noch mehrere

Male diesen Ort aufgesucht, jedoch niemals wieder mit der Frau sprechen können, da sie niemals allein war.

Nach seiner Tätigkeit in der Ziegelei war mein Freund noch kurze Zeit auf dem Bau tätig. Bei einer Untersuchung wurde festgestellt, dass er nur noch 49 Kilo wog. Darüber war er selbst erstaunt. Daraufhin wurde er von der schweren Arbeit befreit und in einer Antifa-Schule als Putzer beschäftigt. Diese Schule hatte die Aufgabe, einer Auslese von Gefangenen die Vorteile des Kommunismus nahezubringen und sie auf eine Parteiarbeit **in Deutschland** vorzubereiten. Fast wurde ihm übel von dem Unsinn, der dort den Leuten eingetrichtert wurde. Dass die Nazis sich der gleichen Indoktrinierungsmethoden bedienten wie die Russen, war meinem Freund nicht aufgefallen.

Sein Aufenthalt in der Antifa-Schule dauerte nicht lange. Er wurde in eine Patsobnie versetzt. Das war ein landwirtschaftlicher Betrieb, der zur Unterstützung des Lagers Lebensmittel erzeugen sollte. Dort konnte mein Freund in 2 Monaten sein Gewicht um 30 Kilo steigern. Seine vordringlichste Aufgabe sah er darin, alle möglichen essbaren Dinge aufzustöbern bzw. „aufzufinden". So gelang es ihnen ein Blumenkohlfeld zu finden, was in Russland eher wohl eine Seltenheit war. Außerdem war in der Nähe ein Kürbisfeld. Ein Mann wurde damit beschäftigt Kornähren abzuschneiden und die Körner in einer Mühle zu zermahlen. Ein anderer Mann wurde komplett zum Kochen abgestellt. Die Mengen, die sie 3mal täglich in sich hineinschaufelten, waren unvorstellbar. Wenn er im Nachhinein darüber nachdachte, konnte er selbst nicht daran glauben.

Dort erhielt mein Freund den Auftrag ein Kartoffelfeld zu bewachen, das etwa 2 bis 3 km von seiner Unterkunft entfernt lag. Dabei bemerkte er, dass damals an jedem Acker ein Wächter stand. Bald stellte mein Freund fest, dass unmittelbar neben seinem Feld ein ganz gewöhnlicher Garten lag. Dort lockten die prächtigsten Früchte, ganz im Gegensatz zu den angrenzenden Feldern, auf denen außer Unkraut kaum etwas zu finden war. Was lag näher als dort richtig zuzuschlagen. Allerdings dauerte es nicht lange, bis ein Russe erschien und ihm erklärte, dass es sich hierbei um Felder der Arbeiter handelte. Er habe nichts dagegen, wenn mein Freund sich der Felder der Sowchose bediente, **auf keinen Fall** aber auf den Feldern der Arbeiter.

Hier zeigten sich die Hauptschwächen des Kommunismus ganz deutlich. Für das Volkseigentum fühlte sich niemand verantwortlich, denn es gehörte allen und somit keinem persönlich. Entsprechend gering war das Interesse der Menschen an dem Allgemeineigentum. Es sei denn, dass man etwas davon in die eigenen Taschen abzweigen konnte. Somit ist es gut zu verstehen, dass Streben nach Eigentum und, wenn es irgendwie geht, auch nach Reichtum und Macht, nicht auszurotten sind!

Die Evolution kennt keine Moral – nur das Recht des Stärkeren und Anpassungsfähigsten. Was einer gewissen natürlichen Auslese gleich kommt, denn Schwache und **nicht** Anpassungsfähige benötigt die Evolution zur Weiterentwicklung nicht – im Gegenteil – nach dem Motto „Was deins ist, ist auch meins", allerdings gehört meins nur mir allein. So funktioniert(?) nun mal Kommunismus. Allen gehört alles und jeder sieht zu, dass er von allem etwas für sich abzweigt. Und warum sollte man nicht etwas mitnehmen, was man

„zufällig" auffindet oder was einem anteilmäßig sowieso gehört? Kollektives Eigentum ist die eine Seite der Medaille, die persönliche, auf eigenen Vorteil bedachte Gier, die andere.

Dem Wunsch des Wächters hat mein Freund entsprochen, obwohl es ihm wenig Freude bereitete auf den kümmerlichen Feldern der Sowchose etwas zu „ernten". Zunächst fiel meinem Freund auf, dass die Privatäcker ungleich besser gepflegt waren als die Felder der Sowchose. Es dauerte eine Zeit, bis er die Gründe dafür erkannte. In der Nähe lag ein riesiger Strohhaufen, der langsam vor sich hin faulte. Das Stroh war für die Ställe der Sowchose bestimmt. Der so entstandene Mist sollte auf die Felder der Sowchose ausgebracht werden. Das geschah auch, allerdings nur auf dem Papier. Diese „Arbeiten" brachten zwar den Leuten Lohn, in Wahrheit jedoch wurde kaum etwas auf die Felder der Sowchose bewegt. Die geringe Menge Stroh, die in die Ställe gelangte, wurde dann als Mist auf die Privatäcker ausgebracht. Die Buchhalter der Sowchose waren voll mit dabei, denn sie erhielten ja entsprechend der „Leistung" der Männer ihren Lohn. Heutzutage sagt man „Eine Hand wäscht die andere" dazu oder nennt es einfach eine win-win-Situation – wenn heutzutage beispielsweise „selbstlose" Lobbyisten gierige Politiker mit „unverbindlichen" Geschenken bedenken. Auf jeden Fall waren damals die schönen Privatäcker so plausibel zu erklären.

Später hat mein Freund in einer Zeitung gelesen, dass die Straßenarbeiter der Stadt Moskau, laut ihren Arbeitsnachweisen, mehr Schnee von den Straßen der Stadt geräumt hatten, als in diesem Jahr auf das ganze Stadtgebiet von Moskau niedergefallen war.

Ähnliche Erfahrung hat auch mein Vater in Polen machen müssen. Auch dort wurden nach dem Krieg mehr Bombenkrater mit Schutt, Kies und Sand verfüllt und abgerechnet, als die abgeworfenen Bomben verursacht hatten. So manche Fuhre Kies wurde dort angeliefert, wo es gar keine Bombenkrater gab.

In der Zeit, in der mein Freund in der Landwirtschaft tätig war, hatte er auch mit Tieren zu tun. Da gab es zunächst 2 Pferde. Sie hatten ihre Eigenarten; das eine war bissig, das andere dagegen schlug aus.

Wenn mein Freund sich recht erinnern konnte, war es Sonntag, der 10. August, den sie feiern wollten. Der Grund für die Feier war der Geburtstag ihres Kochs, der gleichzeitig an diesem Tag seinen Hochzeitstag feierte. So haben sie eine Woche lang all die Dinge „organisiert", die sie brauchten. Es sollte ein Gulasch geben, dazu Kartoffeln und Blumenkohlgemüse. Als Nachtisch hatten sie eine Reiszuteilung zurückgehalten. Die Küche der Sowchose wurde um die dazu benötigte Milch erleichtert. Zu dem Milchreis haben sie Holunderbeeren gesammelt. Das Gulaschfleisch war von etwas zweifelhafter Herkunft, denn es handelte sich um Katzen- und Hundefleisch.

Auf jeden Fall wurde das Mittagessen zu einer schrecklichen Völlerei. Die Gefangenen haben sich so vollgeladen, dass sie sich kaum bücken konnten. So ließ sich mein Freund in der Unterkunft seitlich gegen die Wand fallen und rollte sich dann seitlich ab. Die so erreichte liegende Stellung dauerte indes nicht lange. Der russische Posten kam herein und verkündete, dass mein Freund Pferdewache hätte. Mit Mühe machte sich mein Freund auf den Weg, um, dort angekommen, gleich wieder die liegende Stellung einzunehmen. Seine wesentliche Aufgabe war, die Tiere daran zu hindern in das Kartoffelfeld zu gehen. Angeblich war das Kartoffelkraut schädlich für die Pferde. Wie mein Freund später erfuhr, stimmte das wirklich. Allerdings wussten das die Pferde nicht.

Für die Pferde genügte ein Blick um zu erkennen, dass mein Freund nicht fit war. So machten sie sich sofort auf den Weg in das Kartoffelfeld. Sein Versuch sie aus dem Kartoffelfeld zu jagen, fand bei den Pferden keine Zustimmung. Plötzlich machte eines der Pferde eine leichte Wendung und schlug ihm mit dem Hinterbein in den Bauch. Mein Freund hörte die Engel im Himmel singen. Die Befürchtung, sein Magen könnte geplatzt sein, bewahrheitete sich indes nicht. Es hat dann geraume Zeit gedauert, bis sie die Tiere mit vereinten Kräften wieder aus dem Kartoffelfeld hinaustreiben konnten.

Eine andere Begegnung hatte mein Freund eines Tages, als er an den Tomaten als Nachtwache eingeteilt worden war. Es war eine mondhelle Nacht und die Bewachungsstelle etwa 300 Meter von der Unterkunft entfernt. Da mein Freund damit rechnen musste, vom Posten kontrolliert zu werden, legte er sich in den Mondschatten eines Baumes, wo er kaum zu erkennen war.

Von Zeit zu Zeit blinzelte mein Freund in Richtung Unterkunft um nicht beim Dösen erwischt zu werden – falls der Posten kommen sollte. Dann kam eine Störung von anderer Seite, an die er nun gar nicht gedacht hatte. Plötzlich hörte er Schritte, wie von einem größeren Tier. Er richtete sich auf und blickte einem Wolf in die Augen, der von seiner Anwesenheit offensichtlich genauso überrascht war wie er von seiner. Zum Angstempfinden gab es keine Zeit, der Wolf schlug einen Haken und verschwand durch das Feld.

Eines Tages hatten sie ihre Hirse geerntet, welche sie mit einem LKW zum 10 km entfernten Dreschplatz brachten. Als sie dort ankamen, erhielt mein Freund den Auftrag, auf die Hirse zu achten und den Ort nicht zu verlassen. Nachdem er eingesehen hat, dass er die herumlaufenden Enten vom gelegentlichen Fressen der Hirse nicht abhalten konnte, war seine Tätigkeit leicht zu verkraften. Das Problem war ein anderes. Er stellte fest, dass er in der Verpflegung nicht eingeplant war. So bekam er nur einmal in 2 Tagen einen Schlag Suppe ab.

So hatte mein Freund Hunger bis unter die Arme. Ein Posten erschien, um eine Nachtwache für die Herde zu finden, die aus etwa 30 Kühen und etlichen Ziegen bestand. Da niemand Lust hatte, die Wache zu übernehmen, erklärte sich mein Freund bereit das zu tun, wenn er dafür eine Suppe bekommen würde.

Bei der Herde angekommen, stellte er fest, dass diese lediglich durch ein dünnes Seil gesichert war. Allerdings lagen die Kühe wiederkäuend friedlich da. Er begab sich daher in Ruhestellung. Da es in der Nacht recht kalt wurde, tat er dies nach der bereits bewährten Methode. Er zog die Hose so weit runter, das er sie unter den Füßen umschlagen konnte. Dann bedeckte er den Kopf mit der Jacke. Bei etwas gekrümmter Stellung reichte die Jacke bis etwas unter dem Hosenbund. So wurde die Atemluft dazu genutzt eine etwas erträglichere Temperatur zu erreichen.

Das ging auch gut, bis der Tag anfing zu dämmern. Wie mein Freund bemerkte, hatten die Ziegen einen starken Freiheitsdrang und sprangen aus der Herde heraus. Es war nicht leicht, die Tiere immer wieder zurückzujagen. Weil die Ziegen viel flinker waren als er. So war er in schweiß gebadet, als eine Frau erschien um die Kühe zu melken. Diese Frau fand sein Tun recht lustig. Sie sagte ihm nur, dass es nicht nötig sei auf die Ziegen zu achten, da diese die Herde nicht für längere Zeit verlassen würden.

Eines Tages war mein Freund unterwegs zu seinem Lager, als er 3 Mädchen sah, die Rüben auf einen Wagen luden. Ganz ungewöhnlich erschien ihm, dass eines der Mädchen gepflegt aussah und offensichtlich geschminkt war. Erstaunt war er, als ihn diese Fee ansprach. Es kam zu einem Gespräch, in dem sie ihm mitteilte, dass sie in Dresden tätig gewesen war. Sie schwärmte von dieser Stadt und den deutschen Männern. Dann erklärte sie ihm ungeniert, dass sie ihn für einen bemerkenswerten Mann halte. Etwas verlegen verwies er sie auf seine wenig ansprechende Kleidung hin. Sein Einwand hatte indes keine Wirkung. Sie sagte ihm, dass er ja die Hose ausziehen könnte. Dann kam es zu einem Erlebnis, das er in seinem Leben nicht gerade häufig hatte. Die Frau machte ihm ein eindeutiges Angebot. Nun war der Rübenacker keine Kuschelwiese. Selbst wenn er dem Angebot hätte folgen wollen, wäre es ihm in Gegenwart der beiden anderen Frauen unmöglich gewesen intim zu werden. Allerdings bedauert man hinterher die Dinge im Leben am meisten, die man **nicht** getan hat, obwohl man sie hätte tun können – auch viele Jahre danach und über viele Jahre hinmweg. Dann werden „Erinnerungen" realisiert, die nie stattgefunden haben. Dann werden Fantasien wach, die man nur träumend haben kann.

Nach ca. 8 Wochen ging dort die Tätigkeit in der Landwirtschaft dem Ende entgegen. Ende September war die Tomatenernte. Das geschah in der Weise, dass auf dem Acker 2 Hänger aufgestellt wurden, auf die sie die geernteten Tomaten kippten. Es war dabei egal, ob diese rot oder grün waren. Es ist leicht vorstellbar, wie die Tomaten aussahen, die reif waren und unten lagen. Der Tomatensaft lief aus den Hängern. Diese Tomaten wurden dann, so wie sie vom Hänger kamen, in Bottiche geschichtet und schichtweise eingesalzen. Die so entstandene Brühe hatte dann im Winter als Nahrung zu dienen.

Als letzte Tätigkeit in der Gefangenschaft blieb noch die Ernte der Kartoffeln. Am Tag der Ernte erschien morgens ein russischer Major, der ihnen die Heimreise versprach, wenn sie noch an diesem Tag die Kartoffeln einbringen würden. Sie hatten wenig Glauben in diese Offerte. Als diese im Laufe des Tages mehrmals wiederholt wurde, änderten sie ihre Meinung. Wenn gewisse Versprechungen oft wiederholt werden, dann glauben auch die Skeptiker daran. Was nicht heißen soll, dass alle Versprechungen nur „Versprecher" sind. So gelang es ihnen bei Einbruch der Dunkelheit alle Kartoffeln zu ernten. Die fleißigen Erntehelfer wurden auf einem Wagen ins Lager gebracht, wo sie ein „warmer" Empfang erwartete. Am Lager-Tor stand eine Kolonne von Männern, die sie in übelster Weise beschimpften. Wie sie erfuhren, standen diese bereits seit 2 Stunden zum Ausmarsch ins Entlassungslager bereit.

Man sagte ihnen, dass sie traurige Knechte seien, für die das Aufsuchen von Kartoffeln wichtiger sei als die Heimfahrt. Was so nicht stimmte, denn die Heimfahrt war an das Einbringen der Kartoffeln geknüpft. Eine Bedingung also, von der die wartendenden Männer nichts wussten und dennoch ein Urteil parat hatten. Dann wurden sie in die Banja (Sauna) getrieben und erhielten saubere Kleidung. Als mein Freund bemerkte, dass die ihm zugeteilte Hose nur bis kurz unter die Knie reichte, versuchte er diese umzutauschen. Ein Sturm der Entrüstung brach auf ihn ein. So blieb ihm nichts anderes übrig, als die Hose zu behalten. So ist er dann auch zu Hause angekommen. Manchmal muss man Kompromisse schließen, wenn man lieber einen „Vogel in der Hand, statt einer Taube auf dem Dach" haben möchte.

Auf der Heimfahrt hatte mein Freund noch ein Erlebnis besonderer Art. Nach vielen Stunden Fahrt, kam er auf einem Bahnhof an, wo er die Gelegenheit hatte dringenden Bedürfnissen nachzugehen. So saß er mit den anderen Kameraden mit heruntergelassenen Hosen auf einem Nebengleis als ein Zug mit Urlaubern der roten Armee einlief. Die Männer der roten Armee kamen auf sie zu und begannen ein Gespräch. Ein Offizier sprach meinen Freund an und sagte, dass er ihn beneide. Auf seine Bemerkung, dass er wohl seine Uniform nicht gegen seine Lumpen tauschen würde, war die Antwort eindeutig: „Sofort"! Sofort würde er alles dafür geben, sein Leben in diesem wunderbaren Land verbringen zu dürfen, das er kennen gelernt hatte.

Gemessen an Russland war auch die damalige Ostzone noch immer ein Paradies. Die letzten Tage seiner Gefangenschaft verbrachte mein Freund dann auf der Wartburg, wo er den letzten Schliff hinsichtlich Kommunismus erhielt.

Bis zur Grenze der Westzone legten die Heimkehrer zu Fuß zurück. Auf der Westseite wurden sie von einer Gruppe der Heilsarmee begrüßt, die jeden von ihnen umarmte. Sie waren tief gerührt. Als sie den sowjetischen Machtbereich verlassen hatten, stellte sich bei meinem Freund sowas wie Übermut ein. Er ging auf einen Mann zu, von dem er wusste, dass dieser für die Russen Spitzeldienste geleistet hatte und sagte ihm, dass er vergessen habe, den Russen zu melden, dass er ein SS Mann gewesen sei. Der Mann wurde etwas blass und verschwand aus seiner Nähe. „Dann will es keiner gewesen sein", dann gibt es **nur Engel**.

Bei der Aufnahme ihrer Personalien war der Schreiber sehr überrascht, als mein Freund ihm sagte, dass er ein SS Mann gewesen sei. Er sagte meinem Freund, dass schon **seit vielen Monaten kein** SS Mann über die Grenze gekommen sei. So sind die „systemtreuen Heuchler", die beim Systemwechsel auch ihre Treue sofort wechseln. Scheinbar gab es diese Chamäleons von damals nicht mehr. Jedenfalls waren sie auf wundersame Weise ganz plötzlich verschwunden – wie die Stasis, als die DDR aufgelöst wurde. So gehören Lug und Betrug der sogenannten Menschen zur Strategie des Überlebens, dann ist Selbsterhalt wichtiger als der der Allgemeinheit. Dann ist Systemtreue nur eine temporäre Wahrheit, nur eine zeitbegrenzte Lüge.

Gegen 8 Uhr kamen sie in Hamm an. Sie bekamen eine warme Suppe, die auf dem Bahnsteig ausgeteilt wurde. Dort erlebten sie noch eine große Freude, als ein Mann aus deren Transport seine Frau erblickte, die Suppe für sie austeilte. Es war so herzzerreißend, dass viele mitfühlend weinten.

Die Heimkehrer wurden von den Engländern mit den notwendigen Papieren ausgestattet und endgültig entlassen. Gegen 4 Uhr am Nachmittag erreichte mein Freund Bielefeld. Dort hörte er die Ansage, die er sich im Verlauf seiner Gefangenschaft unzählige Male vorgestellt hatte: „Bielefeld Hauptbahnhof".

Nun wurde mein Freund sofort von Menschen umringt, die alle möglichen Fragen an ihn stellten. Schließlich wurde er von einem unbekannten, **gut angezogenen** Mann (deutscher Spitzel?) **eingeladen,** um mit ihm die Wartezeit zu verbringen. Allerdings ist es diesem Mann nur unter erheblichen Anstrengungen gelungen, meinen Freund in das Bahnhof-Restaurant zu bewegen. Vor Scham wäre mein Freund am liebsten unter den Tisch gekrochen. Zu seinem Erstaunen nahmen die anwesenden Gäste der Nebentische keinerlei Anstoß an seiner Kleidung. Im Gegenteil, es kamen die Gäste der Nachbartische, um ein paar Worte mit ihm zu wechseln, sodass der gut angezogene (BND?) Mann nur das erfuhr, was mein Freund den Gästen erzählt hatte. Viele der Restaurantgäste hatten noch Angehörige in Russland und versuchten etwas über die Lebensbedingungen zu erfahren. Andere wollten nur etwas über das ihnen so fremde Land wissen.

Es war 19 Uhr, als mein Freund an dem Hause seiner Eltern ankam. Da der Kalender den 25. Oktober anzeigte, war es zu dieser Zeit bereits dunkel. Zunächst sah mein Freund, dass in dem beleuchteten Zimmer eine Frau war, die er nicht kannte. Von seinen Eltern dagegen gab es keine Spur. Daher nahm er an, dass seine Eltern nicht mehr dort wohnten. So ging er in das Nachbarhaus. Hier begegnete er zunächst den Frauen, die das Vieh versorgten. Sein Gruß wurde von ihnen erwidert, allerdings schienen sie ihn nicht zu erkennen. Daraufhin ging er in die Wohnküche, wo der Bauer wie erwartet am Herd saß. Er verhielt sich genauso wie die Frauen. Mein Freund setzte sich zu ihm und begann ein Gespräch. Endlich stellte er die Frage, ob er ihn erkennen würde. Er antwortete, dass er wohl einer der Arbeiter sei, die auf dem nahegelegenen Gut arbeiteten. Als mein Freund ihn fragte, ob die Nachbarsfamilie des Bauern nicht mehr nebenan wohne, antwortete er ihm, dass diese noch dort wohnen, lediglich ein Zimmer hatten abgeben müssen, eben an jene Frau, die mein Freund vorher durchs Fenster gesehen hatte. Dann stellte der Bauer seinerseits eine Frage, ob mein Freund die Nachbarsfamilie kenne. Das bejahte mein Freund erstaunt, schließlich sei er deren Sohn. Daraufhin rief der Bauer die Frauen und sagte, mein Freund würde berichtete, dass er der Sohn der Nachbarsfamilie sei. Die Frauen betrachteten ihn eine ganze Weile und erkannten ihn schließlich trotz seiner Aufmachung.

Nachdem die Eltern meines Freundes über die Ankunft ihres Sohnes unterrichtet worden waren, traf er diese dann auf dem zwischen den Häusern gelegenen Hof. Nun war die Gefangenschaft endgültig vorbei. Nur in den Träumen der Nächte kehrten diese noch viele Jahre immer wieder zurück – auch der von der wunderschönen russischen „Fee", die einst mit ihm im Rübenfeld intim werden wollte. Der Begriff „Trauma" gab es damals noch nicht.

Von da an begann ein neuer Lebensabschnitt im Leben meines Freundes, den er als sein 2. Leben bezeichnete. Zunächst wurde er überall wohlwollend aufgenommen. So freundlich die Menschen auch waren, so traurig war das Verhalten der meinungsmachenden Medien. Was man in der Nazizeit gelernt hat, das vergisst man nicht von heute auf morgen. Denn auch Journalisten sind nur Gewohnheitstiere, die gerne das schreiben, was die Leute hören wollen und nicht sollen. Früher, in den Anfängen des Journalismus, berichteten die Zeitungen wahrheitsgetreu über Tatsachen, über Geschehnisse, die sich tatsächlich ereignet hatten, heutzutage ist es anders. Heutzutage wird **sogar** über Geschehnisse berichtet, die gar nicht stattgefunden haben. So wurde (und ist) die SS als Ganzes, als verbrecherische, als homogene Organisation gesehen. Dem unwissenden Volk war (und ist) es egal, die Hauptsache sie „wussten" (wissen), wer die verantwortlichen Verbrecher waren (sind) und das war (ist) für sie die SS. Den Vogel schoss für meinen Freund ein Pfarrer ab, als er schrieb, „ein SS Mann ist ein Mörder" und meinte damit nicht nur einen, sondern alle SS Männer. Als ob alle Priester und Pfarrer Kinderschänder oder Nonnenvergewaltiger wären. Allerdings haben Priester und Pfarrer ihre Berufe nicht deshalb gewählt um im Nachhinein Kinderschänder oder Nonnenvergewaltiger zu werden. Ein Soldat dagegen, welcher Waffengattung auch immer zugehörig, zieht in einen Krieg **nicht** um Wohltaten zu vollbringen, sondern um zu töten! „Und wo gehobelt wird", da werden (fallen) auch unschuldige Kinder, Frauen und Männer ermordet! Heutzutage spricht man nicht von Ermordung unschuldiger Kinder, sondern verharmlosend von Kollateralschäden, wenn israelische Soldaten abertausende palästinensische Kinder, Frauen und Männer vor den Augen der ganzen Welt töten oder verhungern lassen.

Dieser „Jünger Jesu", der außer der Gnade der späteren Geburt nichts über die schrecklichen Kriegsgeschehnisse aufzuweisen hatte, erdreistete sich zu einer so pauschalen Aussage. Nach dem Motto: Ich kenne einen Afrikaner der weiß ist, ergo sind auch alle anderen Afrikaner weiß. Oder, es wird von Zeitungen berichtet, dass einige Russen und Polen Diebe seien; also sind alle Polen und Russen Diebe? Und wenn ich ein Dieb bin, dann müssen es auch alle anderen sein? Unser Problem ist, dass wir grundsätzlich von Einzelnen auf andere schließen – sogar auf ganze Nationen.

Sicherlich war die „Weisheit" des Pfarrers durch keinerlei Kenntnisse der Realität getrübt. Was ihn einzig und allein auszeichnete, war seine Fähigkeit unreflektiert etwas nachzuplappern was all**gemeine** Meinung war, was ihm andere propagandistisch vorgebetet hatten, was auch zur Nazizeit gang und gäbe war und in unserer Zeit wieder zu werden droht.

Nun konnte sich mein Freund vorstellen, dass es zur Gewohnheit geworden ist, jegliches Verbrechen der Nazis der SS anzulasten. Werden Bilder der erhängten oder erschossenen Menschen gezeigt, folgt gleich die Feststellung, dass die SS dort am Werke war. Auf diese Weise wird erreicht, dass das deutsche Volk als Ganzes eine gewisse Belastung erfährt und, insbesondere bezüglich der Juden, ein dauerhaftes, generationenübergreifendes schlechtes Gewissen eingebläut bekommt. Mein Freund konnte sich kaum vorstellen, dass die Entwicklung, die den Nazis ihr schreckliches Tun ermöglicht hat, von den Menschen erkannt wird, vielmehr möchte niemand mit diesen Dingen belastet werden. So ist die SS ein gesuchter und gefundener Sündenbock. Eine im Fernsehen ausgestrahlte „Dokumentation" über die SS kann daran auch nichts ändern. Im Gegenteil, es kommt dabei eher zu Festschreibungen gängiger Schablonen. Und da es nach dem Krieg allgemein „kaum" SS Männer oder andere Kriegsverbrecher gab, so waren so gut wie alle deutschen „Kriegshelden" unschuldig? Nur unmündige Mitläufer?

Es ist bitter, als ehrlicher und unbescholtener Bürger einfach als Mörder bezeichnet zu werden. Wenn es glücklicherweise für meinen Freund niemals nötig war auf einen Menschen zu schießen, so war das sicherlich nicht sein Verdienst, allerdings hätte es durchaus sein können. Es ist allein den oben genannten Umständen zu verdanken, dass er nicht persönlich zum Mörder wurde. Allerdings heißt es auch: „Mitgegangen, mitgehangen". Und dass wir Deutschen, nicht nur SS Männer, sondern auch ein Volk voller Mörder waren(?), die in der Nazizeit etwa 60.000.000 Menschen den Tod brachten, das steht heutzutage im Jahre 2023 kaum außer Frage. „Dumm geboren und nichts dazugelernt", würde meine Mutter sagen, denn wir Deutschen sollen wieder kriegstauglich gemacht werden! Wie lehrreich müssen Lehren denn **noch sein**, damit wir endlich aus ihnen lernen, etwas gelehriger zu werden? Wir sollten schnellsten lernen uns unserer Unbelehrbarkeit bewusst zu werden, denn so lange wie wir träumen, wissen wir nicht, dass wir schlafen!

Nun galt das Interesse meines Freundes erst mal dem Leben. Dazu bedurfte es vieler Dinge, anders gesagt, es fehlte an allem. Die vorhergehende Generation **hatte** nach dem Krieg **gar nichts!** Nun sollen wir wieder „kriegstauglich" gemacht werden um anschließend „gefragt" zu werden, ob wir den „totalen Krieg haben wollen?" – um wieder **gar nichts zu haben?** Sollen wir durch Bildungs**entzug** lern**un**fähig gemacht werden – damit wir aus Erfahrungen vergangener Generation NICHT lernen lernfähiger zu werden? Verstehst du das? Wenn nicht, dann sind wir bereits „schon" zu zweit und Hoffnung stirbt bekanntlich zuletzt.

Die Vorstellungen meines Freundes vom Leben waren damals erheblich andere, als das heutzutage der Fall ist. Bei seiner Heimkehr aus der russischen Gefangenschaft war sichergestellt, dass er und die meisten anderen nicht hungern mussten. Immerhin war damit ein schrecklicher Zustand beseitigt, den er zur Genüge kennen gelernt hatte. Weitergehende Wünsche waren vor allem so etwas wie eine Familie zu haben und in den eigenen 4 Wänden leben zu können. Das Leben in Gemeinschaftsunterkünften, Zelten und dergleichen hatte er Dank der herrschsüchtigen Staats- und Kirchenführer zur Genüge bei den von Deutschen überfallenen Russen mehr als ausreichend genossen.

Nachdem er mit der Beendigung seiner Lehre die erste Grundlage für sein zukünftiges Leben gelegt hatte, konnte er Kleidung anschaffen, die ja nicht vorhanden war. Die Aussicht, eine Wohnung zu finden war sehr gering. So haben er und seine Frau, nachdem sie 1950 geheiratet hatten, gemeinsam mit seinen Schwiegereltern ein kleines Häuschen gebaut. Das Haus war natürlich der Zeit entsprechend mehr als einfach. So bedurfte es im Laufe der Jahre erheblicher Nachbesserungen. Es hat lange gedauert, bis sie die notwendigen Möbel anschaffen konnten. Ein Radio war aus dieser Sicht eher ein Luxus und wurde erst im Jahre 1953 angeschafft. Wenn er überlegte, dass vom Ende seiner Gefangenschaft bis zu diesem Zeitpunkt gerade 4 Jahre verflossen waren, war er selbst erstaunt, wie das unter den gegebenen Umständen in dieser kurzen Zeit zu schaffen war. Es war nur seiner voll berufstätigen Frau zu verdanken, dass dies erreicht werden konnte.

Im Jahre 1961 rafften seine Frau und mein Freund alles zusammen und erlaubten sich ihr erstes Auto, einen VW. Was heute als eine unerlässliche Notwendigkeit angesehen wird, war für sie eine große Freude. Sie waren damals zufrieden, ganz im Gegenteil zu der heutigen Situation, in der Menschen über eine Fülle von völlig überflüssigen Dingen verfügen, von denen mein Freund und seine Frau nicht einmal träumen konnten.

Langsam machte mein Freund Fortschritte im Beruf. Auch ging es im Lande ständig bergauf. Etwa 1960 war die Zeit der Entsagung vorbei. Die Wirtschaft hatte durch die weitgehende Bescheidenheit und den Verzicht der Menschen einen Stand erreicht, der einen Vergleich mit den Nachbarländern aushielt.

Nun kam die Zeit, in der die Bevölkerung Wohlstand zu schnuppern begann. Das Einkommen des kleinen Mannes stieg unaufhaltsam und beachtlich, was dazu führen **sollte,** die Menschen glücklicher zu machen. Im Gegenteil, das führte dazu, dass die Menschen sich immer **mehr** wünschten als jemals zuvor. Allerdings beschränkten sich die Wünsche des Volkes auf den materiellen Wohlstand. Vor allem war es das Bestreben der kleinen, unter Minderheitskomplexen leidenden Leute, mehr zu haben als die Nachbarn. Wenn materieller Besitz und Besitzer das Gleiche sind, dann ist ein Besitzloser nichts? Nach dem Motto: „Haste nix, biste nix" oder „ haste was, biste was"? Das Bemühen eine Persönlichkeit herauszubilden und somit die geistige Basis zu erweitern, hatte vor dem Materiellen zurückzustehen. Dieser Zustand hat sich bis zu den heutigen Tagen vorzüglich erhalten. Während Not und Armut in der Vergangenheit zu mehr Gemeinsamkeit und gegenseitiger Hilfe geführt hatten, wachsen gegenwärtig zunehmend Wohlstand, Egoismus und Neid heran. Die Folge ist dann, dass die armen Leute mit viel Geld immer reicher werden und die Armen immer ärmer. Denn Gier kennt keine Grenzen, dabei wäre Verachtung statt Bewunderung der Reichen die richtige Medizin in Richtung mehr Gerechtigkeit. Denn etwas weniger für Wenige, wäre etwas mehr für uns **alle.**

Nachdem mein Freund nach etwa 5 Jahren im Beruf so weit gekommen war, wie er sich das vorgestellt hatte, suchte er sich eine Arbeit, von der er glaubte, sie bis ins Rentenalter beibehalten zu können.

Nach 20 jähriger Tätigkeit in diesem Betrieb machte dieser Konkurs. Nun musste mein Freund neu einsteigen, wobei er erhebliche finanzielle Einbußen hinnehmen musste. Dabei hatte er noch Glück, dass er überhaupt eine Arbeitsstelle gefunden hat. Zu diesem Zeitpunkt – 1973 – hatte bereits die allgemeine Gier zugenommen und der langsame Abstieg eingesetzt.

Vielleicht werden die Menschen diesen Abwärtstrend nicht hinnehmen. Vielleicht, vielleicht aber auch nicht. Es sind bereits aufziehende Gewitter des Unmuts zu vernehmen und das nicht nur in unserem Lande. Wenn es uns nicht gelingt eine **glaubensneutrale, auf Naturgesetzen basierende Gesellschaftsordnung** zu erschaffen, die für uns alle einen Platz bereithält, wird der aufgeblasene Kapitalismus und die fanatischen Glaubensrichtungen den gleichen Weg gehen wie der Kommunismus. Allerdings, wenn Kirchen und Staaten miteinander kooperieren, dann wird diesbezüglich nichts Positives passieren. Dann wird dummheitsbedingter Terrorismus mangels ehrlicher, NICHT auf Fakten basierender Glaubensbildung, noch sehr, sehr lange Zeit existieren, denn Orientierungslose, die den Weg für das Ziel halten, benötigen keine Verführer, sondern absolut ehrliche Führer. Selbstkundige Führer, die die orientierungslosen Leute irgendwo hinführen werden, nur NICHT dort, wo es ihnen bestimmt ist anzukommen – nämlich bei sich selbst und damit als andersdimensioniertes Teilchen von IHM, in IHM, als ES! Denn alles, was passieren soll, damit aus unbewussten Leuten bewusste Menschen werden, wird irgendwann passieren. Es wird zwar nicht unsere Zeit sein, doch einige wenige von uns werden bereits da sein, **BEVOR** diese andersdimensionierte Zeit kommt.

Unsere wenigen Parteien haben nach dem Krieg erkannt, dass der Kapitalismus alter Art nicht geeignet ist, die Grundlage für eine tragbare Gesellschaftsordnung der Zukunft zu bilden. Mögen die heutigen Parteien zu ihren Wurzeln zurückfinden und **„etwas mehr Demokratie wagen"**, wie es einmal Willi Brand gesagt hat. Denn es ist das Volk, das die ehrenwerten Politiker zu vertreten haben und nicht umgekehrt. Indes sind es unreife Politiker und teilweise minderjährige Aktivisten oder andere Minderheiten die dem Volk vorschreiben, wie es sich zu gestalten und „tot zu verwalten" hat. Eben Kommunismus pur – auch gegen unsere Natur, denn jeder ist Jemand, der seinen berechtigten Platz in der Natur hat.

Als mein Freund sich Gedanken über seine Umgebung und die Gesellschaft zu machen begann, bestand dazu wahrlich eine Notwendigkeit. Es war die Zeit der Naziherrschaft, das sogenannte „Dritte Reich". Weder die jüngere Vergangenheit unter der Herrschaft des letzten Kaisers "Von Gottes Gnaden" noch die dann darauf folgende Zeit des Friedens waren von Vernunft geprägt. Durch die fehlende Einsicht der Sieger des 1. WK war in Deutschland eine unerträgliche Situation entstanden. Inzwischen ist mein Freund zu der Auffassung gelangt, dass die einfache, allen Menschen guten Willens erkennbare Vernunft wenig Aussicht hat, jemals verwirklicht zu werden. Ich erwiderte nur, dass das auf die Masse bezogen zutreffend sein mag, allerdings nicht auf Einzelne und fügte hinzu, dass das genauso falsch wäre, wie von einzelnen SS Männern auf alle SS Männer zu schließen. Mein Freund nickte nur.

Die Frage dabei ist, ob unser Bewusstsein es uns ermöglicht, unter Berücksichtigung von verfügbaren, auf Fakten basierenden Erfahrungen und Erkenntnissen zu einer einheitlichen Einsicht zu gelangen und damit auch zur Vernunft? Bleibt es dann unserer persönlichen(?) Entscheidung überlassen, die so gewonnene Einsicht so umzusetzen, dass wir unser Verhalten danach ändern? Sicherlich nicht zeitnah im Kollektiv, allerdings als einzelne Protagonisten die sich selbst als das Selbst bereits erkannt haben.

Wenn schon erhebliche Schwierigkeiten darin bestehen zu einer realistischen Einsicht zu gelangen, ist der Wunsch nach Anwendung oft nicht gegeben. Nach dem Motto: „Die Wahrheit wollen **alle** wissen, jedoch **keiner** will sie hören". Meist ist nur das persönliche Interesse maßgebend für unser Verhalten. Ausschlaggebend für unser Tun ist meist nur der Wunsch, den für uns größtmöglichen Nutzen zu ziehen. Der

Gedanke bei unserem Tun auch die Belange anderer zu berücksichtigen, kommen eher selten vor.

So sieht ein Jäger nichts Schlimmes daran, einen Fuchs zu erschießen. Im Gegenteil, denn der Tod eines Fuchses kann vielen Hühnern das Leben retten. Das sieht der Fuchs ganz anders. Er empfindet nichts Schlimmes dabei, wenn er ein Huhn verspeist. Vom Standpunkt des Huhnes sieht die Sache noch anders aus. Wenn ein Huhn einen Wurm verspeist, dann ist das ein Vergnügen für das Huhn. Es hat dabei auch keinerlei moralische Bedenken, auch wenn der Wurm diesbezüglich eine ganz andere Vorstellung von der Moral hat. Was für den Einen gut ist, kann für den Anderen böse sein, was für den Einen böse endet, das fängt für den Anderen zunächst gut an, um dann wieder böse zu enden. So sind nun mal die Gesetze der Natur: „Um sich weiterentwickeln zu können, töten die Starken die Schwachen". Die Begriffe Gut ODER Böse haben in der Natur keine Daseinsberechtigung, sie sind eine ambivalente Notwendigkeit, denn ohne das Böse gäbe es das Gute nicht und umgekehrt, denn die Evolution kennt keine Moral, nur Weiterentwicklung durch Anpassung, durch „Fressen und gefressen werden". Andernfalls würde das ganze Leben keinen Sinn ergeben, es wäre erst gar nicht angefangen haben zu leben bzw. zu existieren. Selbst unser Ururleben als Bakterien hätte keinen Sinn, wenn es sich nicht fortlaufend anpassend weiterentwickelt hätte!

Die Entscheidung auf etwas zu verzichten, wenn dabei ein Schaden für andere entsteht, ist eher eine Ausnahme. Im Gegenteil, Gewaltanwendung ist heutzutage zur Regel geworden. Aufrichtigkeit und Wahrhaftigkeit bleiben auf der Strecke. Selbst bei den Menschen, die eine Vorbildfunktion zu erfüllen haben und wofür sie vom Volk für das Volk gewählt wurden, ist davon wenig zu merken. Ein erträgliches, weltweites Zusammenleben von Menschen ist so auf Dauer nur schwer vorstellbar und ein friedliches Zusammenleben schon gar nicht.

Wie es allgemein bekannt sein sollte, sind die Menschen in den Vereinigten Staaten Nachkommen ehemaliger Auswanderer. Die Menschen, die am Anfang den Mut fanden dieses Wagnis einzugehen, waren sicherlich die Hinterlistigsten, oft ohne Bildung und ohne jegliche Moral. Menschen, die den körperlichen und hinterlistigen Anforderungen nicht gewachsen waren, überstanden schon die Überfahrt nicht. Damit war eine natürliche Auslese getroffen, denn nur die körperlich Stärksten und kriminell veranlagten Charaktere überlebten die lange Überfahrt. Bei der Besiedlung des neuen Kontinents war das Faustrecht die Regel. Hier fand nochmals eine Auslese statt. So waren(?) die Neusiedler ein recht robuster und **hinterlistiger** Stamm.

Allerdings war die neue Welt kein unbesiedeltes Land. Die Bewohner waren naturverbundene Völker, die eine andere Kultur entwickelt hatten als die Europäer. Der Besitz dieser Menschen ging nicht über das Persönliche hinaus. Nicht nur die Bisons, sondern auch das Land gehörte allen gemeinsam – ohne Grenzen und ohne Zäune. Niemand kam auf den Gedanken, ein Stück davon für sich allein beanspruchen zu wollen, ebenso wenig wie Bisons, Wasser und Luft zum persönlichen Eigentum werden konnten. Das war ihr Pech, denn die Einwanderer sahen das ganz anders. Sie waren wie „Unkraut", das weitgehend ungehindert immer weiter wucherte und somit die indigenen „Pflanzen" systematisch verdrängte. Die Geschichte mit dem überwucherndem „Unkraut" scheint sich nicht nur in Palästina, sondern sogar in Europa zu wiederholen.

Die Indianer begriffen den Sinn nicht, mussten sich jedoch notgedrungen den Eigentumsvorstellungen der Einwanderer aus Europa beugen oder schließlich durch Gewaltanwendungen, sowie durch eingeschleppte Krankheiten der Immigranten, insbesondere jedoch durch Aushungern, aussterben. Denn die Hauptnahrungsquelle der Indianer waren die Büffel. Es gab sie millionenfach und dass man die Tiere nicht wegen des Fleisches, sondern NUR wegen der Felle oder nur aus purer Mordlust getötet hat, das verstanden die Indianer ebenfalls nicht. Dabei waren es die „feinen Leute", die sehr gut verstanden, was sie taten, denn: Ohne Bisons kein Fleisch, ohne Fleisch keine Nahrung und ohne Nahrung kein Überleben!

Heutzutage, im Jahre 2024 sind es die lebenswichtigen Infrastrukturen wie Kraft- und Wasserwerke, Raffinerien und Pipelines, die beispielsweise von russischen und israelischen Aggressoren zuerst zerstört werden. Damals waren es die Bisons, die als Nahrungsquelle den Indigenen Völkern Amerikas dienten, nach und nach „zerstört" wurden, sodass es um 1890 so gut wie keine Bisons in Amerika mehr gab.

„Natürlich" wurden Verträge mit den Indianern geschlossen, allerdings oft nicht eingehalten, denn sobald die Verträge keine Vorteile für die Immigranten brachten, wurden sie gebrochen – „Amerika first" eben! Es war zwar immer noch genug Land für alle vorhanden. Allerdings war Landhunger der Immigranten indes unersättlich. Schließlich wurden die Ureinwohner von den europäischen Immigranten in

Reservaten zusammengetrieben. Die Gier der „illegalen" Zuwanderer auf das Land der Indianer war indes unersättlich. Es war für die meistens christlichen Zuwanderer geradezu ein Vergnügen, die „Rothäute" zu töten. Das „legale Recht" Indianer zu töten war lukrativ, denn es wurde pro Skalp bezahlt, sodass einige als Kopfgeldjäger vom Morden der Indianer ganz gut leben konnten. Vielleicht hätten die Okkupanten von den Okkupierten etwas in Sachen Anpassung lernen können, wie beispielsweise ihre Sprache, ihre Religion oder ihre Tradition? Nun ja, die Geschichte wiederholt sich – sogar weltweit. Beispielsweise werden „Löwenzahnsamen" von Winden weit über die Grenzen getragen. Wo sie dann keimen, tiefe Wurzeln schlagen und neue Mischkulturen bilden, denn alles entwickelt sich fortwährend immer weiter – auch wir, damit irgendwann aus uns, unbewussten Leuten, bewusste Menschen werden können. Was dann das Gute am scheinbar Schlechten wäre. Die Evolution, wozu auch wir gehören, kennt keine Moral oder Gnade, da gilt nur das Recht des Stärkeren und Anpassungsfähigsten. Hierbei dienen die Schwachen der Erhaltung und Fortentwicklung der Starken, wobei die Schwachen ihrerseits gezwungen werden stärker zu werden und sich somit weiter zu entwickeln – auch geistig, denn Lernunfähige benötigt der Himmel nicht!

Ähnlich wie damals den Indigenen Völkern Amerikas erging, ergeht es heute den Palästinensern. Zunächst sind es die Juden die u. A. mit „Hilfe" der Alliierten in das Land der Palästinenser als ungebetenes „Unkraut" gekommen sind und wo sie dann 1948 ihren eigenen Staat Israel gründeten. Dann besetzten sie durch illegale Bebauungen immer mehr palästinensische Gebiete. Und wenn Europa nicht aufpasst, dann wird es ihr genauso ergehen wie den Indianern oder Palästinensern. Dann werden Immigranten den Europäern **zunächst** sagen, an wen sie zu glauben haben und welche Traditionen sie befolgen sollen. Es werden Mischkulturen entstehen, die irgendwann **menschliche Menschen** entstehen lassen werden.

Da die Indianer als Arbeitskräfte kaum zu gebrauchen waren, sahen sich die neuen Herren um und entdeckten die Schwarzen. Diese wurden dann in Afrika, teilweise mit Hundefangschlingen eingefangen, dann zusammengetrieben und unter ungeheuerlichen Selektionsverlusten per Schiffe nach Amerika gebracht. Die etwa 10%, die die Schiffsreise überlebten wurden dann als Sklaven verkauft. So wurde der Machthunger, die Gier nach materiellem Reichtum zum treibenden Element – nicht nur in Amerika!

Rücksichtslosigkeit gegen alle Andersdenkenden war(?) die Regel. Und es war blanker Hohn, wenn die gewaltsame Besiedlung dieses Kontinentes auch noch im **Zeichen des Kreuzes** vorgenommen wurde. Mehr Heuchelei geht doch gar nicht – oder doch? Jedenfalls habe ich nirgendwo gelesen oder gehört, dass **christliche Moralvorstellungen** dort eine Rolle gespielt hätten.

Die Unersättlichkeit der Immigranten in Amerika war grenzenlos. Die „Vereinigten Staaten" wurden zum Land der unbegrenzten Möglichkeiten. Recht war(?) nur, was dem Land diente. (Amerika zuerst!) Die Vorstellungen anderer Völker waren(?) nur so lange richtig, wie damit keine Beeinträchtigung der amerikanischen Interessen verbunden war. Völker, die sich dem amerikanischen „Way of Life" entgegenstellten, waren selbst schuld, wenn die Amerikaner gezwungen waren ihnen den rechten Weg zu zeigen – ihren Weg!

Nun haben wir uns zur Zeit „Adolfs" auch nicht gerade mit Ruhm bekleckert. Niemand kann jedoch behaupten, dass unser Bestreben über Jahrhunderte hinweg dem Verhalten der Amerikaner gleicht. Nach dem Eingreifen der Amerikaner in China, Korea, Vietnam, Libanon, Nicaragua, Panama, dem Iran, dem Irak, in Libyen, nach dem Abwurf der Atombomben auf Japan, dem seit Jahrzehnten andauernden Embargo gegen Kuba, ist es mühsam darüber nachzudenken, ob uns die gleichen Ideale mit den Amerikanern verbinden. Überirdische Allmacht, welche oder wessen auch immer, möge vermeiden, dass diese Vorstellungen auch unsere werden. Andernfalls werden die Lernfähigen und Vernunftbegabten die Welt nach und nach, u. A. durch Kinderlosigkeit verlassen, um andersdimensioniert zu werden. Die nicht Lernfähigen und Vernunftfreien dagegen vernichten sich selbst. Denn Schwachsinnige, die sich gegenseitig umbringen oder durch kriegstreibende Politiker/innen und Religionen zur Selbstvernichtung motiviert werden, benötigt unsere Erde nicht, denn wir sind nur zur Gast auf ihr und Gäste bleiben nicht ewig. Leider ist es den Leuten, den Nachfahren der Affen, noch nicht möglich in diesem höheren Bewusstsein zu leben und zu sterben. Allerdings: „Bäume, die stetig immer weiter wachsen, werden den Himmel erreichen", werden dort ankommen, woher sie urursprünglich gekommen sind, denn den andersdimensionierten „Samen" tragen alle in sich – es wird Zeit, dass wir ihn in uns zum Keimen anregen und somit von der materiellen auf die geistige Ebene emporheben. Möglich ist es, allerdings nicht als

Masse, die **jeden Weg** für das ihnen von Kirchen und Politikern vorgegaukeltes Ziel, für ihr eigenes hält. Der „Himmel" ruft uns ständig. Wir sollten lernen, seinem leisen Ruf zu folgen – unsere glaubensfreie Remotion kann uns dabei helfen!

Da das allgemeine Leben nicht mit **unserer** Existenz begonnen hat, so wird es auch nicht nach unserer Existenz enden. Das Leben existierte bereits weit, sehr weit vor unserer Geburt und es wird weit, sehr weit nach unserem Tod weiter existieren – möglicherweise sogar als eine Art Virus-Bakterium, dem Anfang jeglichen Lebens, in allen Universen. Wer gelernt hat das zu verstehen, der wird nie wieder und wieder vergehen. Der wird den Tod nicht fürchten müssen. Im Gegenteil, denn das Ende seines Lebens wird für ihn nur ein neuer Anfang sein, eine Heimkehr, eine Rückkehr nach unserem gemeinsamen „Urzuhause".

Das Böse hat in unserer Welt ebenso seinen Platz wie das Gute. Diese Ambivalenz ist in allen Bereichen eine vermächtnisartige Notwendigkeit. Sogar unsere Erde hat zwei Pole und es gibt kein Spiel ohne einen Gegenspieler. Selbst die Nacht benötigt den Tag, um zu existieren. Dies sollten wir bedenken, **bevor** wir über etwas den Kopf schütteln, wenn wir etwas nicht verstehen. Zu schnell sind wir bereit alles Tun in Gut und Böse zu kategorisieren, dabei sind unsere Standpunkte NUR von unseren Erbanlagen und von unserem Bildungsstand abhängig. Mein Vater pflegte immer wieder zu sagen, dass man genau zielen sollte, bevor man schießt. Im Beurteilen und insbesondere im Verurteilen, sind Leute schnell. Sie reden gerne viel, auch ohne etwas Sinnvolles zu sagen.

In unserem Land gibt es viele Leute, die sich vorzüglich im Zustand des Nichtstuns eingerichtet haben. Sei es durch kleine Nebenverdienste, Betrügereien oder auch Diebstahl bis hin zum todbringenden Drogenhandel und Erpressung. Die Tatsache, dass viele Leute schlicht faul geworden sind, weil es ihnen auch ohne reguläre Arbeit nicht schlechter ergeht als denen die regulär arbeiten, sollte unseren Politikern zu denken geben. Bedenklich und bedauerlich zugleich ist, dass diesen Menschen der Anreiz genommen wird ihren restlichen Verstand zu nutzen und nach Möglichkeiten zu suchen, aus eigener Kraft für ihr Auskommen zu sorgen.

Da die berufliche Tätigkeit für die meisten Hominiden die einzige Möglichkeit ist, die eigene Persönlichkeit zu entwickeln, so sollte die Politik dafür sorgen, dass möglichst jeder sein eigenes Brot verdient. Man sollte annehmen, dass Hominiden, die über viel Zeit verfügen, diese dazu verwenden, ihre geistige Basis zu erweitern. Leider geschieht genau das Gegenteil. Außer stundenlangem Fernsehen und mit dem Handy herumspielen, fällt diesen Zeitgenossen nichts Sinnvolles ein. So gesehen, ist unser Sozialstaat ausgesprochen unmoralisch, wenn er zulässt, dass Menschen alles Streben aufgeben – sogar das nach Selbstverwirklichung, wenn sie ihren Geist ruhen lassen, bevor ihre Körper endgültig zur Ruhe kommen.

Das menschliche Dasein umfasst den Zeitraum von der Geburt bis zum Tod. Erst mit unserer Geburt werden wir beseelte Hominiden – findet die „Heilige Verlobung" von Körper und Seele statt. Ab diesem Augenblick beginnt die „Software", bis auf ein paar angeborene Reflexe, das Leben zu lernen, vorausgesetzt die „Hardware" lässt es zu.

Die fürs Überleben genetisch angelegten Reflexe wie das Schreien, Greifen oder Saugen, müssen erst gar nicht mühsam erlernt werden, sie funktionieren auf Anhieb, auch ohne vorheriges Einüben. Bereits in diesem frühen Stadium kann der Mensch lachen und weinen. Er ist auch ohne Sprache befähigt, das ehrliche Lächeln eines zu ihm geneigten Wesens zu erkennen und kann auch durch seine Mimik sein Verstehen deutlich machen.

Alles andere Können muss mühsam, oft durch viele Wiederholungen, im Laufe des Lebens erlernt werden. In der Folgezeit ist den Menschen die Möglichkeit gegeben eine Fülle von Erkenntnissen und Lebenserfahrungen aufzunehmen, zu denen die Menschheit, auch durch Kriege, Fluchten und Vertreibungen, Konzentrationslager, kriegsbedingte Gefangenschaften u. V. m. bis dahin gelangt ist. So **können** zunächst einzelne Menschenanwärter lernen zum Urteilsvermögen zu gelangen, auch über sich selbst, das wohl keinem anderen Geschöpf in dieser Deutlichkeit gegeben ist. Vorausgesetzt, dass sie lernfähig geboren werden oder wurden. Falls nicht? Dann nicht! Denn „Wo nichts ist, da kann auch nichts werden" und wer unbegabt geboren wurde, der kann im Nachhinein nicht begabt, sondern nur tressiert bzw. eingeschworen werden – auf einen Glauben, auf eine Partei, auf eine Terrororganisation oder auf eine beliebig andere, Identität gebende „Autoritätsmütze".

Bei etwas genauerem Hinsehen erkennen wir, dass der Mensch bereits bei seiner Geburt eine unendliche Entwicklung hinter sich hat. Wenn wir weit genug zurückblicken, dann erkennen wir, dass wahrscheinlich das erste Leben, das wir auf **unserer** Erde als **bio-logische** (Natur und Logos – Fleisch & Geist)) Konstruktion betrachten, so etwas wie ein

Bakterium oder Kieselalge war und immer noch ist. Es fällt uns zwar schwer, die Kieselalge als unseren Vorfahren zu betrachten, dennoch ist es so. Sie ist bereits eine hochentwickelte Konstruktion, insbesondere wenn wir die überaus komplizierten Entwicklungen betrachten, die die Voraussetzungen für ihre Entstehung waren. So ist ein Rad noch lange kein Fahrrad oder gar ein Motorrad, allerdings war das Rad die Voraussetzung für die Entstehung **aller** „Fahrzeuge".

Die kontinuierliche Entwicklung des Lebens mit unendlich vielen Versuchen und Lebenserfahrungen der Natur, die sich daraus ergeben, sind Voraussetzungen für unser Dasein. Der Gedanke, dass unsere Geburt der Anfang unseres Daseins ist, erscheint aus dieser Sicht ziemlich lächerlich. Denn wir waren bereits vor unendlich langer Zeit da, bevor wir das wurden, was wir augenblicklich sind. Augenblicklich, denn wir sind noch nicht das Endprodukt, die Krone der Schöpfung, die müssen wir erst irgendwann noch werden. Allerdings sind wir momentan die einzige Spezies auf **unserem** Planeten, die über das geheimnisvolle Potential zur Selbstfindung und Selbstwerdung latent verfügt.

Die Vorstellung, dass diese unglaubliche Entwicklung den einzigen Zweck hat, einen Menschen zu schaffen, der dann für höchstens 100 Jahre diesen Globus bevölkert, um dann zu Staub zu zerfallen, ist für einen lernfähigen Menschen kaum vorstellbar. Eigentlich sollte es sich aus glaubensfreien Kenntnissen der Evolution logisch ergeben, dass wir eine unserer „Hardware" entsprechenden Stufe der Lebensleiter erklommen haben. Das ist nicht die letzte Stufe der Entwicklungsleiter, denn die bis dahin entwickelte und erworbene geistige Ebene wird mit unserem physischen Körper in die Erde versenkt. Es sei denn, dass wir **mehr** sind als unsere von der Software erdachte Hardware – viele glauben ES, manche ahnen ES und ganz wenige wissen ES.

Immer schon hat die Wissenschaft als ihre Aufgabe betrachtet, scheinbare Grenzen zu überwinden und damit Neues zu entdecken bzw. zu neuen Erkenntnissen zu gelangen. Dies ist ihr **bislang** mit Zuhilfenahme der klassischen Physik auch ganz gut gelungen. Bis auf die Annahme, dass alle physischen Körper (Hardware) allgemein und insbesondere die unseren, eine Seele bzw. einen Geist (Software) haben, welcher nachweisbar sein müsste, allerdings **nicht** mit Zuhilfenahme der klassischen Physik. Und weil alles, was denkbar erscheint, meistens auch machbar ist, so ist zunächst die Quantentheorie entdeckt und schließlich zur Quantenphysik gemacht worden. Was noch fehlt, sind glaubensfrei Lebenserkenntnisse die mit ihrer Hilfe gewonnen werden können oder erst in Zukunft gewonnen werden. Damit ist das „Rad" erfunden, machen wir ein „Fahrzeug" daraus, mit dem wir die Grenzen der Quantentheorien überschreiten können um andersdimensioniert zu werden.

Schon bei den kleinsten Bausteinen unserer Welt, den Atomen, die zu meiner Schulzeit noch als unteilbar gegolten haben, musste der Mensch erkennen, dass das, was wir als Materie betrachteten, was uns als kompakte Masse erschien, ein Konstrukt darstellt, das im Wesentlichen aus Energie in Verbindung mit einer strengen Gesetzmäßigkeit besteht. Was wir mit unseren Sinnen als Materie betrachten, ist hier nur noch von untergeordneter Bedeutung. Ab hier hilft die klassische Physik uns nicht weiter, ab hier bedürfte es der Quantenphysik um halbwegs plausibel erklären zu können, was bis jetzt **für die meisten von uns** noch unerklärbar ist und noch für sehr lange Zeit unerklärbar bleibt.

Mit der Quantentheorie gelang unsere Wissenschaft zu der Einsicht, dass diese zunächst letzten für uns erkennbaren Bausteine sich allen Regeln der klassischen Physik entziehen, denn hier bestimmt das Unsichtbare das Sichtbare. Man kann sagen, dass die hier anzutreffenden Teilchen weder die Eigenschaften von Materie noch von Energie haben, sie sind wechselhaft und somit ambivalent, denn mal sind sie Energie und mal Materie. Sie sind wie eine Welle, die selbst keine Energie im herkömmlichen Sinne hat, allerdings dient sie zum Energietransport. Mit der Welle ist es ähnlich wie mit einem Geschoss, das selbst keine Energie hat, sondern erst beim Abfeuern über die ganze Lauflänge Energie aufnimmt und dann diese beim Aufprall an das Objekt abgibt. Hier tut sich eine Welt auf, die nicht einfach unserer Welt zuzuordnen ist. Hierbei muss unsere klassische Physik feststellen, dass sie ihre Grenzen an dieser Stelle erreicht hat. Es ist uns bislang nicht gelungen, in diesem Bereich etwas wie Ordnung in dem von uns verstandenen Sinne vorzuweisen. Anders ausgedrückt, hier tut sich eine Dimension auf, die eine Welt für sich darstellt. Eine andersdimensionierte Welt, die die meisten von uns aus unserer diesseitigen Dimension noch nicht in der Lage sind zu verstehen. Obwohl die Teilchen ohne Zweifel die Grundlage für die Atome bilden, lässt sich in der Quantenphysik keine logische Kette finden, wie das in der klassischen Physik bislang der Fall war. Hier finden Zustandsänderungen statt, die von gesetzmäßigen Faktoren abhängig sind welche wir **noch** nicht kennen.

In einem ganz anderen Bereich kommt die Wissenschaft zu ganz ähnlichen Ergebnissen, wenn auch auf ganz andere Weise. So steht ohne Zweifel fest, dass unser Gehirn (Computer) es uns ermöglicht, unsere sinnlichen Wahrnehmungen wie auch frühere Erkenntnisse und Erfahrungen anderer Menschen zu verarbeiten und so zu einer Gesamterkenntnis zu gelangen. Damit hat der Mensch, seinem Entwicklungsstand entsprechend die **Möglichkeit** eigene Entscheidungen zu treffen und auch sich selbst kritisch zu hinterfragen. Ob er diese Möglichkeit nutzen will oder wird, das hängt von seinem Bildungsstand und dem Wahrheitsgehalt seiner Bildung ab, denn NUR die auf Fakten basierende Wahrheit kann und wird uns irgendwann lügenfrei und damit andersdimensioniert werden lassen können. Denn alles, was geschehen SOLL, das wird auch irgendwann geschehen, denn „Gottes Mühlen" sind zeitlos und wir NUR ein winziges Teilchen des zeitlosen Geschehens. Wer das verstehen will, der MUSS aufhören sich groß zu denken, der MUSS demütig klein in sich gehen und dabei lernen, die leisen Rufe des ewig Rufenden zu hören.

Diese Einsicht ist nicht neu. Was neu ist, ist die Vorstellung der modernen Physik, dass das geistige Ergebnis unseres Bewusstseins (Seele/Geist) zwar erst durch die Tätigkeit unseres Gehirns möglich wird, jedoch das dann entstandene Produkt (Seelen-Geist) nicht notwendig an unser Gehirn gebunden sein muss und somit ein Eigenleben auch **außerhalb** unseres physischen Körpers führen kann. Ähnlich wie bei unseren Träumen, in denen wir selbst zum Traum werden oder ähnlich unserer sinnesspezifischen Wahrnehmungen, wo wir zu unseren körperbe**dingten** ABER körper**freien** Wahrnehmungen selbst werden.

Damit ist auch für unsere heutige Wissenschaft glaubensfrei denkbar, dass unser „Seelen-Geist" als ein geistiges Konstrukt ein Eigendasein außerhalb unseres physischen Körpers führen kann und als Lebensenergie im ganzen Kosmos existenzfähig ist. Hier wird eine Dimension ahnend spürbar, die eine weiterführende, rein geistige vom Physischen unabhängige Welt bildet. Wie beispielsweise die Dunkle Materie und die Dunkle Energie, von denen wir bereits wissen, dass es sie gibt, dass sie sogar etwa 95% des Kosmos ausmachen. Allerdings ist es bis heute NOCH ganz und gar unklar, was sich dahinter verbirgt. Denn es sind für uns noch unsichtbare Stoffe. Rätselhafte Kräfte, die bipolar koexistieren, denn die Dunkle Materie (etwa 70%) ist anziehend und die Dunkle Energie (etwa 25%) abstoßend, sodass das Universum immer weiter und immer schneller auseinanderdriftet, bis sich dann irgendwann in ferner Zukunft ein Gleichgewicht einstellen könnte und somit ein neutraler Zustand erreicht wird.

Das ist **noch** ein großes Rätsel, das mit unserem jetzigen Verstand **noch** nicht gelöst werden kann und wird. Denn was andersdimensioniert ist, das kann auch nur andersdimensioniert verstanden werden. Somit sollte es uns an dieser Stelle genügen zu wissen, dass diese geheimnisvolle „Lebens-Materie-Energie" bipolar bzw. ambivalent und allgegenwärtig vorhanden ist: in der Nahrung, die wir täglich zu uns nehmen und in der Luft, die wir atmen. Wir leben, weil diese Lebensenergie uns am Leben hält und wir werden spurlos sterben, wenn wir diese Lebensenergie nicht bewusst vor unserem physischen Tod wahrnehmen werden. Die große Frage ist: **WIE?** Wie kann eine physisch gebundene Psyche ungebunden werden? Wie kann sich der Geist auf Dauer von seiner „Körper**haft**" befreien, um nicht körperbehaftet und damit Haft frei zu werden?

Nun ja, zunächst müssen wir erkennen, dass auch wir gewissermaßen bipolar sind, dass wir als materielle Körper und geistige Seelen eine sehr kurze Zeit miteinander kooperierend existieren. Verlässt die Seele den Körper, dann stirbt er und wird dann im Laufe der Zeit mineralisiert, um schließlich von irgendeinen Bakterien oder Pflanzen als Nahrung aufgenommen werden zu können, dann schließlich von Tieren und von uns, den sogenannten Menschen. So schließt sich der Kreislauf und alles beginnt vom Neuen. Es sei denn, dass wir bis dahin mehr geworden sein werden als reine Materie – möglich ist es!

Und wenn nicht, wenn wir in unserem Leben nicht mehr geworden sind als geistlose Materie? Wo bleibt unser Geist, wenn er durch die Auflösung seiner „Haftanstalt" aus seiner Körperhaft entlassen wird? Wo geht er hin? Er geht dorthin zurück, woher er vor seiner körperlichen Verhaftung hergekommen ist – **nach Hause!** Denn wer seine Arbeit getan hat, der darf sich ausruhen, der hat zunächst Feierabend! Bis dann irgendwo und irgendwann eine neue, softwarebedingte „Hardware" geboren wird, die sich dann ihrer eigenen „Software" bewusst werden könnte. **Könnte!** Denn noch haben wir unser Endlebensziel nicht erreicht – die Bewusstwerdung unseres Selbst und somit die Möglichkeit zur Selbstwerdung oder Selbstverwirklichung. Noch ist es das weitgehend von unseren Sinnen abhängige Denken, das unser Handeln bestimmt, noch ist es das unsichtbare Denken, das sichtbare Kriege verursacht. Und so lange wir unser Denken NICHT bewusst beherrschen, wird es unser manipulierbares Denken sein, das unsere **Handlungen und UNS** beherrschen wird.

Wenn wir an einem Sommerabend – **stillschweigend** – in den sternenklaren Himmel schauen, dann fühlen wir, dass wir irgendwie dazugehören. Dass der Himmel unser Zuhause ist, in das wir irgendwann zurückkehren werden. Dieses melancholische Gefühl, dieses ahnende Bewusstsein kann jeder entwickeln, der lernfähig geboren wurde und bereit ist, das zu sehen, was er vermächtnisbedingt sehen **soll!**

Die meisten Menschen, die in den klaren Nachthimmel schauen, sehen zunächst nur sein Blau. Dann, bei näherer Betrachtung, auch den Mond und die Sterne. Eventuell sind auch Flugzeuge mit ihren Kondensstreifen dabei. Andere erkennen sogar Sternenkonstellationen, die sie Sternbilder nennen und die in früheren Zeiten den Seeleuten und Karawanenführern als Orientierungspunkte dienten und dann den Astrologen als eine Geldeinnahmequelle auch heute noch dienen. Manchmal erscheinen auch Kometen oder Asteroiden am Himmel, die leuchtend eine schlechte oder gute Botschaft für die naiv Glaubenden „enthalten".

Wenn wir nachts in den Sternenhimmel schauen, dann überkommt die Sensiblen unter uns ein seltsames melancholisches Gefühl der Geborgenheit, ein sehnsüchtiges Empfinden des Dazugehörens, die intuitive Ahnung ein Teilchen des Himmels zu sein. Irgendwie fühlen wir, dass der Himmel einst unser Zuhause war und es bald wieder sein werden könnte. Es geht sogar so weit, dass diejenigen unter uns, die einen gewissen Grad des Bewusstseins durch Meditation oder Remotion entwickelt haben, mit dem Himmel „verschmelzen", mit ihm eins werden. Dieses empfinden des alles verschmelzenden Empfindens ist Bewusstsein. Denn nicht alles ist wahr, was uns allgemein sichtbar als wahr erscheint. Es sind nur etwa 5% vom Ganzen, der überwiegende Rest (die Helle Materie zu 70% und die Dunkle, bzw. graue Energie zu 25%) bleiben uns so lange verborgen, bis wir gelernt haben werden, unser Bewusstsein selbst durch das Selbst zu entwickeln.

Unser Gehirn arbeitet artenübergreifend seit unvorstellbar langen Zeiten daran. Es sind die hellen Zellen in unseren Gehirnen, die auf mysteriöse Weise die grauen (dunklen) Gehirnzellen dominieren. Weil diese hellen Gehirnzellen für die grauen Gehirnzellen wegweisend sind, so befinden sie sich innerhalb und nicht, wie die Grauen Bewacher-Gehirnzellen, am Außenrand unserer Gehirne. Allerdings sind es Erkenntnisse, die erst erkannt werden müssen, denn alles was sich entwickeln soll, um unser Urvermächtnis erfüllen zu können, das wird sich auch entwickeln. Es ist nur die Frage der Zeit, **die wir scheinbar nicht haben.** Denn unser irdisches Leben ist kurz, sehr kurz, und es ist mehr als Ernährung und hormonell gesteuerte Vermehrung. Mehr als Arbeit und Vergnügen und viel, sehr viel mehr als unser physisches Dasein. ES muss uns NUR noch **bewusst** werden. Es ist zwar anstrengend, jedoch nicht unmöglich! Andernfalls wird unser körperbehaftetes Leben mit unserem letzten Atemzug endgültig enden – so als ob wir nie gelebt hätten, so als ob unser Leben scheinbar sinnlos gewesen wäre. Scheinbar, denn momentan sind wir die einzige Spezies auf **unserem** Planeten, die über dieses geheimnisvolle Potenzial zum Selbstbewusstwerden latent verfügt. Wir sollten UNSERE Zeit dazu verwenden, um dieses „mystische" Potenzial zum Bewusstwerden jetzt zu nutzen, denn es ist unsere Zeit, Zeit, die keiner außer uns jemals haben wird. Wer in sein Urzuhause zu seiner jetzigen Lebenszeit zurückkehren will, der muss in den Zug der Selbsterkennung einsteigen – andernfalls wird er noch lange Zeit nachsitzen MÜSSEN um sich selbst erkennen zu können.

Allerdings ist es verständlich, dass bei der Fülle von wissenschaftlichen Erkenntnissen nicht die Möglichkeit besteht, allen Menschen eine umfassende Darstellung des Erkennbaren zu ermöglichen. Erstaunlich ist nur, dass selbst die Grundzüge der menschlichen Lebenserfahrungen so gut wie **keinen** Zugang zu den meisten Mitmenschen finden.

Die meisten von uns wollen zwar die Wahrheit wissen, jedoch nicht hören und was keinen Eingang in unsere Köpfe findet, das kann auch nicht mitbedacht werden. Dann werden Lebenslehren der vergangenen Generationen erst gar nicht wahrgenommen oder sogar verdrängt, denn die meisten Leute wollen in „Frieden" gelassen werden, um fortdauernd Unfrieden zu stiften, um fortdauernd Kriege gegen ihre eigenen, andersstämmigen Artgenossen, zu führen? Wie z. B. unsere nahen Verwandten, die Schimpansen?

Unsere Medizin hat zweifelsfrei große Fortschritte gemacht, die uns ein längeres Leben ermöglichen indem sie die Bekämpfung von Krankheiten auf eine andere Basis erhoben hat. Die Entwicklung von Hilfsmitteln, wie Maschinen oder sonstigen arbeitsersparenden Geräten, auch für den Haushalt, erleichtern uns das Leben erheblich. Schwere und den ganzen Menschen in Anspruch nehmende Tätigkeiten gehören der Vergangenheit an. Selbst unser eigenes Denken ist wegrationalisiert, ist bereits von **KI-Maschinen** übernommen worden, sodass wir wesentlich mehr Zeit für unsere Selbsterkenntnis bekommen haben um gelehriger, um selbsterfahrener zu werden als jemals zuvor. Leider ist

Selbsterfahrung **nur selbsterfahrbar!** Und obwohl einige unter uns viel über Selbsterfahrenes bzw. Selbsterlebtes zu sagen haben, überlassen sie das Reden lieber denen, die es gelernt haben showartig viel und schön zu reden, auch ohne dabei etwas Wesentliches zu sagen, denn gegen **Theo**retiker kommt **noch** kein Praktiker an. Leider, denn wer den inneren Reifeprozess selbst durch eigene und/oder fremde Lebenserfahrungen nicht selbst erfahren hat, der kann ihn auch anderen Mitmenschen nicht konkret beschreiben.

Es ist wie mit den vielen Reise- und Kochbuchautoren, die selbst noch nie verreist sind oder eigenhändig ein Gericht gekocht haben. Es ist wie mit Karl May, der die Indianer, über die er sehr ausführlich „berichtet" hat, nie selbst kennenlernte. Es ist wie mit den Ghostwritern, mit den vier Evangelien Schreibern, die Jesus nie persönlich kennenlernten und dennoch über sein Leben und Wirken „ausführlich berichten konnten". Es ist wie mit den Jesusbildnissen, die nur in der Phantasie der Maler entstanden sind, jedoch für die Gläubigen wahrhaftig wurden. Es ist wie mit den Stadtleuten, die den Landwirten vorschreiben wie sie ihre Felder zu bestellen haben. Es ist …

Lügende, auf Effekthascherei und Auflagensteigerung bedachte Journalisten, heuchelnde Politiker, scheinheilige, geistlose Geistige, lügende Schönschreiber und andere **nicht** lebenserfahrene Mehrfachmoralisten oder hochbezahlte „möchte gerne Selbstdarsteller" gibt es mehr als genug unter uns. Was wir jetzt dringender benötigen denn je, sind keine gutgläubigen **Weg**-schauer, sondern kritische **Hin**-schauer, die ehrlich und zivilcouragiert sind, die aus eigenen und Lebenserfahrungen anderer gelernt haben, sich **nicht eigennützig,** Profit orientiert, zu engagieren, die sich trauen erst sich selbst und dann auch anderen lernwilligen Mitbürgern und Mitbürgerinnen den bösen Wahrheitsspiegel vorzuhalten, der sie gut werden lassen könnte. Denn ohne unsere lehrreiche, größtenteils böse Vergangenheit wären wir sicherlich nicht diejenigen geworden, die wir gegenwärtig sind, denn das Böse ist der Samen des Guten, den einige von uns durch Remotion zum Keimen anregen könnten.

Ist es denkbar, dass die Menschen in absehbarer Zeit zu der Ansicht gelangen werden, dass die Materie, also das Physische nur eine notwendige Komponente zur Erfüllung eines Zweckes ist, des Aufstiegs auf der Entwicklungsstufenleiter zum Geistigen? Die Materie ist eben nur eine Stufe der Zustandsänderungen, die von der Pflanze über das Tier zum denkenden Menschen und schließlich zu einem Geistwesen führt.

Wie uns die Menschentwicklung zeigt, gibt es eben eine Anzahl von Menschen, die sich von der Masse abheben und einen Weg zum Licht suchen. Es ist zu hoffen, dass auch die träge Masse diesen Vordenkern folgen wird – vielleicht! Vielleicht aber auch nicht, denn Demokratien basieren auf Mehrheiten. Je größer die Masse, desto grösser ist auch ihr Gewicht (Gravitation), desto mehr Energie bedarf es, um sie in Bewegung zu setzen oder sich von ihr lösen zu können. Im Umkehrschluss bedeutet das, dass es mindestens der gleichen Energiemenge bedarf, um eine in Bewegung gesetzte Masse anzuhalten. Und weil es mehr lern**un**fähige Leute gibt, Tendenz steigend, als lernfähige Menschen, so ist zu befürchten, dass die lern**un**fähige Masse schon bald die Führung der Gesamtmasse für eine lange Zeit übernehmen wird. Beweise für diese Annahme gibt es viele, ob in

England oder in Frankreich, in Deutschland oder anderswo in Europa und sogar weltweit. Wenn wir nicht wollen, dass sich die dunkle Geschichte wiederholt, dann müssen wir **absolut ehrlich** werden – insbesondere jedoch Politiker/innen und Kirchendiener/innen, denn sie sind es, die durch ihre Vorbildfunktionen uns ständig zeigen, wie unehrlich auch wir sein sollen.

Damit wir die Welt, in der wir gegenwärtig leben, ohne fremde „Hilfe" selbst erkennen können, müssen wir zunächst selbstbewusster und dann selbsterkennender werden, was eine Bewusstwerdung voraussetzt. Diese Bewusstwerdung, ist das Hauptziel der vor und nachstehenden Niederschrift. Möge es auch dir gelingen, das zu enddecken und schließlich zu werden, was du bereits als latentes Potenzial seit deiner Geburt bist – ein Selbst, das sich seiner Selbst bewusst ist.

Unser weitgehend fremdbestimmtes, marionettenhaftes Leben ist das, was vorwiegend andere daraus machen. Wen das zufriedenstellt, der sollte diese wegweisende Niederschrift **nicht** weiterlesen. Der kann weiterhin den Weg, den er geht, für sein Lebensziel halten, ohne zu wissen, wohin er ihn letztendlich hinführen wird. Bequemer ist es, weil es sich bekanntlich in der Dummheit leichter lebt, allerdings nicht über das physische Ende hinaus! Denn wer bis zu seinem körperlichen Ende nicht mehr als materiell geworden ist, der wird an seinem Ende keinen bewussten Anfang finden.

Wer damit zufrieden ist, vergänglich zu sein und zu bleiben, dem wird es ganz und gar genügen, wenn ihn fremde Führer weiterhin führen werden. Wer sich damit NICH zufrieden geben kann, dass andere sein Leben dominieren, dem wird diese NICHT auf Profit oder Ruhm bedachte Niederschrift eine konkrete Orientierungshilfe sein, denn Bewusstwerdung ist erlernbar.

Wir werden zwar orientierungslos und ohne Selbstbewusstsein geboren, jedoch grundsätzlich lernfähig. Somit ist es den meisten von uns genetisch gegeben, zunächst persönliches Selbstbewusstsein und dann allgemeine Bewusstwerdung im Laufe unserer Lebensjahre zu erlernen. Ob wir es dann wollen werden, das hängt am wenigsten von uns selbst ab, sondern hauptsächlich von den „feinen Leuten", die uns tagtäglich nach ihren Wünschen gestalten und verwalten.

Da wir nicht nur aus unseren eigenen, sondern auch aus Erfahrungen anderer lernen können menschlicher zu werden, so sollten wir uns vorher im Klaren sein, ob wir auch aus den Lebenserfahrungen **vergangener Generationen** lernen wollen. Zunächst durch empathische Kenntnisnahme der vorher beschriebenen Lebenserfahrungen der vergangenen Generationen und dann durch die folgend beschriebenen, Bewusstsein erweiternden, **glaubensfreien** Geistesübungen, wie Suggestion, Meditation und Remotion. Denn wer erkenntnisfähiger werden will, der muss seine EIGENE Erkenntnisfähigkeit selbst weiterentwickeln. Einen anderen Weg zur Selbsterkenntnis als den der Meditation und Remotion gibt es leider nicht.

Suggestion

Autogenes Training, Autosuggestion oder Selbsthypnose sind unsere eigenen Beeinflussungen unseres eigenen Verstandes. Hierbei handelt es sich meistens um unser eigenes Wunschdenken, das durchaus beachtliche körperliche Reaktionen hervorrufen kann und somit eine suggestive Konditionierung nicht nur unseres Verstandes darstellt, sondern auch unseres gesamten Körpers und darüber hinaus. Durch Suggestion können wir nicht nur uns, sondern auch jemandem etwas suggerieren, etwas einreden, etwas verkaufen, etwas „andrehen" was er eigentlich gar nicht will, von dem er bis zu diesem Zeitpunkt noch gar nicht wusste, dass er es ganz „dringend benötigt".

Wenn es einem Verkäufer gelingt, uns etwas einzureden, uns zu suggerieren, dass wir seine Dienste oder seine Waren „dringend" benötigen, um unsere Probleme lösen zu können, dann kaufen wir ihm alles Mögliche und Unmögliche ab. Wenn es einem Dienstleister gelingt, uns zu suggerieren, dass er mit seinen Diensten uns unsere Ängste oder Gesundheitsbeschwerden nehmen kann, dann kaufen wir ihm sogar die wirkungslosen Globuli ab. Die tatsächlichen Heilerfolge sind hierbei ausschließlich dem DR. Placebo, also unserer eigenen Einbildungskraft und damit uns selbst zu verdanken. Denn Selbstheilung ist kein Wunder, sondern nur ein wundersamer Auto-Genesungsprozess in dem unser Verstand sich selbst beeinflusst und dann, **auf wundersame Weise**, auch unseren Körper.

Wollen wir unseren Verstand beeinflussen, dann müssen wir ihm etwas „erzählen", was wir uns von ihm wünschen und was er auch tatsächlich erfüllen kann. Keine Fantastereien wie Lottozahlen-Vorhersagen oder Wetterwünsche, keine Wunder oder Sündenvergebungen, das „können" nur unehrliche Wahrsager, Astrolügner und andere Glaubens- und Aberglaubens-Verkäufe.

Die Sache mit dem Real- und dem Wunschdenken sowie mit der Selbstheilung sollten wir uns jetzt, bevor wir fortschreiten, etwas praxisorientierter anschauen. Stellen wir uns vor, wir wollen zu einem bestimmten Zeitpunkt an etwas Bestimmtes denken. Irgendwo, vielleicht wenn wir unterwegs sind, fällt unserem Verstand ein, dass bei uns schon morgen Müllabfuhr stattfindet und wir unsere volle Mülltonne, der Leerung wegen, an den Straßenrand stellen wollen. Damit wir uns auch tatsächlich bei unserer Heimkehr daran erinnern, „sagen" WIR unserem Verstand, am besten eindringlich, 2-3 Mal wiederholend, sozusagen befehlend und NICHT bittend, dass er uns bei unserer Heimkehr daran erinnern wird – NICHT sollte oder könnte!

Beispielsweise: „Du wirst mich an der „XY" Stelle an das Herausstellen der Mülltonne erinnern!". Das ist schon alles. Das klingt zwar banal, aber es funktioniert. Probiere es einfach aus! „Soll, kann" oder „möchte" sind Begriffe, die unser Verstand nicht eindeutig begreift, weil er dann selbst entscheiden muss, was er wollen soll. Deshalb klare Ansage. Unser Verstand muss von uns **exakt** wissen, was wir von ihm wollen bzw. was und wo er für uns etwas tun soll.

Unser Verstand ist wie ein Kind, wie ein Hund, der seinem Erzieher dann mit Freude gehorcht, wenn er ihm dadurch Freude bereitet. Unser Verstand will nur exakt wissen, wie er sich uns gegenüber zu verhalten hat oder was er wann für uns tun kann, andernfalls übernimmt er das Kommando über uns. Dann werden wir das tun was ER will. Dann werden wir zum „Hund", mit dem der „Schwanz" wedelt, dann werden wir zu Marionetten, die ihr fremdbestimmtes Reagieren für ihr eigenes Agieren halten.

Natürlich muss es nicht immer eine zu leerende Mülltonne sein, an die uns unser Verstand an einer bestimmten Stelle erinnern soll. Hierzu kann sich jeder etwas Nützliches ausdenken. Immer wenn WIR wollen, dass unser Verstand uns zur bestimmten Zeit an etwas Bestimmtes erinnern soll, müssen wir ihm vorher eindeutig sagen, dass er dieses oder jenes an einer bestimmten Stelle tun wird, wie z. B. an einem **bestimmten** Baum, an einer **bestimmten** Straßenkurve, an einer **bestimmten** Straßenkreuzung, also **an einer ihm bereits bekannten Stelle.**

Mit dem direkten „Erinnern" selbst hat unser Verstand insofern noch Probleme, weil er sich das zu Erinnernde oft nicht so richtig vorstellen kann. Eine **bestimmte** Stelle, wie einen Baum, eine Straßenkurve oder eine bestimmte Straßenkreuzung kennt unser Verstand bereits als ein neuronal gebildetes Orientierungsbild, denn diese bestimmten Bilder sind in unseren Gehirnen als Neuronen-Verbindungen bereits niedergeschrieben. So können an sie weitere Informationen angedockt werden – weil unser Verstand assoziativ arbeitet, d. h. er verbindet Gedanken- und Orientierungsbilder oder Navigationspunkte, die er irgendwann neuronal gebildet und somit in Gedächtniszellen eingelagert hat. Wenn dann unsere Augen die bestimmte Stelle sehen, so teilen sie es unserem Verstand augenblicklich mit, sodass es bei ihm sofort „klingelt" und er uns dann an das erinnert, was wir ihm aufgetragen haben. Meistens passiert es bereits einige Meter davor, denn unser Verstand funktioniert nicht nur durch Bildung von „Eselsbrücken" sondern auch vorausschauend. So kommen wir an unser Ziel meistens gedanklich eher an als körperlich.

Angenommen, wir suchen etwas Konkretes, das kann beispielsweise ein bestimmtes Teil in unserer Küchenschublade oder Werkzeugkiste sein. Um dieses bestimmte Teil finden zu können, benötigt unser Verstand ein „Phantombild" des Gesuchten, welches sich neuronal abgespeichert bereits in unserem Kopf befindet und anhand dessen er den gesuchten Gegenstand identifizieren kann. Stimmt dann das Gesuchte mit dem „Phantombild" überein, dann hat die Suche ein Ende, andernfalls wird er weitersuchen oder aufgeben – eventuell nachts davon träumen. Achten wir zukünftig darauf, denn **Achtsamkeit ist das Werkzeug, mit dem sich unser Bewusstsein tagtäglich ein wenig mehr erweitern lässt.**

Ein gutes Wort oder ein Lob danach, wie „das hast du gut gemacht" oder „danke schön", kann nicht schaden, denn unser Körper und unser Verstand gehören partnerartig zusammen. Ohne unseren Verstand gäbe es uns nicht und ohne unseren Körper gäbe es unseren Verstand nicht. Es ist ähnlich wie mit der Soft- und Hardware eines Computers, sie funktionieren nur, weil sie miteinander kooperieren! Und je besser sie miteinander kooperieren, desto reibungsloser funktionieren sie **beide!**

Damit unser Verstand UNS vertrauensvoll helfen kann, benötigt er klare Regeln. Nicht einmal so und eine Weile später ganz anders. NICHT: „Könntest du bitte, wenn du Lust und

Zeit hast, …". Er muss uns vertrauen können und genau wissen, was er wann für uns tun soll und an welcher Stelle. Er muss sich darauf verlassen können, dass wir es auch so meinen, wie wir es denken. Unser Fühlen, Denken und Handeln sollten in sich NICHT widersprüchlich sein, sondern eine harmonische Einheit bilden, denn wir sind keine Politiker oder Kleriker. Wenn wir etwas **notgedrungen** sagen müssen, aber es anders meinen, dann müssen wir es unseren Verstand wissen lassen. Wir müssen lernen authentisch zu werden, sonst geht unser Verstand in den „Automatik-Modus" über und übernimmt selbst die Führung über uns, denn so lange er „klüger" ist als wir, wird er uns nicht ohne weiteres gehorchen. Mit Kindern oder Hunden ist es nicht viel anders. Immer wenn sie merken, dass sie „klüger" sind als wir, dass wir nicht in der Lage sind klare Regeln aufzustellen UND einzuhalten, übernehmen sie die Führung. Wenn wir unsere unerfahrenen Kinder andauernd fragen, was **sie** anziehen, essen, trinken, spielen oder gar lernen **möchten**, dann wird es nicht lange dauern und wir werden, völlig zurecht, nach ihren Pfeifen tanzen. Dann werden es unsere unerfahrenen, durch Medien algorithmisch gesteuerten Kinder sein, die bestimmen werden, welchen Weg die erfahrenen Erwachsenen gehen sollen.

Diese antiautoritär-egalitäre bzw. ziellose Erziehungsmethode macht uns orientierungslos und somit fremdbestimmbar – auch wenn es gegenteilig zu sein scheint. Solange WIR noch nicht ständig bewusst existieren, sondern fortlaufend die meiste Wach-Zeit unbewusst schlafen, so lange werden wir von unserem fremdbestimmten bzw. sinnesimpulsabhängigen Verstand automatisch geleitet und somit fortlaufend geführt und verführt werden, schließlich ignoriert und letztlich sogar degradiert werden. Dann werden wir weitgehend fremden Wünschen entsprechend reagieren und nur selten selbstbestimmend agieren.

Natürlich funktioniert die o. g. suggestive „Merk-Übung" auch mit dem „Wo ist meine Brille?"- Problem. Dabei genügt es, beim Ablegen der Brille unserem Verstand eindringlich zu sagen, dass er sich die Stelle der Brillenablage merken und uns bei unserer Frage „Wo ist meine Brille?" an die Brillenablagestelle erinnern wird. Dabei machen wir uns ein geistiges „Phantom-Foto" von der abgelegten Brille UND der Ablagestelle. Hierzu fokussieren wir 2-3 Sekunden lang die Brille UND die Ablagestelle zusammen und geben den klaren „Merkauftrag" an unseren Verstand, uns bei der Frage „Wo ist meine Brille?" an die Ablagestelle zu erinnern.

Allerdings funktioniert diese Übung erst bei etwas Erfahrenen wirklich zuverlässig. Bei Einsteigern ist es meistens so, dass sie bereits den Moment des Brillenablegens gar nicht bewusst wahrnehmen. Sie legen ihre Brillen unbewusst ab, also ohne zu wissen, dass sie sie abgelegt haben, ohne sich vorher eine geistige Ablageplatzzeichnung gemacht oder eine Eselsbrücke bzw. eine Assoziation wie z. B. durch Anpusten oder Anpfeifen, gebildet zu haben.

Und bitte nicht gleich aufgeben, wenn es nicht sofort zufriedenstellend funktioniert, denn wirklich erfahren wird man erst durch eigene Erfahrung. Meistens genügt es beim Ablegen der Brille auf die Brille zu pusten oder zu pfeifen damit unser Verstand an diese Eselsbrücke der Brillenablagestelle andocken kann. Bei darauffolgender Brillensuche genügt es einmal kräftig zu pusten oder zu pfeifen, um von unserem

Verstand an die Brillenablagestelle erinnert zu werden. Also: Nicht theoretisieren sondern ausprobieren! Denn unser Verstand will gefordert werden und das Einzige, was er richtig gut kann, ist lernen, ist kombinieren und assoziieren, ist Neues an bereits Bestehendes anzuknüpfen, ist lernen nach dem Prinzip der konzentrischen Kreise, wobei unser Wissens- und unser Lebenserfahrungshorizont ständig erweitert wird.

Nach diesem „Andockprinzip" funktioniert die ganze Evolution. Genau genommen erfindet Evolution generell nichts Neues, sie verändert „NUR" problemlösend Bestehendes durch das neu Hinzugefügte. Dass die Evolution nach dem „Zufallsprinzip" funktioniert, ist seit Darwin unbestritten. Bestritten ist nur **noch,** wer der „Zuwerfer" ist, denn ohne einen „Zuwerfer" kann es nach dem Ursache-Wirkung-Prinzip auch keinen **Hinzufall** geben. Wie es ohne Erzeuger keine Zeugung gibt, so kann es ohne Werfer auch nichts Zugeworfenes geben. Anders gesagt: Es finden ständig andersdimensionierte „Upgrades" statt, die, bedarfsorientiert und **völlig automatisch,** Bestehendem Neues hinzufügen. Ähnlich wie bei unserem o. g. Lernen, wobei bereits dem Gelernten immer wieder neuer Lernstoff hinzugefügt wird, sodass unsere Wissenskreise selbst dann immer größer werden, wenn sie auf Lügen basieren, auf Lügen, die unser Verstand für wahr hält. Leider ist nicht jede Wahrnehmung unseres Verstandes auch wirklich wahr. Leider sind falsche „Fakten" Gifte für unsere Weiterentwicklung, weshalb wir sie rechtzeitig erkennen und ignorieren sollten.

Kleinkinder, von etwa 3/4 Jahren, lernen ununterbrochen sehr viel und sehr schnell. Bis sie dann die Bekanntschaften mit Geheimnissen, mit Lügereien und somit auch mit Betrügereien und Drohungen machen. Dann heißt es: „Es ist nicht so gemeint, es stimmt doch gar nicht, das hast du aber ganz falsch verstanden, du machst mich ganz traurig!". Oder: „Du machst mich krank, wenn du nicht brav und lieb bist, dann wird dir der Osterhase und der Weihnachtsmann keine Geschenke bringen oder der „Schwarze Mann" wird dich bestrafen" – geht's noch?

Ist es wahr, was stimmt nun wirklich, fragt sich der junge, unerfahrene Verstand und hört auf uns zu trauen. Er fängt zuerst an zu hinterfragen, zu widersprechen, zu misstrauen und schließlich selbst zu lügen und zu betrügen. Was nicht nur auf Kosten der auf Fakten basierenden Lerneffektivität geht, sondern auch unumgänglich zu gewaltigen Lernstörungen führen kann. Ob das neu Gelernte wahr oder gelogen ist, das weiß der junge Verstand nicht. Möglicherweise denkt das Kind dann, dass die erkrankte Mutter ihre Krankheit ihm zu verdanken hat.

Viele Kinder fragen sich dann, ob es den Osterhasen, den Weihnachtsmann oder Gott wirklich gibt und ob sie nur diejenigen beschenken, die gehorsam, brav und lieb sind. Bei den Tieren nennt man es Dressur oder Abrichtung, bei Pflanzen, die in bestimmte Richtung wachsen sollen und bei sogenannten Menschen wird diese Abrichtung als Erziehung bezeichnet.

Die Früchte kennen wir bereits: Glaube und Aberglaube, die als reales Wissen, als wahr in unser Gedächtnis seit der Steinzeit, fortwährend modifiziert, dauerhaft „eingebrannt" werden. Naivität und Leichtgläubigkeit können dann die

Folgen von Aufnahme falscher, gelogener, widersprüchlicher oder angstmachender Lerninhalte in frühen Jahren sein, die bis zu unserem Ende in unseren Gehirnen fundamental verankert bleiben. Auf einem verlogenen, scheinbar stabilen Lebensfundament kann kein ehrliches Leben aufgebaut werden! Das sollten ALLE Eltern bedenken, BEVOR sie neues Leben schenken. Man sagt auch: „Was Hänschen nicht lernt, das wird auch Hans nicht können", – nur weil lernen mühevoller ist als glauben? Nur weil's sich glaubend leichter lebt als wissend? Es ist wie mit der Wahrheit, die angeblich jeder wissen möchte, jedoch in Wirklichkeit keiner hören will. Dabei ist NUR die auf Fakten basierende Wahrheit der einzige Weg, der uns zu uns selbst hinführen und uns somit für die andere Dimension wirklich frei machen kann.

Bis dahin heiß es: Lerne durch achtsames Üben. Sei dir deiner Achtsamkeit bei allem was du tust bewusst, auch beim Ablegen der Brille. Auch wenn es nicht jedes Mal gleich optimal funktionieren sollte – es wird funktionieren! Ferner wird es für dich eine Art Lernzielkontrolle sein, anhand du nach und nach den „Baum der Erkenntnis" immer deutlicher erkennen wirst. Wahrscheinlich wird es das erste Mal sein, dass du deinen Verstand als Beobachter direkt wahrnehmen wirst. Auf jeden Fall wird es überraschend sein, denn die Erinnerung kommt wie aus dem Nichts, ganz plötzlich und unerwartet. So, als ob das uns Erinnernde, unser Verstand ein anderer, ein Fremder wäre – weshalb WIR ihn ohne weitere Zeitverschwendung näher kennenlernen sollten, denn so lange wie wir uns für unseren Verstand halten, werden wir nie diejenigen werden könne, die wir wirklich sind.

Der „Schlüssel" zu unserer Selbstfindungstür ist unsere eigene Sensibilisierung durch „Schärfung" dessen, wofür wir uns noch momentan halten, nämlich die des UNSERES Verstandes durch Achtsamkeit. Einerseits müssen wir unseren Verstand etwas „lauter" werden lassen, damit wir ihn früher hören können, andererseits müssen wir selbst etwas „stiller" werden, damit er nicht immer laut schreien muss um von uns gehört zu werden. Unsere bald folgende Meditation dann Remotion, helfen uns dabei, nach und nach sensibler und somit gleichzeitig achtsamer zu werden. Es ist wie mit dem Schwimmen lernen, wenn wir es zu unserer Lebenszeit lernen, dann werden wir nach unserer Lebenszeit nicht untergehen und somit das andersdimensionierte Ufer sicher erreichen. Die Frage dabei ist nur, wer wird das andersdimensionierte Ufer, nach dem wir seit unserer Steinzeit suchen, erkennen? Unser, durch Kleriker und Politiker abgerichteter, automatisch funktionierender Verstand? Nein? Wer denn?

Wenn wir das ernsthaft herausfinden wollen, dann müssen wir unseren Verstand durch Achtsamkeitsübungen schärfen, ihn leistungsfähiger und damit empfindsamer werden lassen. Den Sensibilisierungsgrad erkennen wir an folgender „Frucht": Nicht wir mit ihm, sondern er muss mit uns „spazieren" gehen. Nicht wir ihm, sondern er muss uns folgen. Er ist das Fahrzeug und WIR sind die Lenker. Er ist der Fußball, dessen Flugrichtung WIR bestimmen. Nicht er ist der Boss, sondern wir. Das müssen WIR lernen und das müssen wir unseren Verstand lehren. Doch zunächst sollten wir unserem Verstand vertrauen und er uns noch viel mehr – was gegenseitige, absolute Ehrlichkeit voraussetzt. Andernfalls werden wir **nicht** derjenigen werden die wir bereits latent sind, sondern nur jemand, für den wir uns selbst halten. Deshalb ist es so eminent wichtig, das vorstehend Gesagte nicht nur theoretisch, sondern insbesondere auch praktisch und damit verinnerlichend zu verstehen.

Ob Kirchendiener, Politiker oder andere Verkäufer, ihnen geht es nicht um uns, sondern um sie selbst, denn: „Der Wurm soll nicht dem Angler schmecken sondern dem Fisch!". Und wenn wir erst einmal den scheinbar schmackhaften „Wurm" geschluckt haben, dann bleiben wir am „Kreuz", an der „Partei" oder an einem anderen, unsichtbaren Haken, meistens **unser Leben lang,** hängen. Unsere Selbsterkenntnis wird sich dann nur auf die Länge der „Angelschnur" beschränken und es wird NICHT unsere eigene sein. Dann werden wir voller Stolz und Zuversicht den Radien der Angelschnur folgen und nicht merken, dass wir uns nur im Kreise bewegen – insbesondere **nicht,** wenn wir noch jung und unerfahren sind.

Da Angelschnüre nahezu unsichtbar sind, so macht es Sinn, wenn **wir** beispielsweise durch unsere **glaubensfreie** Meditation und Remotion scharfsichtiger werden und somit werden erkennen könnten, dass WIR nur **ohne** jegliche „Angelhaken" und „Angelschnüre" unser latentes Selbst bewusst werden können.

Meditation

Glaubensabhängige bzw. glaubensabhängig machende „Meditationen" gibt es viele, jedoch nur sehr wenige , die ohne jegliche Glaubenshokuspokus – Infektion auskommen, die Bewusstseins erweiternd und nicht Bewusstseins einengend sind. Es ist wie mit den Göttern, jede Kirche hat ihren eigenen, „einzigen", ihre Schäflein an **ihre** Kirche bindenden Gott.

Unsere Meditation ist wie bewusstes Träumen, eine Art aufmerksame Beobachtung unseres eigenen Denkens und der Aktivitäten unseres Verstandes. Eben wie im bewussten Traum, in dem wir NICHT unsere Träume sind, sondern seine neutralen Beobachter.

Unsere Meditation bedeutet so viel wie bewusst „anhalten", bewusst „in-sich-gehen, bewusst in-sich-kehren, schließlich unseren Verstand bewusst entschleiern oder scheibchenweise reinigen. Insbesondere jedoch bedeutet sie, unserem Verstand – ohne fremde „Hilfen" – zu helfen klarsichtiger und damit auch selbsterkennender zu werden, denn viele Wege (Meditationen) führen nach „Rom", jedoch nur wenige zu unserer **eigenen** Selbsterkenntnis.

Für die Dauer unserer Meditation müssen wir immer wieder versuchen, NUR ein passiver Beobachter unserer Meditation zu werden und kein aktiver Teilnehmer. Der aktiv Meditierende muss unser Verstand sein oder im Laufe der Zeit werden und wir NUR seine Beobachter – nicht immer aber immer öfter!

Es gibt viele Meditationsarten und die mentalen und physischen gehören auch dazu. Die körperliche Meditationsmethode ist eine Art konzentrierte Dehnungsgymnastik mit meditativem Charakter. Dabei gibt es viele sinnvolle Übungen, die den Körper beweglich erhalten können. Meistens werden sie recht langsam, dafür jedoch sehr konzentriert und entspannt loslassend am Boden, stehend, legend oder gehend ausgeführt. Im Grunde genommen kann jede Körperbewegung, die aufmerksam und in anderem Tempo als üblich ausgeführt wird, als Meditation bezeichnet werden.

Die ziemlich bekannte Übung oder Meditations-Figur ist der sogenannte Lotus- oder Schneidersitz, es ist das Sitzen mit gekreuzten – NICHT – mit „verknoteten" Beinen, den auch wir üben sollten, denn er ist die bequemste Art ausdauernd still und unbeweglich zu sitzen. Allerdings wussten das schon die alten Schneider, bevor sie etwas über Meditation hörten, als sie auf den Tischen mit gekreuzten Beinen im Schneidersitz saßen. Dass sie dadurch meditiert haben, das wussten sie damals noch nicht. Dabei funktioniert Meditation im Wesentlichen genauso, wie die alten Scheider es praktizierten.

Beim Meditieren sitzt man gerade aber entspannt und atmet dabei gleichmäßig. Auf einem Stuhl, Sessel, Sofa, Bett oder Boden sitzend achtet man darauf, dass die Wirbelsäule möglichst gestreckt bleibt. Eine Rolle aus zusammengerollter Decke oder ein Saunatuch kann bei Bedarf zwischen Stuhllehne, Bettkopfteil oder Wand und Rücken im Lendenbereich platziert werden. Das erleichtert das aufrichtige Sitzen über eine längere Zeit. Beim Sitzen auf dem Boden, Sofa oder Bett kann nach Bedarf auch unter das Gesäß eine Nacken- oder Betttuchrolle o. d. G., gelegt werden. Probiere es einfach aus und finde **deine,** für dich die bequemste Meditationsposition selbst heraus. Sei aufmerksam und „höre" deinem Körper genau zu, dann sagt er dir, was du tun musst, damit beide sich wohl fühlen. Hab Geduld, denn der erste zielorientierte Schritt ist mehr wert als ein ganzes Leben lang ziellos herumzulaufen.

Was die Atmung angeht, so sollte sie zunächst bewusst verlaufen. Ob kurze oder lange Atemzüge, das ist am Anfang nicht wichtig. Wichtig ist nur zu wissen, dass dein Körper weitgehend natürlich atmet. Und bitte, mache am Anfang keine Experimente, die den Sauerstoff- oder Kohlendioxidgehalt deines Blutes verändern und dich dann etwas sehen, hören oder fühlen lassen, dass dich drogenartig begeistern könnte, was es in Wirklichkeit gar nicht gibt. Einfach laufen lassen und wunschlos achtsam zuschauen, wie sich das Ganze so entwickelt.

Wem das Sitzen mit gekreuzten Beinen Schwierigkeiten bereitet, weil er aus Altersgründen oder körperlicher Gebrechen eingeschränkt ist, der sucht sich eine stützende Rückenlehne zum Anlehnen – einen Stuhl, einen Sessel, eine Wand oder ein Bettkopfteil. Dabei legt man sich ein oder zwei Kissen hinter den Rücken und/oder unter das Gesäß, sodass dadurch eine recht bequeme Sitzposition mit aufrecht gestrecktem Rücken ermöglicht wird. Wer ohne Rückenstütze auf dem Boden sitzt, der kann sich eine Rolle, ein großes Handtuch, ein, zwei, drei Brettchen oder eine gefaltete Decke unter sein Gesäß legen, sodass das darauffolgende Sitzen keine schmerzartigen Verkrampfungen verursacht.

Es darf ruhig solange experimentiert werden, bis jeder für sich die richtige Sitzposition gefunden hat. Richtig wird sie sein, wenn sie auch nach einer halben Stunde oder sogar länger keine oder kaum Schmerzen verursacht.

Auch liegend ist Meditieren möglich und fast genau so effektiv wie im Sitzen, allerdings schlafen wir dabei öfter ein als es wünschenswert wäre, doch ein entspanntes Einschlafen ist auch gut. Wichtig dabei ist nur eins zu wissen, dass wir KEINE religiöse Glaubensangelegenheit aus UNSERER Meditation machen dürfen. Wir müssen uns daran halten oder wir werden jemand, der wir garantiert nicht sind. Dann wird Meditation zum Selbstzweck. Also erwarten wir nichts Bestimmtes, dann werden wir es auch nicht werden können. Wir wollen uns erfahren und unser Bewusstsein so weit entwickeln, dass wir uns selbst finden können. Wir wollen uns selbst erfahren und nicht von anderen überfahren werden. Also, keine Duftkerzen oder Räucherstäbchen, keine suggestive Atmosphäre, keine Logo-Symbole oder Heiligen-Bilder, keine Gurus oder andere Zauberer, denn je weniger wir abgelenkt werden, desto entspannter wird unser Körper, desto lauter wird unser Verstand, und das ist anfangs schon Krach und Ablenkung mehr als genug.

Haben wir unsere Meditationsposition eingenommen und unsere Augen geschlossen, dann richten wir anschließend unsere Aufmerksamkeit auf unsere Körperhaltung und den Atem. Der Atem sollte nicht manipuliert werden, denn wer sich das erstmal angewöhnt, der wird es nur schwer wieder loswerden können und kommt nicht wirklich zügig voran. Der Körper sollte mit jedem Atemzug etwas entspannter und der Atem ruhiger werden. Unsere Haltung dabei ist die eines passiv-aufmerksamen Beobachters. Dabei beobachten wir so ziemlich alles, insbesondere unsere Gefühle und Gedanken, ohne sich von ihnen einfangen zu lassen – also passiv!

Anfangs duldet man alles was kommt, OHNE zu widersprechen, ohne sich vom Denken einbeziehen zu lassen – nur beobachtend was geschieht. Gutes oder Schlechtes gibt es in unserer Meditation nicht. Alles ist wie es kommt und geht – bis auf die Rückenschmerzen, die sitzpositionsbedingt hervorgerufen werden können und deshalb noch **während** der aktuellen Meditation **behutsam-bewusst** korrigiert werden sollten.

Wem das längere Sitzen und das aufmerksame Beobachten seiner Gedanken keine Schmerzen oder Schwierigkeiten bereiten, der kann mit dem nächsten Schritt beginnen. Was uns im zweiten Schritt merklich weiterbringt ist Meditation mit einer Meditationsbasis, mit einer Meditationsleine. Die Meditationsbasis ist eine Art „Zuhause", zu dem wir bei jedem uns bewusst gewordenen „Verreisen" unserer Gedanken sofort zurückkehren. Ab hier sind die **Atemwendepunkte** unser neues Zuhause, die Meditationsbasis oder die Meditationsleine. Immer wenn unsere Aufmerksamkeit die beiden Atemwendepunkte verlässt, kehren wir kommentarlos zu unserem neuen Zuhause gedanklich zurück und bleiben für ein paar Augenblicke dort – bis zum nächsten Verreisen, usw. usw.

Die Meditationsbasis ist so etwas wie ein Anleinen, wie ein Zuhause, wie ein Ausgangspunkt, zu dem wir immer dann aufmerksam zurückkehren, wenn wir uns „verlaufen", wenn wir uns losleinen, wenn unsere Aufmerksamkeit nachlässt, wenn der **geheimnisvolle Umschalter** – von uns völlig unbemerkt – vom **„Anwesend" auf „Verreist"** und vom **„Verreist auf Anwesend"** umgeschaltet wird. Es ist der gleiche „Umschalter" der uns vom Wachsein ins Schlafen und vom Schlafen ins Wachsein versetzt – nur für etwas längere Zeitdauer.

Und sollte es auch dir in deinem Leben gelingen, diese „Auster" zu öffnen, diesen geheimnisvollen Umschalter und seinen Operator zu finden, dann behalte es bitte für dich und behüte es sorgsam, denn es gibt viele, die es kennen möchten, jedoch nur sehr wenige, die es verstehen könnten. Allerdings: Wer ES wahrhaftig und ausdauernd sucht, der wird ES finden und wer ES findet, **der hört auf zu suchen**, was dann die „Frucht" sein wird, an der er den „Baum" erkennen wird.

Dieser „Ebenen-Wechsel" geschieht völlig automatisch und ständig. Immer wenn wir **„HIER",** also anwesend sind, sind wir nicht **„DORT",** also auch nicht „verreist" und umgekehrt; immer wenn wir verreist sind, sind wir nicht hier, sondern dort, also an einem anderen „Ort". Diese noch unerklärlichen **Updates** finden fortlaufend statt, z. B. wenn wir unbewusst ins Leere schauen, insbesondere jedoch nachts, wenn wir schlafend träumen. Dann wird Unbrauchbares, unbewusst Wahrgenommenes oder Phantasiertes zu „Videos" zusammengebastelt und uns als Traumrealitäten präsentiert. Weil die meisten Träume keinen erkennbaren Sinn ergeben, werden sie gelöscht, bevor wir aufwachen oder kurze Zeit danach. (*Siehe dazu: **„Was jeder wissen möchte, jedoch keiner hören will"** in den Kap. „Denken und Träumen".*) Wer das aus erster Hand erfahren und verstehen will, der muss lernen, auch während seines Schlafens, beispielsweise durch nächtliche Meditation und dann durch nächtliche Remotion, ein wenig „wach" zu bleiben.

Die Meditationsleine der alten Schneider waren Garn, Nadel und eine saubere Naht. Immer, wenn sie diese Meditationsbasis verlassen haben, mussten sie ihre Meditation korrigieren und zu ihrer Meditationsbasis, zur Nadel, Garn und sauberen Naht zurückkehren – ähnlich wie bei unseren außer Acht gelassenen Atemwendepunkten.

Immer wenn sich unsere Gedanken während unserer Meditation verselbstständigend losleinen, wenn sie von uns unbemerkt irgendwo abwandern, holen wir sie **kommentarlos** zu unseren Atemwendepunkten zurück, bis sie uns erneut wieder und immer wieder vagabundierend verlassen.

Kommentarlos, andernfalls wird eine unseren Verstand fesselnde „Diskussion" daraus, eine assoziative Gedanken**kette**, deren Bildung **ohne uns** stattfindet.

Auch Stricken oder Angeln, Kochen oder Backen, Jagen oder Sammeln, Essen oder Sex, Spielen oder Arbeiten, können einen leicht-meditative Charakter haben, nur dass sie nicht Meditation genannt werden, sondern Beschäftigungen, welche das vegetative Nervensystem positiv beeinflussen und somit die eigene Entspannung fördern.

Derartige natürliche Meditationen befriedigen uns zwar, jedoch bringen sie uns, ähnlich wie bei der natürlichen Evolution, in unserer geistigen Weiterentwicklung nur sehr langsam voran. Selbst das achtsame Staubwischen, Kartoffeloder Apfelschälen mit dem Ergebnis eines nicht unterbrochenen durchgehenden Schalenstreifens, einem Hobbynachgehen oder einfach **alleine** Spazierengehen, sind eine abgeschwächte Variante der Meditation. Denn auch bei diesen Tätigkeiten wird unser Verstand an die Meditationsleine gelegt, wenn auch an eine sehr, sehr lange. Das ist auch ein Grund dafür, dass die geistige Entwicklung nur sehr langsam voranschreitet und somit den meisten von uns unbemerkt bleibt. Es ist wie mit dem Minutenzeiger einer Uhr, der bei flüchtiger Betrachtung still zu stehen **scheint,** obwohl er sich ständig weiterbewegt.

Unsere Meditationsleine darf nicht zu kurz und nicht zu lang sein. Eine zu kurze Meditationsleine bewirkt, dass wir uns als Einsteiger zu stark konzentrieren werden, was eine destruktive Einengung statt eine konstruktive Erweiterung wäre. Meditationsleine oder Meditationsbasis bedeutet, dass unsere Achtsamkeit dem gilt, was wir gerade tun – auch wenn wir scheinbar nichts tun. Dabei ist es weniger wichtig, was wir tun. Wichtig ist NUR, dass wir es achtsam tun und uns dabei unserer Achtsamkeit, **auch beim Nichtstun,** bewusst sind!

Haben wir unsere Meditationsposition eingenommen, dann sollten wir am Anfang von keinem gestört werden. Also: Tür zu, keine Musik, keine Düfte, keine Ablenkung und Licht aus oder Vorhänge zu. Später wird uns bei unserer Meditation kaum etwas stören können, doch für den Anfang ist jede Ablenkung nicht gut. Für den Anfang ist Ruhe wichtig, andernfalls könnte es vorkommen, dass wir mittendrin unterbrochen werden und uns erschrecken könnten, was uns zukünftig eine angespannte Geisteshaltung annehmen lassen würde. Unser Verstand würde dann posthypnotisch bedingt eine Zeit lang ständig damit rechnen, überraschend gestört zu werden. Dann würde aus alles beachtender Achtsamkeit alles ausschließende Konzentration werden und uns mehr schaden als nutzen, denn Meditieren heißt auch entspannt loslassen und nicht angespannt festhalten.

Eine harmonisch-ruhige Atmung ist bei unserer Meditation sehr wichtig. Sie sollte möglichst gleichmäßig sein – am besten ohne an sie zu denken. Kein verkrampftes Luftanhalten, wie wir es von uns kennen, wenn wir stark konzentriert sind. Kein hektisches nach Luft schnappen, wie wir es von uns kennen, wenn wir aufgeregt sind. Also, immer schön locker bleiben. Nur ruhig darauf achten was passiert, das ist anfangs schon Unruhe genug. Nur betonte Zwergfellatmung ist genauso falsch wie nur betonte Brustatmung. Richtig ist, sowohl das Eine wie das Andere, jedoch NICHT betont, also so, wie wir sie bereits seit unserer Geburt praktizieren.

Nicht verkrampfen, nicht pressen, **nicht übertreiben**, laufen lassen, sich nur des leisen Atmens des Körpers und der Atemwendepunkte bewusst sein. Dabei genügt es zu wissen, dass NICHT wir, sondern unser Körper derjenige ist der atmet.

Den Atem etwas länger „hinaus**schieben**" bei der Ausatmung und etwas kürzer „herein**ziehen**" bei der Einatmung, sind nicht nur für den Anfang völlig ausreichend. Das Einund Ausatmen **kann** bei den Atemwendepunkten etwas verzögert werden. Das Ausatmen **kann** einen Takt länger dauern als das Einatmen. **Kann**, muss aber nicht. Als Taktgeber kann eine Sekundendauer oder vorzugsweise die natürliche Herzfrequenzdauer als Maßstab genommen werden. Das Einatmen 1-2 und das Ausatmen ebenfalls 1-2 oder 1-2-3. Also 2 zu 2 oder 2 zu 3 Takte. Dabei ist mehr auf die bereits genannten Atemwendepunkte zu achten als auf die Atemzüge selbst – wobei wir dann bereits mehr bei der bald nachfolgenden Remotion als bei der Meditation wären.

Geatmet wird ausschließlich durch die Nase. Beim Einatmen „ziehen" wir die Atemluft durch unsere Nasengänge bis zur „Schädeldecke" hinauf. Beim Ausatmen lassen wir die sauerstoffreduzierte Atemluft, ebenfalls durch die Nasengänge hinausfließen.

Wenn wir unseren Brustkorb durch Rippenkontraktion ausdehnen, schaffen wir einen Unterdruck in unserem Brustkorb, dann fließt die Atemluft luftdruck-ausgleichend in unsere Lungen wie von selbst hinein, denn wo Vakuum entsteht, dort fließt nicht nur Luft ausgleichend nach. Es ist wie mit den Hochs und Tiefs in der Atmosphäre, wo die Luftbewegung von den Hochs zu den Tiefs stattfindet und somit die Tiefs wetterbestimmend sind. Es ist wie mit dem schwachen Geschlecht, das meistens das „starke" dominiert – auch wenn das das „starke" Geschlecht nicht wahrhaben möchte.

Lösen wir die Rippenmuskelkontraktion auf, dann entspannt sich unser Brustkorb und fällt Luftdruckdifferenz bedingt zusammen, dabei wird der Lungendruck leicht erhöht, was luftdruckausgleichend zur Ausatmung führt. Dabei nimmt das Volumen unseres Brustkorbes ab, sodass die durch Kohlendioxid angereicherte Atemluft hinausfließen kann. Dabei sollten wir darauf achten, dass wir möglichst gründlich ausatmen, jedoch OHNE dabei die restliche Ausatmungsreserveluft durch Bauchmuskelkontraktion hinauszupressen.

Die achtsame Beobachtung des o. G. sollte anfänglich eine Zeit lang von jedem Meditierenden praktiziert werden. Dabei sollten wir versuchen, zum Beobachter des Beobachtenden zu werden. Also darauf achten wie **unser Verstand** die Atemvorgänge seines Körpers beobachtet, wie die Atemluft durch unsere Nasengänge fließt, wie sich unser Brustkorb ausdehnt und wieder zusammenfällt, insbesondere jedoch, wie WIR unsere eigene Achtsamkeit beobachten und somit nach und nach zu reinem Bewusstsein werden.

Nun folgt ein konkretes Beispiel bezüglich der Atemzyklen unserer Meditation: Rhythmus ein-ein – kurzes Anhalten – aus-aus oder aus-aus-aus u. s. w. Der Rhythmus ergibt sich hierbei meistens automatisch aus der Herzschlagfrequenz. Natürlich sind auch andere Atem-Rhythmus-Konstellationen möglich. So sollte jeder seine eigene, sich fortlaufend seinem Entwicklungsstand angleichenden Rhythmus herausfinden. Also NICHT starr am praktizierten Atemrhythmus festhalten, denn sobald wir uns verändern – **und wir werden uns verändern** – muss sich unser Atemrhythmus, uns anpassend, auch verändern. Denn wer seine Meditationsbasis nicht seinem Entwicklungsstand anpasst, der passt sich seiner Meditationsbasis an, dann wird Meditation – wie es meistens der Fall ist – nur des Meditierens willen praktiziert. Wer seinen „Hund" nicht ausführt, der wird von „seinem(?) Hund" ausgeführt werden. Es ist wie bei unserer Nahrungsaufnahme, die weitgehend zum Selbstzweck wird, wenn sie nicht der Ernährung, sondern **hauptsächlich** des Vergnügens wegen aufgenommen wird. Dann werden wir weiterhin körperlich zunehmen und geistig abnehmen.

Übrigens, wenn wir während unserer Meditation immer wieder das Gleiche erleben, dann ist das ein Zeichen dafür, dass wir scheinbar nicht vorankommen. Dabei muss sich unser bis hierher erreichte Zustand zunächst stabilisierend etablieren, unsere veränderte „Hardware" und „Software" einander angeglichen werden. Dann geht es wieder ein Stückchen weiter. Es ist wie das Lernen nach dem Prinzip der konzentrischen Kreise, die mit jedem Dazulernen ein wenig größer werden. Uns müssen erst kräftige Flügel wachsen, damit wir in der immer dünner werdenden „Luft" ausdauernd höher fliegen werden können.

Wir müssen zunächst die einzelnen Buchstaben und Ziffern kennenlernen, um aus/mit ihnen Wörter oder Zahlen bilden zu können. Es ist wie mit den Orientierungsbildern, wie in der Schule, auch dort lernen wir jeden Tag etwas Neues hinzu, sodass unsere Wissenskreise immer größer, immer weiter werden. Also, konsequent und geduldig weitermeditieren. Und was immer während unserer Meditation sich ereignet, nicht zu lange ablenken oder assoziieren lassen, sondern immer wieder geduldig zur Meditationsbasis zurückkehren – BEVOR sich unser Verstand für länger verselbständigt und uns somit wiedermal überlistet und damit in „Diskussionen" verstrickt.

Summ-Geräusche (Urknallmelodie) oder Lichtpunkterscheinungen wie z. B. kleine, weiß-blau bis lila leuchtende Punkte (Sterne) oder unseren Kopf-Raum füllendes helles Licht, Körperleichtigkeitsempfinden , Gefühl des Fliegens, Schwitzen, Anschwellen der Geschlechtsorgane bis hin zum echten Orgasmus oder Ähnliches sind kein Grund zur Beunruhigung. Im Gegenteil, daran können wir erkennen, dass sich tatsächlich etwas in unserem Gehirn verändert, denn Fort-schritt heißt Neues anbauen oder Altes Abbauen, korrigieren, neugestalten.

Nachdem wir unsere Meditationsposition eingenommen haben, unser Pulsschlag und unsere Atmung sich beruhigt und normalisiert haben, beginnen wir auf die beiden Atemwendepunkte zwischen unserem Ein- und Ausatmen zu achten oder, was effektiver aber anstrengender ist, der Urknallmelodie, dem Summen in unseren Köpfen in Stereo, also links-rechts differenziert zuzuhören. Differenziert, weil die Urknallmelodie von einem großen, mit vielen Instrumenten besetzten „Orchester" gespielt wird und die Wahrnehmung der einzelnen Instrumente wesentlich anstrengender ist als die des ganzen Orchesters.

Wenn es uns anfangs gelingt „nur" 5 Minuten unseren Verstand an unserer Meditationsleine zu halten, dann dauert es bereits zu lange, dann ist unsere Meditationsleine zu kurz! Erfahrungsgemäß wird es anfangs ziemlich lange dauern, bis wir die kurzen 5 Minuten des störungsfreien, kontinuierlichen Meditierens realisiert haben werden. Die Meditationsdauer insgesamt, also mit Störunterbrechungen, sollte anfangs nicht länger dauern als 15 bis max.30 Minuten. Das kann und sollte jeder für sich selbst herausfinden.

Wenn während und nach der Meditation leichte Kopfschmerzen oder leichte Schwindelgefühle rasch vorübergehend auftreten, dann ist das kein Grund zu Beunruhigung, im Gegenteil, es ist ein Zeichen dafür, dass unser Verstand angefangen hat den Sinn unserer Meditation zu verstehen, dass er sich in die „Mauser" begeben hat, dass ihm Flügel zu wachsen begonnen haben. So gesehen sind leichte Kopfschmerzen eine Art Muskelkater im Kopf. Eine Art Lernzielkontrolle. Und was hilft bei einem leichten Muskelkater allgemein am besten?

Ganz genau – weitermachen! Zunächst einmal, dann zweimal, dann dreimal wöchentlich, dann so oft oder so selten, wie es uns guttut. Anfangs ist Regel-mäßigkeit wichtig, doch auch hierbei gilt: macht keine Religion oder anderen

Hokuspokus daraus, denn zu viel des Guten, kann auch hierbei böse enden – ohne am Ende gut zu werden! Es ist wie mit der Medikamenteneinnahme; **auf die richtige Dosis kommt es an.**

Während unserer Meditationen werden wir immer und immer wieder feststellen, dass unser Verstand sich andauernd verselbständigt. Dann holen wir ihn geduldig immer und immer wieder auf unsere Meditationsbasis zurück bzw. leinen ihn immer wieder aufs Neue an.

Wir dürfen nicht enttäuscht sein, wenn unser Verstand anfangs nicht so will, wie wir es wollen, denn er kannte uns bis dato nur reagierend und nicht selbst agierend. Bis dato war unser Verstand derjenige, der aufgrund unserer Körpersinne-Informationen uns ständig sagte, wo es langgeht und wir ihm brav gehorcht haben. Er war der „Hund", der uns ausführte. Nun soll er sich plötzlich von uns führen lassen, von uns, die bis dato seine Diener waren?

Anfangs wird es unserem Verstand nicht leicht fallen, uns zu gehorchen, aber spätestens in unserer neutralen und damit glaubensfreien Remotion wird er es lernen **müssen.** Bis dahin dürfen wir zu ihm nicht zu streng sein, denn angemessene Disziplin ist fördernd, Zwang dagegen meistens zerstörerisch. Was wir dabei beherzigen müssen ist disziplinierende Geduld und NICHT ehrgeizige Überforderung. Ein wenig Ehrgeiz ist generell gut, jedoch zu viel des Guten endet meistens schlecht. Habe Geduld, dann wirst du zwar langsam, dafür aber sicher dein Ziel erreichen.

In unserer Meditation geht es immer wieder darum, unseren Verstand durch Anleinen zu disziplinieren – bis er lernt auch ohne Leine „bei Fuß" zu gehen. Es ist gleichgültig mit welchem „Besen" wir unseren Verstand in-sich-kehren lassen wollen, er MUSS **glaubensfrei** und verschleißfest sein. Denn jeder Hokuspokus mit religiösem Hintergrund bringt uns zu **seinem** Abgrund, dann stürzen wir in seine Abhängigkeit hinein. Es gibt mehr „Scheinheilige" als genug, die diesen Weg in den „heiligen Abgrund" einfach weiter gegangen und unwiederbringlich abgestürzt sind. Denen sollten und dürfen wir auf keinen Fall folgen, denn eine echte, eine wahrhaftige Chance, sich selbst im **Hier und Jetzt** zu vollenden, ein Selbstbewusster und dann reines Bewusstsein zu werden, haben viele von uns, eventuell auch du. Es ist deine Zeit, in der du diese einmalige Chance zu deiner Vollendung nutzen könntest, es ist die Zeit, die außer dir kein anderer haben kann oder haben wird – mach das Beste daraus, denn der Himmel wartet schon sehr lange auf dich.

Ob wir die Chance, den langen Weg der Evolution bis zu unserer Menschwerdung noch einmal zu gehen bekommen, ist sehr fraglich. Wir können diese einmalige Chance zur Menschwerdung jetzt, hier auf UNSERER Erde nutzen oder als Mineralien unserer Asche, als Erdenstaub, als Wasser- oder Gasmoleküle unserer ehemaligen Körper auf die nächste Chance warten. Irgendwo und/oder irgendwann, und wenn, dann werden wir uns nicht daran erinnern, dass wir bereits in ferner Vergangenheit die einmalige Chance zur Menschwerdung hatten und hauptsächlich aus Bequemlichkeit nicht genutzt haben.

Mystisch? Unglaublich? Ja, denn das setzt **KEINEN** Glauben voraus, denn es ist eine, mit theoriebildender Hilfe der Quantenphysik zu erahnende Realität. Es ist eine andersdimensionierte, für die meisten von uns **noch** nicht bewusst wahrnehmbare Realität, die nur andersdimensioniert erfahrbar ist. Es ist wie mit der Raupe und dem Schmetterling, von denen keiner weiß, dass er einmal der Andere war. Oder wie mit dem Frosch, der erst durch den erlösenden Kuss der Meditation und/oder Remotion zum Prinzen wird.

Manchmal, in tiefer Meditation, öffnet sich für einige unter den Selbstsuchenden, einen zeitlosen Augenblick lang eine Art „Tür" aus angenehm strahlendem hellem Licht, die sie Andersdimensioniertes wahrnehmen lässt. Dann setzt der Atem aus und das Herz hört auf zu schlagen. Wir haben dann keine Gedanken und keine Körpergefühle oder Körperwahrnehmungen, wir „wissen?! nur Orgasmus ähnlich verzückt, dass wir existieren. Diese andersdimensionierte Wahrnehmung findet außerhalb unseres Verstandes statt, was der Grund dafür ist, dass wir uns danach in unserer derzeitigen Körperdimension nur **„echoartig"** daran erinnern können, denn was neuronal nicht abgespeichert wird, das ist nur echoartig vorhanden und somit nur kurzfristig erinnerbar. Es ist ähnlich wie mit unseren Träumen, an die sich die meisten von uns nur echoartig oder nach relativ kurzer Zeit gar nicht erinnern.

Es ist wie mit den zwei Räumen, die mittels einer Tür voneinander getrennt sind. Entweder sind wir vor der Tür, dann sind wir nicht in dem anderen Raum, oder wir sind hinter der Tür in dem anderen Raum. In beiden Räumen, in beiden Dimensionen gleichzeitig zu sein, ist uns NOCH unmöglich und ohne Zuhilfenahme der Quantenphysik bislang auch NICHT erklärbar.

So lange wie wir noch einen Fuß über der beide Räume verbindenden „Türschwelle" haben, uns in der neutralen Mitte befinden, können wir uns noch entscheiden – für Hier oder für Dort. Ähnlich wie bei den Teilchen der Elementarteilchen der Materie und Antimaterie, die sowohl massehaltig alsdann auch massefrei sind und an verschiedenen „Orten" gleichzeitig sein können oder sich gegenseitig einverleibend auflösen und somit als Neues hervorbringen. Ähnlich wie bei unserem Lebensanfang, wie bei den einzelnen RNA-Strängen (Ribonukleinsäure), die auf wundersame Weise zu doppelten DNA-Strängen (Desoxyribonukleinsäure) mutieren und somit immer wieder neues Leben hervorbringen. Es ist wie die Wettervorhersagen, wie die Chaostheorien, von denen man nie genau weiß, wie es wird oder was dabei rauskommt.

Wer durch diese unwiderstehliche „Licht-Tür" hindurchgeht, der kommt nicht wieder zurück. Der hört auf körperlich zu existieren. Also vorsichtig, denn dieses Gefühl der harmonischen Geborgenheit ist so überwältigend schön, dass nur ganz wenige ihm widerstehen können. Wer diese andersdimensionierte Erfahrung irgendwann mal gemacht haben dürfte, der vergisst sie bis zum Tode seines Körpers und darüber hinaus nicht. Für den wird sein physisches Ende nur ein ewig neuer Anfang sein.

Einerseits, wenn wir alleine leben, dann kann uns nichts Schöneres passieren, dann können wir „ohne ein schlechtes Gewissen" durch diese hell strahlende „Tür" hindurchgehen und dort, unser **Selbst** auflösend, uns mit der „schattenlosen Strahlung" für ewig vereinen und somit ein fortdauerndes Teilchen von ihr werden, schließlich dann, ein winziges Wenig zur weiteren Ausdehnung des andersdimensionierten „Universums" beitragen.

Andererseits sollten wir unseren „Dimensionen-Wechsel" nicht sofort vollziehen, sondern ihn eine gewisse Zeit lang hinauszögern, vorzugsweise bis unsere Körper krank oder erschöpft geworden sind, denn „es gibt noch viel zu tun", und bereits selbsterfahrene „Spurenleger", „Erntehelfer", „Reiseführer", „Stolpersteinleger" oder „Schwertschleifer" werden derzeit dringender benötigt denn je.

Also, sollte diese Gnade einigen von euch widerfahren, und davon bin ich, aufgrund meiner eigenen Erfahrung, felsenfest überzeugt, dann **MÜSST** ihr, spätestens nach etwa dem fünften Herzschlagaussetzer, AKTIV mit der Atmung wieder beginnen oder ihr werdet unumkehrbar dort angekommen sein, wohin alle Suchenden sehnsüchtig hinwollen, im Zeitlosen, im Ewigen Ewig, im Unendlichen, im Sein, im …, denn das Namenlose hat keinen Namen! Also achtet auf eure Atempausen, damit ihr eure letzte, die ewig andauernde Atempause nicht verschlaft, sonst werdet ihr – ohne es zu wissen – für immer tot sein; körperlich und geistig.

Übrigens: Die andersdimensionierte Seite hinter der „Türschwelle" ist atemlos, frei von Blut- und Atemströmungsgeräuschen und voll sehr angenehmer, schattenloser Strahlung. Dort gibt es keine Lichtquelle, die schattenwerfend leuchtet, denn dort gibt es Licht **ohne Schatten**, dort leuchtet alles aus sich selbst in einer sehr angenehmen gelb-weiß strahlender Farbe.

Wer die andersdimensionierte Seite selbst zunächst **nur erahnen** will, der muss zunächst selbstbewusster werden. Unsere glaubensfreie Meditation und Remotion sind die geeigneten Werkzeuge oder Selbsterfahrungsmethoden hierfür.

Den Anfang und Ende unserer Meditation oder Remotion sollten wir etwas ritualisieren – was bereits eine leichte Art Suggestion oder Posthypnose darstellt. Eine leichte, Körper und Geist loslassende Suggestion wirkt am Anfang entspannend und eine am Ende, den Körper und Geist anspannende Suggestion sind durchaus angebracht und sinnvoll. Am Anfang unserer Meditation oder Remotion konzentrieren wir uns auf unsere Ausatmung, indem wir beim Ausatmen die eingeatmete Atemluft entspannend zum Bauchnabel hin passiv hinausströmen lassen. Am Ende unser Meditation oder Remotion konzentrieren wir uns auf das aktive Einatmen. Dabei „ziehen" wir die Atemluft aktiv bis zur „Schädeldecke" hinauf. Anschließend öffnen wir **langsam** unsere Augen und werden uns unserer Umgebung bewusst.

Der Einstieg und der Ausstieg aus unserer Meditation oder Remotion sollten etwa 5 bewusste Atemzyklen dauern. Danach können wir unsere Meditationsposition behutsam auflösen und uns dabei etwas recken und/oder strecken.

Remotion

Während in den kommerziellen, meistens auf Profit bedachten Meditationen alles weitgehend passiv und somit während unserer „Abwesenheit" geschieht, ist in der Remotion unsere Aktivität und somit unsere achtsame Anwesenheit erforderlich. Aus der langen Leine der Meditation wird eine kurze Leine der Remotion. Wunschdenken oder suggestive Selbstbeeinflussungen sowie unsere abwartend- abwesende Passivität sollte in der Remotion nicht lang anhaltend vorkommen.

Während die allgemein üblichen, vom bestimmten Glauben abhängigen oder gläubig machenden Meditationen irgendwelchen geheimen, „heilig-religiösen" oder okkulten Ursprung haben, ist die nachfolgende Remotion eine glaubensfreie Geistesübungsmethode. Sie dient der Harmonisierung und der Leistungssteigerung unseres Verstandes und kann somit von jedermann geübt werden, der lern- und erkenntnisfähiger werden möchte.

Sie ist wie ein „Schwimmmeister", der uns das „Schwimmen" beibringen und somit vor dem „Ertrinken" bewahren könnte. Ob wir das „Schwimmen", mit dem wir das andersdimensionierte Ufer erreichen können, erlernen wollen oder nicht, das werden wir, unserem Reifegrad entsprechend, selbst entscheiden. Denn das Potential zur Bewusstwerdung haben viele von uns – allerdings nicht die Reife es auch nutzen zu **wollen.**

In der vorangegangenen Meditationsbeschreibung habe ich alles Geheime, Heilige und Religiöse, so weit wie es mir möglich war, vermieden, denn ich habe im Laufe der Jahre festgestellt, dass echte Meditation nur OHNE Gebühren kassierende „Gurus" wirklich effektiv funktioniert. Auengrasen, Ablasskäufe, Jungfrauenbefruchtung, Initiationen oder ähnlicher käufliche Unsinn dienen und nutzen nur den Initiatoren. Denn ALLES, was glaubensabhängig käuflich erworben werden kann, ist vergänglich, hat keinen echten Wert und ist somit eher hinderlich als hilfreich bei unserer Bewusstwerdung.

Unsere Rolle während der Remotion, ist die eines achtsamen Beobachters. Hierbei beobachten wir zunächst die Aktivitäten unseres Verstandes. Dabei schauen wir unserem Verstand beim Denken und/oder Träumen kommentarlos zu und sind, so oft und so lange wie es eben geht, bewusst bei der Geburt (Entstehung) unserer Gedanken anwesend. Denn über Bewusstwerdung zu reden, ist noch lange nicht dasselbe, wie bewusst dabei zu sein. Es ist NICHT wie mit den vielen „Sachkundigen", die gerne über Sachen reden, die sie NUR theoretisch kennen – ihnen reicht eine Verpackung völlig aus, um den Inhalt genausten beschreiben zu können.

So gesehen ist Remotion eine Bewusstseins-Erweiterungs-Lehrmethode, die zunächst nur unserer eigenen Bewusstwerdung dient. Der Sinn und somit die **Aufgabe** unserer Remotion ist Erweiterung und Ausbau der Schaltkreise (Hardware) unserer Gehirne und dient somit der Steigerung der Erkenntnisfähigkeit unseres Verstandes (Software), denn je leistungsfähiger unser Gehirn wird, desto erkenntnisfähiger wird unser Verstand werden. Desto eher finden wir den Weg, der uns zu unserem Urzuhause, zu unserem Uranfang, zu unserem „Paradies" zurückführen kann – vorausgesetzt wir wollen es! Das latente Potential als immaterieller Geist zu unserem Ursprung zurückkehren zu können, haben relativ viele von uns, jedoch nur ganz wenige nutzen es, obwohl sie es könnten! Für sie sind die gegenwärtig sichtbare Materie und ihr auf Lügen basierender Glaube oder Aberglaube jeglicher Art, die einzige Realität. Dabei ist Andersdimensioniertes durchaus real erfahrbar.

Diese Aufgabe wird **dadurch gelöst**, dass wir unsere Aufmerksamkeit während der Remotion eine gewisse Zeit lang kontinuierlich audiovisuell auf zunächst zwei sinnesspezifische Objekte **gleichzeitig** richten und somit den Schwierigkeitsgrad der Remotion unserem aktuellen Bildungs- und Entwicklungsstand jederzeit bedarfsorientiert selbst anpassen können.

In der Remotion darf unser Verstand NICHT „ungestraft" herumwandern. Sobald er dabei „erwischt" wird, muss er Schritt für Schritt rückwärts an die kurze Leine der Remotion gelegt oder auf die Remotionsbasis zum Ausgangspunkt „zurückgetragen" werden. Dabei muss er sich anfangs nicht rechtfertigen oder entschuldigen, sozusagen ein schlechtes Gewissen haben. Unser Verstand muss zunächst NUR lernen, dass er nicht ewig ungestraft von uns „zurückgetragen" wird, sondern nach und nach, also nach einer gewissen Einübungszeit von selbst zur Remotionsbasis „eigenfüßig" zurückfinden muss – und zwar exakt zu diesem Punkt, am dem er seine Remotionsbasis verlassen hat. Es ist ähnlich wie mit kleinen Kindern, die gerne weglaufen und dann hartnäckig darauf warten, bis sie zurückgetragen werden – meistens von ihren inkonsequenten Eltern oder Großeltern. So lernen Kinder schon recht früh, wie sie ihre Eltern oder Großeltern austricksen können. Und: „Was Hänschen erfolgreich gelernt hat, das wird Hans nicht vergessen".

Bei der Remotion muss unser Verstand lernen, den Rückweg selbst zu finden und SELBST zu gehen. Keine Kuschelpädagogik oder Inklusion, sondern disziplinierende Konsequenz; wer wegläuft, der muss an seinem **eigenen** Leibe erfahren, dass das nur die halbe Strecke ist.

Bei der Remotion geht es um die direkte Wahrnehmung der Entstehungsmomente der Gedanken und danach auch um den Grund für ihre Entstehung. Es geht darum, dass wir eines Tages unseren Gedanken an seiner Entstehungs-Quelle direkt wahrnehmen, wo er noch rein ist. Je weiter sich unser Gedanke von der Entstehungs-Quelle entfernt, desto unreiner, desto verwässerter wird er, sodass es dann immer schwerer sein wird, ihn bis zum Entstehungsmoment zurückzuverfolgen. Es ist zwar anstrengend, jedoch nicht unmöglich. Und was viel Mühe kostet, das ist meistens auch viel wert.

Eine kurze Remotionsübung von einigen Minuten, könnte das o. G. verdeutlichen. Damit diese Remotionsübung leichter gelingen kann, sollten wir sie gerade sitzend ausführen. Dabei schließen wir die Augen und achten dabei, wie bereits aus der vorhergehenden Meditation bekannt, auf die beiden Atemwendepunkte zwischen unseren Atemzügen, wobei die Atemwendepunkte gedanklich zunächst von 1 bis 24 (etwa 1 Minute) „sprechend" UND „sehend", also audiovisuell mitgezählt bzw. „abgelesen" werden. Später kann auch wesentlich weiter mitgezählt werden, z. B. bis 240 = 10 oder bis 480 = 20 Minuten.

Bist du mehr ein visueller Typ, dann wirst du die Zahlen zuerst „sehen" und dann „ablesen". Als auditiver Typ wirst du die Zahlen zunächst „hören" und dann „sehen". Das wäre für die Einsteiger in unsere Remotionsübungen ausreichend, jedoch nicht für Fortgeschrittene. Die Fortgeschrittenen, die weiterhin fortschreiten wollen, zählen bis zur **vorher** festgelegten Zahl und anschließend wieder rückwärts zurück bis zu der Eins.

Eigentlich wäre damit die Remotionsübung im Wesentlichen grundlegend beschrieben – eigentlich, denn unsere Remotion ist eine neue, anpassungsfähige Übungsmethode, die sich unserem aktuellen Entwicklungsstand unseres Verstandes ständig anpassen lässt. Sie ist keine sture Drillmethode, Dogmatik oder Ideologie, die Erneuerungen oder Veränderungen NICHT zulässt, sondern ganz im Gegenteil.

Solange unsere Geist-Seele uns nicht aufgibt, lernt sie sehr schnell dazu, auch die Remotionshandhabung, sodass sie dann immer wieder richtend eingreifen wird. Achte bitte darauf wer derjenige ist, der dich darauf aufmerksam macht, wenn du dich verlaufen hast! Immer wieder, wenn unser Verstand sich los leint, sich von der Remotionsbasis entfernt, wird es unsere Geist-Seele sein, die das unseren Verstand wissen lassen wird. Immer wenn unser Verstand die Atemwendepunkte außer Acht lässt oder/und die Zahlen durcheinanderbringt, wird sie es sein, die ihn wieder und immer wieder an die Remotionsleine legen und zum Ausgangspunkt der Remotionsbasis zurückbringen wird – unermüdlich!

Wem die o. g. Einstiegs-Remotion zu leicht fällt, der zählt bis 36 und dann sofort bis 1 rückwärts, als auf und ab – „Treppe rauf, Treppe runter, denn Treppenlaufen macht fit und munter". Es müssen nicht immer arabische oder schwarz-weiße Zahlen sein, denn mit den römischen oder bunten Zahlen geht es genauso gut, nur etwas anstrengender. Das Sinnvolle und Praktische an unserer Remotion ist die Tatsache, dass sie sich, unserem gegenwärtigen Entwicklungszustand unseres Verstandes entsprechend, fortlaufend fördernd und fordernd anpassen lässt.

Unsere Remotion holt uns dort ab, wo wir uns gegenwärtig entwicklungsmäßig befinden – allerding müssen wir unseren gegenwärtigen Entwicklungsstand selbst erkennen – zum Beispiel daran, ob es uns leicht oder schwer fällt zu üben. Wem die o. g. Remotionsübung zu schwer fällt, der kehrt dorthin zurück, wo er sich bereits auskennt, z. B. zur Meditation oder Remotion, wo nur die Atemwendepunkte, ohne sie zu zählen, beobachtet werden.

Dabei sollte das Ein- und Ausatmen so leise wie möglich geschehen. Schließlich so leise, dass wir die Luftströmungsgeräusche NICHT hören sollten. Hierbei spielen Ort und Zeitdauer keine wesentliche Rolle. Anfangs wär eine bequeme Sitzposition sicherlich von Vorteil, allerdings nicht zwingend. Später, wenn wir die Handhabung, die Technik unserer Remotion beherrschen, werden Ort und Übungszeit eine immer unwichtigere Rolle spielen, bis schließlich auch diese gänzlich unwichtig werden, wie am Ende die Remotion selbst. Wozu sollen „Gehhilfen" gut sein, wenn wir nach einer gewissen Übungszeit gelernt haben werden, ohne sie ausdauernd zu laufen. Wie lange deine Übungszeit dauern wird, das kann dir keiner sagen, nicht einmal du selbst. Denn verschiedene Früchte benötigen unterschiedlich viel Zeit zum Reifen, und manche Früchte reifen nie. Am besten ist es, wenn man **nichts** erwartet, dann bekommt man **alles**.

Ausschlaggebend für unseren Erfolg sind zunächst die unzähligen Wiederholungen, die sich ständig wiederholende, geduldige Rückkehr zu unserer Remotionsbasis. Immer wenn „wir" bemerken, dass unser Verstand sich NICHT auf der Remotionsbasis befindet oder losgeleint hat, holen wir ihn dorthin kommentarlos zurück.

Diese Remotionsübung sollten wir so lange üben, bis wir sie mehrere Minuten lang **ununterbrochen** beherrschen werden. Dabei können wir auch das Angenehme mit dem Nützlichen verbinden. Beim Musikhören können wir selektiv vorgehen, wobei wir das ganze Orchester nicht aus den Ohren verlieren dürfen. Dabei suchen wir uns ein Instrument aus, dem wir achtsam zuhören. Ähnlich wie beim achtsamen Beobachten von Schwärmen oder Wolkenformationen, wobei wir unsere Achtsamkeit auf einen Teil des Ganzen ausrichten, ohne dabei das ganze Orchester, den ganzen Schwarm oder die ganze Wolkenformation auszublenden. Sobald sich unsere Achtsamkeit einem anderen Instrument, anderem Schwarmobjekt oder einer anderen Wolke zuwenden will, MUSS sie uns darüber VORHER in Kenntnis setzen bzw. **unsere Zustimmung oder Ablehnung** abwarten.

Selbst nachts, wenn wir zwischendurch aufwachen, können wir uns ohne Zeitverschwendung in unserer Remotion perfektionieren. Auch wenn diese Nachtübungen anfangs nur recht kurz andauern, nützlich sind sie allemal, denn je öfter wir die Nachtübungen üben werden, desto klarer und verständlicher werden uns unserer Träume werden. Ferner verkürzen sie unser nächtliches Wachsein wesentlich. Selbst das Einschlafen wird uns dann keine Probleme bereiten – auch ohne Schlafmitteln.

Die Zeiten ändern sich – mit oder ohne uns – allerdings sind wir es, die sie für unser Weiterkommen sinnvoll nutzen könnten. Beispielsweise könnten wir die Lebenszeiten raubende TV-Werbezeiten durchaus für unsere Weiterentwicklung verwenden. Alles was wir dabei tun müssten ist audiovisuelles in Fünferschritten zu zählen, beispielsweise in 2 zu 3 Zyklen bis etwa 240, dann ist meistens ein Werbeblock vorbei.

Dabei schalten wir den Fernseher auf „stumm", schließen unsere Augen und zählen einatmend 1, 2. Anschließend atmen wir 3, 4, 5 zählend hinaus. Dann geht es in gleicher Weise weiter mit 6, 7 einatmend und mit 8, 9, 10 ausatmend weiter. Also in fünfer Schritten bis zunächst 240. Später, wenn wir geübter sein werden, können wir bis 120 und dann sofort rückwärts bis 1 audiovisuell zählen.

Übrigens, mit dieser Werbezeitüberbrückungsmethode kannst du auch deine nächtlichen Wachpausen wesentlich verkürzen. Probiere es doch bitte gleich heute Nacht aus, denn Bewusstseinserfahrung ist **überall und zu jeder** Zeit möglich. Es ist nicht eine Frage des Könnens, sondern hauptsächlich des Wollens.

Remotion hat direkt mit Suggestion oder den vielen glaubensgebundenen Meditationen nur wenig bis gar nichts gemeinsam, denn Remotion schließt uns auf und nicht ein. Sie macht uns wachsamer, intelligenter und somit leistungsfähiger, schließlich nimmt sie uns jegliche Angst – auch die vor unserem eigenen Tod – und lässt uns nach und nach so erkennen, wie wir wirklich sind. Sie macht unseren Verstand scharfsinniger, sodass er sich letztlich selbst erkennen und verstehen können wird. Endlich führt uns Remotion auf eine höhere Ebene unserer Bewusstwerdung, von der wir dann ganz klar und deutlich eine andere Daseinsdimension in uns erkennen werden. Leider geschieht das nur selten von heute auf morgen, und damit unser Verstand „morgen" weitermachen kann, muss er „heute" lernen kräftiger bzw. leistungsfähiger zu werden – nicht nur theoretisch, sondern auch praktisch.

Beispielsweise können wir beim Treppensteigen beides trainieren, unseren Verstand und unseren Körper. Dabei genügt es, nur die Treppenstufen oder/und im Atemrhythmus 2:2 – zwei Treppenstufen einatmen und zwei Treppenstufen ausatmen – zu zählen und beim Verzählen zur ersten Stufe zurückzukehren, um von Neuen zu beginnen, sozusagen als Strafe für unsere Unachtsamkeit. Diese mental-körperliche Lehrmethode ist zwar anstrengend, jedoch sehr erfolgreich, denn durch Schock oder Anstrengung lernen wir am effektivsten gelehriger zu werden. Bei unserer Meditation oder Remotion kommt es weniger darauf an, was wir tun, sondern viel mehr darauf, dass wir uns unseres achtsamen Tuns **bewusst** sind. Es genügt nicht, konzentriert tätig zu sein, wir müssen uns dabei AUCH unserer Konzentration bewusst sein. Und sei bitte nicht gleich frustriert, wenn es anfangs nicht so funktionieren wird, wie es funktionieren soll. Nur Geduld, denn nach einer gewissen Übungszeit wird es funktionieren und dann wirst auch du den wahren Sinn dieser Remotionsübung sogar unmittelbar praktisch verstehen. Bis dahin sind lohnenswerte Ausdauer und fleißiges Üben gefragt, denn: „Der Arbeiter ist des Lohnes wert".

Während einer ermüdenden Autofahrt können wir uns durch die o. g. 2 zu 3 Remotionsübung gut wach halten. Alles, was wir dabei tun müssten, ist rhythmisches Zählen bis fünf.

Hierbei achten wir nicht auf die Atemwendepunkte, sondern auf das bewusste Ein- und Ausatmen. Wir atmen zwei Sekunden ein, wobei wir gedanklich 1, 2 zählen und gleich wieder aus, 3, 4, 5 weiterzählend. Wem der 2:3 Takt zum Munterwerden nicht ausreicht, für den gibt es noch den „Turbomodus" der muntermachenden Remotion mit 2:4 Taktung 1, 2 tief einatmen und 3, 4, 5, 6 ausatmen.

Der Unterschied der muntermachenden Remotion zu der Turboversion besteht darin, dass wir bei der Turboversion bewusst tiefer und schneller ein- und ausatmen, wobei auch ein Teil der Reserveeinatmungsluft und ein Teil der Reserveausatmungsluft miteinbezogen werden.

Beim Einatmen drücken sich unsere Nasenflügel luftdruckdifferenzbedingt so zusammen als ob wir einen schönen Duft einsaugen würden und beim Ausatmen entspannt sich unsere Bauchmuskulatur. Da der Turbomodus unser Blut zusätzlich mit Sauerstoff und zusätzlicher Reibungsenergie anreichert, so müssen wir unbedingt darauf achten, dass wir nicht zu viel des Guten abbekommen, dass wir nicht hyperventilierend zu viel Reibungsenergie erzeugen. Es ist sehr ratsam, zuerst NICHT hinter dem Steuerrad eines Fahrzeuges zu üben, sonst könnte das unsere **letzte** „Muntermacherübung" und damit unsere **letzte** Autofahrt werden.

Wie lange diese Turbo-Remotion andauern soll, das sollte jeder für sich selbst herausfinden. Auf jeden Fall darf damit **NICHT** während einer Autofahrt oder bei einer verantwortungsvollen und/oder gefährlichen Tätigkeit experimentell begonnen werden.

Wenn wir diesen Turbomodus öfter anwenden, dann können wir damit so manchen Schnupfen oder Erkältungskrankheit gänzlich vermeiden oder eine bereits bestehende deutlich verkürzen, und mit Nasennebenhöhlen werden wir dann auch keine Probleme bekommen.

Dadurch, dass zwei Takte tief eingeatmet und 3/4 bis 5 Takte tief ausgeatmet wird, erzeugen wir einen erhöhten Luft**unter**druck in unserem Brustkorb. Um 3/4 oder 5 Takte ausatmen zu können, benötigen wir eine dementsprechende größere Menge Atemluft. Allerdings steht uns für das Luftholen nur die halbe Zeit zur Verfügung. Was durch schnelleren Luftfluss ausgeglichen wird. Dabei entsteht zwangsläufig ein erhöhtes Vakuum in unseren Lungen, das sich dann bis zu den Nasenschleimhäuten hin und darüber hinaus fortsetzt. Dabei wird unser ganzer Kopf einem leichten Innenvakuum während der Einatmungsphase ausgesetzt. Hierbei entsteht eine Luftdruckdifferenz zwischen Innen und Außen von etwa 0,5 Millibar. Das ist zwar nicht viel, doch ein Naturgesetz, dem auch unsere Körper folgen besagt, dass die Elemente, wie Wasser, Luft und Feuer – auch elektrischer Strom – immer dem Weg des geringsten Widerstandes folgen. Auf das Atmen bezogen, bedeutet das, dass auf der gesamten Innenoberfläche, von den Nasengängen über die Luftröhre bis zu den kleinsten Luftbläschen unserer Lungen, den Alveolen, ein geringes Vakuum entsteht, sodass Körperflüssigkeiten samt Keimen in das Vakuum einfließen und beim Ausatmen in Richtung Rachen transportiert werden. Wenn auch nur gering, so wird doch unser gesamte Kopfinhalt bis zur Schädeldecke hinauf diesem reinigenden Vakuum ausgesetzt, sodass viele überflüssige, auch im Epithel eingenistete Keime, Bakterien und andere unerwünschte Körpersubstanzen von innen in die Atemwege hinausgedrückt werden. Dass es so ist, erkennen wir daran, dass wir bereits nach einigen Minuten unserer Turbo-Remotion öfter Flüssigartiges schlucken müssen als sonst und danach Nasenschnupfen angesagt ist. Schließlich werden wir auch bemerken, dass wir nach der Sitzung viel leichter Luft bekommen und wacher werden, was dann deine Lernzielkontrolle wäre.

Was das Wacher-Werden anbelangt, so ist es nicht nur der Sauerstoff der Atemluft der dazu führt, sondern auch die Luftströmung, die durch Reibung mit den Luftgängen elektrische Ladungen erzeugt. Die bei der schnellen Ein- und Ausatmung erzeugte Reibungsenergie erhöht das gesamte Energiepotential im gesamten Körper und damit auch seine Leistungsfähigkeit. Asthmakranke unter uns dürfte diese Remotionsübung besonders erfreuen, denn auf jeden Fall schafft sie Linderung, konsequent und regelmäßig angewendet sogar Heilung!

Über die Dauer unserer Muntermacher Remotion sollte jeder selbst entscheiden, sie kann anfänglich etwa zwei bis fünf Minuten betragen oder mit Unterbrechungen auch länger, je nachdem wie oft wir unterbrochen werden.

Unterbrochen? Von wem? Von unseren Gedanken, von unserem überforderten Verstand, denn für ihn bedeutet es, lernen sich zu konzentrieren, achtsam bei der Sache zu bleiben, uns schrittweise als geduldig-resoluten Herren kennenzulernen. Auch wenn es sich jetzt merkwürdig anhören sollte, aber gerade diese störenden (bösen) Unterbrechungen sind es, die uns zu UNS (zum Guten) schrittweise hinführen werden. Somit ist jede Unterbrechung ein „Fluch und Segen" zugleich. Fluch, **weil** wir unterbrochen werden, weil wir **im-**

mer wieder zu unserer Remotionsbasis zurückkehren müssen um fortzufahren. Segen, **weil** wir unserem Ziel durch jede Unterbrechung ein kleines Stückchen näher kommen bzw. unsere Seele unserem Verstand, denn selbst kleine, jedoch zielorientierte Schritte führen irgendwann zum Ziel – vorausgesetzt, wir halten NICHT den allseits gepriesenen Weg für das Ziel, andernfalls werden wir unser Leben lang unterwegs sein, ohne zu wissen wohin uns unser zielloser, meistens fremdbestimmter Weg hinführen wird.

Bis jetzt, sobald wir den Unterbrecher-Gedanken wahrnahmen, kehrten wir kommentarlos zu unserer Remotionsbasis zurück. Andernfalls trickste uns unser Verstand aus, indem er uns in ein „Gespräch" verwickelte, jedoch ab jetzt nicht mehr darf. Ab jetzt kommen wir nur rückwärts voran, was heißen soll, das wir von nun an, vom aktuell wahrgenommenen Stör-Gedanken zum vorherigen Gedanken zurückkehren, bis wir zu dem ersten, die Unterbrechung auslösenden Gedanken kommen. Danach – **erst danach** – kehren wir wieder zu unserer Remotionsbasis zurück, ohne zu richten oder zu rechtfertigen, ohne zu urteilen oder zu verurteilen. Diskussionslos, keine rechtfertigende Stellungnahme oder Erläuterung, denn sobald wir uns auf eine Diskussion mit unserem Verstand einlassen, wird er uns **garantiert** überlisten. Achte bitte darauf bei deiner nächsten Remotionsübung!

Unser Verstand ist derartig entzweit, derartig unwissend und deshalb auch misstrauisch, dass es ihm anfangs sehr schwer fallen wird, uns vorbehaltlos zu gehorchen. Uns, die er noch nie als autonome Individuen kennengelernt hat, weil es uns noch nie als solche gab. Wem sollte unser Verstand gehorchen, wenn wir doch bis dato selbst der Verstand waren/sind. Ein Verstand, der Jahrzehnte lang von Kind an glaubensabhängig dressiert wurde automatisch für uns zu denken, sich um uns zu kümmern, für unser Wohlwollen zu sorgen, für uns zu lügen und zu betrügen, kann nicht von heute auf morgen geändert werden, denn „Gut Ding braucht Weile". Das sollten wir wissen und verinnerlichend verstehen. Also nicht ungeduldig werden, sondern einfach zielorientiert weiterfahren, denn selbst die längste Reise endet erst an der Lebensziellinie, die für manche von uns zur andersdimensionierten Startlinie werden könnte, denn das latente Potenzial zur Bewusstwerdung haben viele von uns. Andernfalls, wenn wir kein selbstbestimmtes Lebensziel haben, werden wir fremdbestimmt und damit weitgehend sinnlos unterwegs sein und somit nirgendwo ankommen – geschweige denn bei uns selbst. Irgendwann werden wir dann orientierungslos sterben, ohne zu ahnen, warum wir gelebt haben. Wem seine Lebensziellosigkeit ausreicht, bei dem entschuldige ich mich aufrichtig, dass ich ihn mit meinem „Quatsch" belästigt habe.

Unser Verstand hat Jahrzehnte lang gelernt, nach bestimmten Verhaltensmustern wie Lob und Tadel, wie Sitte und Moral oder Gesetz und Ordnung funktional zu reagieren, und jetzt soll er still werden? Einfach so, weil wir es so wollen? Wer sind **wir** denn, die sich NICHT für ihn halten, sondern über ihn verfügen wollen? Soll unser Verstand plötzlich nur die zweite Geige spielen? JA und NEIN! Er wird sich sehr lange und sehr erfolgreich wehren, bis er schließlich lernen wird, uns zu respektieren, schließlich dann unser Freund zu werden.

Je älter wir sind, desto schwerer wird es unserem Verstand fallen, aus seinen und den Lebenserfahrungen anderer Mitmenschen zu lernen, NICHT die gleichen Fehler zu wiederholen. Unser Verstand hängt bewegungslos an den Ketten seiner Vergangenheit und wir mit ihm an seinen Gewohnheiten, an seiner Bildung, an seinem Glauben und anderen Lügereien, die durch ständige Wiederholungen zu seiner und somit auch zu unserer „Wahrheit" wurden. Alle Um- und Verformungen, die wir und andere unserem Verstand als Wahrheit, als Grundlage seines Denkens beigebracht haben, sollen plötzlich unwahr werden? **Sie SOLLEN, weil sie unwahr sind**!! Das faktenbezogen herauszufinden und zu eliminieren, sich von den Fesseln der Vergangenheit zu befreien, damit wir ebenso wie unser Verstand für unsere Weiterentwicklung, für unsere Rückkehr ins „Paradies", frei werden können, ist unser Urschicksal, ist unser Urvermächtnis ist der Grund für unser Daseins und das Hauptziel unserer Remotion. Entweder wir überwinden unser „Affen-Dasein" und werden wirklich mitfühlend-bewusste Menschen, oder wir bleiben noch lange, sehr lange Zeit unseren nächsten Vorfahren, den Schimpansen-Affen, genetisch und verhaltensmäßig sehr ähnlich.

Bei unserer Remotion geht es um unsere Rückkehr zum reinen Bewusstsein, das wir an unserem Ur-, Uranfang waren. Es geht nicht darum, sich von allen Zwängen zu befreien, sondern sich aller Zwänge bewusst zu werden, auch der unseres konditionierten Verstandes, denn es gibt **keine** absolute Freiheit, außer der **Erkenntnis, dass es keine absolute Freiheit gibt** und aufgrund der allgegenwärtigen, alles beherrschenden Bipolaritätsgesetzmäßigkeit auch nicht geben kann. Wer in der Lage ist, seine Fesseln zu erkennen, der wird paradoxerweise für immer frei werden!

Bei unserer Remotion werden wir immer wieder feststellen, dass der aktuell wahrgenommene Gedanke sich bereits mehrere Stationen vom Initialgedanken entfernt befindet. Also nehmen wir unseren aktuell wahrgenommenen Gedanken auf und verfolgen ihn stationsweise zurück, sozusagen Schritt für Schritt rückwärts voran. Am Anfang unserer Remotion (Rückwärtsbewegung) werden wir nur selten bis zu unserem Initialgedanken, bis zu unseren Gedankenquellen zurück vordringen können. Oft wird es nicht einmal eine einzige „Flussbiegung" sein, doch Geduld, denn die Zeit des Erfolges kommt bestimmt, dessen kannst du dir ganz gewiss sein, denn ich weiß, wovon ich spreche. Die beharrlichen Rückführungen werden es dann sein, die nicht nur Hunden oder Kleinkindern, sondern auch unseren Verstand lehren können gelehriger zu werden.

Wer vorzugsweis gerne ALLEINE wandert, walkt oder joggt, der kann seine Atmung rhythmisch an seine Schrittabfolge anpassen; zwei Schritte einatmen und drei Schritte ausatmen. (1-2 Schritte einatmen und weiterzählend 3, 4, 5 Schritte ausatmen) Hierbei beginnt und endet jeder Zyklus mit abwechselnd dem gleichen Bein. Wie beim Atemrhythmus wird es auch hierbei nicht lange dauern, bis sich der 2:3 Rhythmus etabliert. Dabei zieht sich unser Verstand etwas zurück und die Kette der Gedanken wird immer kürzer, d. h. dass wir immer früher und somit immer näher an der Quelle einen Gedanken wahrnehmen werden. Bis schließlich der Moment kommt, wo wir unsere Gedanken unmittelbar im Moment ihrer „Zeugung" wahrnehmen werden. Wir werden dann unmittelbar und somit quellenrein wissen, warum UN-SER Verstand diesen oder jenen Gedanken denkt. Es wird dann unsere Entscheidung sein, ob wir einen Gedanken verwerfen, weiterdenken oder realisieren. Wir werden dann weitgehend selbst bestimmen, womit sich unser Verstand zu beschäftigen hat und womit nicht. Und nicht nur das, wir werden dann auch oft **durch** einen flüchtigen Augen**blick,** den Stimmenklang oder Körperhaltung wissen, was andere denken oder fühlen, sogar ohne dass die anderen es selbst wissen werden. Es wird eine interessante Erfahrung sein, zunächst etwas unheimlich, dann die Gewissheit bringend, dass wir mehr sind als nur unsere Körper und viel mehr als nur unsere Gedanken. Unglaublich? Für die meisten von uns NOCH, allerdings weiß ich aus eigener Erfahrung, dass es wahr ist. Es ist das paradoxes Geheimnis des Lebens, das nur den erntereifen „Früchten" ihr Schicksal offenbart wird und nicht denjenigen, die sich selbst für reif und/oder für wissend halten. Paradoxerweise müssen wir zunächst unsere eigene Unreife und unsere Unwissenheit erkennen, um erntereif bzw. wissend zu werden, denn solange wir uns selbst für erntereif und für wissend halten, sind wir es nicht!

Etwas schwieriger wird es werden, wenn für unsere Remotionsunterbrechungen NICHT die durch Sinneswahrnehmungen erzeugten Gedanken verantwortlich sind. Hierbei geht es oft um materialisierte Denkimpulse oder auch nur um erinnerbare Gefühle, um traumbedingte oder aus/in unserer Phantasie entstandene, neugebildete neuronalen Verbindungen. Nur darum, was in unseren Köpfen als „denkende" Gehirnmasse vorhanden ist. Es ist ähnlich wie mit einem Tonband oder einer CD, sie können nur das wiedergeben, was vorher draufgespielt wurde oder gerade assoziativ verarbeitet, gedacht oder geträumt wird. Auch hierbei gilt es, sich des aktuellen Urhebergedankens bewusst zu werden, um dann rückwärts (remotierend) voranzukommen. Dabei fragen wir uns, welcher Gedanke den letzten Gedanken ausgelöst hat und welcher den davor und wiederum welcher den vorhergehenden usw., usw. So kommen wir schließlich, wenn wir Glück haben, zu dem allerersten Gedanken, der die „Kettenreaktion" ausgelöst hat, zu dem Initialgedanken.

Sollten wir, aus welchen Gründen auch immer, keine Zeit zum Üben oder keine Ausdauer haben, dann ist auch das nicht tragisch, denn unsere Remotion macht uns in keiner Weise süchtig oder in irgendeiner anderen Weise abhängig, denn sie ist evolutionskompatibel – nur wesentlich schneller! Na gut, wir werden bereits nach relativ kurzer Zeit des Remotierens leistungsfähiger und damit auch erkenntnisfähiger in unseren Köpfen UND „Bäuchen" werden, doch das sollte zunächst nicht unser Problem sein – allerdings könnte es zum Problem für andere werden, und zwar dann, wenn wir uns weiterentwickeln, wenn wir den Weg der Remotion bis zum Ende, bis zu unserer „Kokonbefreiung" gehen werden. Denn es bleibt nicht dabei, dass wir von Mal zu Mal nicht nur ein wenig sensibler und damit erkenntnisfähiger werden. Die Folge wir dann sein, dass viele Mitbürger uns nicht immer verstehen werden und/oder für Besserwisser oder sogar für „Klugscheißer" halten werden. So ist es nun mal im allgemeinen Leben. Wer NICHT mit der Herde rennt oder mit den Wölfen heult, der wird überrannt oder niedergeheult werden. Und wer sich von seinem „Affendasein" zu weit entfernt, der wird **oft allein sein, jedoch niemals einsam.** Auch das gilt dabei zu bedenken, denn „Rosen ohne Dornen gibt es (noch) nicht". Auch das Böse ohne das Gute, die Armen ohne die Reichen oder die Lernunfähigen ohne die Lernfähigen kann es aufgrund der Lebensbipolarität nicht geben, denn das Eine bedingt das Andere. Dennoch hat unser Leben einen Sinn, dass es so ist, wie es ist – immer auf das Überleben durch Weiterentwicklung bedacht.

Wer der Herde nicht folgt, der wird ignoriert und ausgegrenzt. Wer zu früh kommt, oder sich zu weit aus dem Fenster lehnt, der fällt aus dem Rahmen – sogar unfreiwillig wie bei dem „Prager Fenstersturz". Doch zunächst geht es um uns, um unser Leben und nicht darum was andere sagen oder denken, deren Reifegrad noch nicht dem unsrigen entspricht – weil sie nicht mitgegangen sind, obwohl sie es könnten! Es sind diejenigen unter uns, die die Wahrheit gerne wissen möchten, jedoch NICHT hören wollen oder aufgrund ihrer Lernunfähigkeit nicht hören können. Nun ja, Leute reden nun mal viel und gern, auch ohne dabei etwas Wesentliches zu sagen. Menschen reden nicht des Redenswillen sondern weil sie etwas Wesentliches zu sagen haben. Menschen agieren statt zu reagieren, sie gehen spurenlegend voran. Sie handeln statt ewig zu verhandeln, damit diejenigen, die sie heute ablehnen, ihnen irgendwann folgen können. Es ist wie mit dem Mond: „Was kümmert es den Mond, wenn ihn die Hunde anbellen"? Er scheint unbekümmert einfach weiter, sodass er letztendlich auch den ihn anbellenden Hunden den Weg erhellt und diese dann mehr erkennen werden, als sie momentan NOCH in der Lage sind zu sehen.

Es ist wie in der Schule, wo einige trotzige oder lernschwache Schüler ihre Lehrer ablehnen und trotzdem von ihnen lernen, gelehriger zu werden. Das Paradoxe an schlechten Erfahrungen ist, dass ihre Samen auch zum Guten führen können, dass sie oft zukunftsweisend sind, denn unsere Weiterentwicklung basiert auch auf der Basis unserer schlechten Lebenserfahrungen und der der Anderen. Was ein ausschlaggebender Grund dafür war, dass ich die Lebenserfahrungen meiner Familie mit der Hoffnung niedergeschrieben habe, dass wir daraus lernen, die gleichen Fehler nicht zu wiederholen. Leider setzen sich die meisten Mitmenschen mit dieser Thematik nur sehr ungern auseinander. Ihnen ist es lieber, wenn sie lernunfähig bleiben, dann können sie unbelehrbare Kriege führen, am schwachsinnigen Terror teilnehmen oder ihre eigene Umwelt geburtenfreudig zerstören. Dabei wären Geburtenkontrollen statt gewaltsamer Dezimierungen der Überbevölkerung durch Kriege auch friedlich möglich, also ohne platzschaffender Ermordung Unschuldiger. **ODER?**

Das Hauptproblem der meisten Probleme ist die Überbevölkerung, das durch vernunftbegabte Menschen durchaus gelöst werden könnte – **wenn es denn diese *vernunftbegabten Menschen* gäbe**, denn die meisten Herrscher werden von der Unvernunft beherrscht – von der GIER nach Macht und Expansion! Leider wird es noch sehr lange dauern, bis aus blutrünstig kriegstreibenden Politikern und Kirchendienern, friedliebende Menschen werden.

Unser Planet Erde ist nicht dehnbar, wir sollten uns ihm anpassen und nicht umgekehrt. Werden wir weniger, dann reicht es für uns alle, dann muss keiner dem anderen sein Land wegnehmen wollen. Eine weltweite Geburtenkontrolle wäre eine einfache Lösung für fast alle Probleme, die die

Menschheit augenblicklich auf „ihrem" Planeten hat. Warum sprechen Kirchen und Politiker nicht darüber? Weil auch sie aus der Geschichte nicht gelernt haben gelehriger zu werden? Weil sie nicht gelernt haben ehrlich zu werden, nicht zu betrügen und nicht zu belügen? Weil ihr uneinsichtiger Verstand noch nicht gelernt hat sich von der Affen- und Tierebene **„Unkontrolliert vermehren, fressen und gefressen werden",** endgültig zu verabschieden? Weil wir noch nicht gelernt haben, unser latentes Potenzial zur Menschwerdung im Kollektiv zu nutzen? Leider ist es so weil wir noch keine vernunftbegabte und damit friedliebenden Menschen sind! Noch vermehren und töten wir uns gegenseitig wie die Raubtiere. Noch fehlt uns die Einsicht, dass Gewalt nur Gegengewalt, Hass und **Lust auf Rache** erzeugt.

Remotion heißt nicht, den Teufel durch Satan und Satan durch Luzifer oder einen Gott durch einen anderen, wie Jahwe durch Allah und Allah durch Brahma oder Buddha zu ersetzen beziehungsweise das Böse gegen das Gute und das Gute gegen das Böse auszutauschen. Es geht auch nicht darum, eine „Peitsche" durch eine andere zu ersetzen, z. B. die katholische durch die evangelische und schon gar nicht um die Gründung einer weiteren Sekte oder Partei, also um Ketten- oder um Kerkerwechsel. Bei der Remotion geht es um Neutralität, es geht darum, so zu werden, wie wir es bereits **latent** sind und waren, bevor wir durch die auf Profit bedachte politische und kirchliche Systeme „gläubig" gemacht wurden. Nun bezahlen wir die Schulden ab, die nicht wir, sondern Politiker und Kirchen in unserem und bereits im Namen unserer Kinder und Enkel getätigt haben – trotz vorgetäuschten Schuldenbremsen oder anderen Lügereien.

Was den Remotionstakt betrifft, so sollte er, auch wenn es nicht auf Anhieb glücken sollte, mindestens dem Schlagrhythmus unseres Herzens entsprechen. Dabei ist es unwichtig was oder wen wir als Basis wählen. Eine Silbe, eine Ziffer oder Zahl, ein Buchstabe, ein Tag oder Monat sollten einem Herzschlag-Takt entsprechen. Nur so bleibt unser Verstand leistungsfähig, kreativ und jung, auch wenn unsere Körper im Laufe der Zeit älter und langsamer werden. Auf jeden Fall werden wir nicht vorzeitig vergreisen oder uns wundern, dass uns die Zeit wegläuft und uns am Wochenende fragen, wo die Woche wohl geblieben ist. Dabei liegt es nicht an der Zeit, dass wir im Alter keine Zeit haben, es liegt allein an unseren ständig älter werdenden Körpern, wozu leider auch unser Verstand gehört.

Unsere Remotion hilft uns verstandesmäßig wacher und damit schneller zu werden, was insbesondere die Älteren unter uns erfreuen dürfte. Die Älteren unter uns werden am Anfang ihrer Remotion bemerken, dass ihr Verstand „Aussetzer oder Durchhänger" in Form von Denkpausen oder stehenden Denkbildern hat. Diese Denkblockaden, oft in einem Wort, oder stehende Denkbilder kommen zustande, weil unser Verstand aufgrund seines Alters einfach langsamer geworden ist. Weil wir ihn durch Banalitäten, die wir lieber Unterhaltung nennen, stetig unterfordert haben, „hört" er uns einfach nicht mehr zu!

Es ist wie mit der Hardware eines Computers, je älter sie wird, desto langsamer wird seine Software, desto mehr Aussetzer hat er. Es ist unser langsamer gewordene Verstand und nicht die Zeit, die uns von Jahr zu Jahr, von Monat zu Monat langsamer denken lässt. Die Herzschlag-Takt-Beobachtung stellt so etwas wie eine Lernzielkontrolle dar, einen Parameter, an dem wir erkennen können, ob unser Verstand schneller oder langsamer geworden ist. Ist unser Verstand anfangs langsamer als unser Herzschlagrhythmus, dann werden das unsere regelmäßigen Remotionsübungen ändern, womit eine „Entrümpelung" unseres Verstandes gemeint ist. Durch das „Aufräumen" unseres Verstandes werden wir scheinbar Neues aufdecken und somit unser uraltes, scheinbar im Laufe der Jahre verloren gegangenes Selbst nach und nach immer deutlicher erkennen. Dann werden für uns Selbsterkenntnis, Selbstverwirklichung, Bewusstwerdung oder Neugeburt keine leeren Worte oder theoretischen Begriffe sein, sondern Realität, sodass es ab da an nichts zum Aufräumen oder Neuentdecken geben wird und wir fortan „ohne" Remotion leben werden, denn unser neues Leben wird fortdauernd eine einzige Remotion sein.

Da unsere Remotion ein Novum darstellt, das noch weitgehend unbekannt ist, so halte ich es für wichtig und notwendig, dass sie im Folgenden von mehreren Seiten zusätzlich betrachtet und mehrmals wiederholend erörtert wird. Denn je mehr von uns sie verstehen, desto mehr werden sie sie praktizieren und auch anderen verständlich machen können.

Nun folgen einige Beispiele, die des Gesamtverstehens wegen durchaus hilfreich sein können: Der leere Blick, der **Panoramablick**, das Schauen ins Leere, das situationsbedingt sogar lebensrettend sein kann. Nicht nur Kinder schauen oft ins Leere, sondern auch manche Erwachsene, die wieder gelernt haben ein wenig Kind zu sein. „HANS GUCK IN DIE LUFT", werden sie im Volksmund genannt. Dann heißt es: „Wach auf, du Träumer!". „Jetzt wird nicht geschlafen. Geschlafen wird im Bett!". Die Meisten kennen solche Situationen – sicherlich auch du. Wir schauen ins Leere, weil wir nicht bei der Sache sind, und weil unser Verstand sich mit anderen Dingen beschäftigt, weil er träumt. Diese Tagträume sind nicht wesentlich anders als unsere Nachtträume. Auch hierbei schaltet unsere graue (nicht weiße) Gehirnmasse unsere Sinnesempfindungen vorübergehend auf „Aufräum-Automatik" um. Dann sind wir zwar körperlich anwesend, aber geistig nicht bewusst vorhanden und somit von unseren Umweltwahrnehmungen weitgehend abgeschaltet. Also im Automatikmodus. **Wir träumen dann nicht, wir sind der Traum.** Tragisch kann es für uns nur dann werden, wenn dieser Zustand sich während einer Autofahrt oder bei einer gefährlichen Arbeit einstellen sollte. Dann heißt es, dass der Sekundenschlaf die Ursache für einen tragischen Unfall gewesen sei.

Beim Panoramablick ist es wie kurz vor einem gewöhnlichen Einschlafen. Unser Blick entspannt sich und wird weitwinklig, eben panoramaartig, sodass Anwesende unsere Abwesenheit sofort erkennen können. Was wir jetzt träumend sehen, sind nicht reale, sondern die durch/in unserem Gehirn abgespeicherten, erdachten oder phantasierten Traumbilder. Es sind meistens stehende Bilder. Wir sehen dann auch Bewegungen, allerdings ohne dass unsere Augen sie fokussierend verfolgen. Wir haben dann einen Panoramablick, einen Blick ins Leere ohne bewusste Wahrnehmung dessen was sich vor unseren Augen real abspielt. Unsere Augen schauen zwar vor sich hin, jedoch sehen nichts, was sonst wacherweise unseren Verstand erreicht. Kurz vor unserem Panoramablick schwächen unsere Atmungsintensität und die Luftströmungsgeschwindigkeit in unseren Atemwegen etwas ab.

Die Atemluft-Reibung in unserem Atmungssystem wird geringer und damit auch die Spannung der Reibungsenergie. Die Brustkorbkontraktionen werden schwächer und die Sauerstoffaufnahme verringert sich, was zu Verlangsamung der Herzfrequenz führt und schließlich zum Einschlafen. Um NICHT einzuschlafen, sollten wir sofort an den vorhergehend beschriebenen Turbomodus unserer Remotion denken. Das Problem dabei ist nur, dass die meisten von uns, die in unserer Remotion noch nicht genügend geübt sind, diese Gefahr des ungewollten Einschlafens nicht rechtzeitig wahrnehmen, um dagegen ansteuern zu können.

Doch „wo es Schatten gibt, dort gibt es auch ein Licht", denn dieser Vorgang funktioniert erfreulicherweise auch umgekehrt. Durch bewusst erhöhte Atemintensität nimmt auch die Luftströmungsgeschwindigkeit in unseren Atemwegen rasch zu und damit auch die Reibungsenergieintensität. Folglich nimmt dann auch die Sauerstoffaufnahme unseres Blutes zu und die Kohlendioxid-Konzentration ab, was uns letztlich vor dem ungewollten Einschlafen schützt.

Es ist ähnlich wie mit dem Ablagemoment bei unserer Brille, den wir meistens nicht bewusst wahrnehmen. Doch „gegen fast jedes Übel ist ein Kraut gewachsen", auch gegen den Panoramablick und gegen den Tages- oder Sekundenschlaf. Denn: „Kannst du deine Feinde nicht besiegen, so verbünde dich mit ihnen und übernimm dann die Führung".

Auf unseren Panoramablick bezogen, bedeutet das, dass er sich nach einer gewissen Zeit der Einübung vom unbewussten zum bewussten Weitblick hin verändern wird – auch im geistigen Sinne, denn aus Kurzsicht wird Weitsicht werden – vorausgesetzt wir wollen es.

Wenn wir ein Bild betrachten, dann fokussieren unsere Augen zunächst das ganze Bild, dann nur bestimmte, für unser Empfinden interessante Bildausschnitte, welche wir dann auch recht scharf, kotrastreich und detaildeutlich sehen. Der Rest des Gesamtbildes ist dabei recht unscharf und bleibt uns weitgehend verborgen, denn wir konzentrieren uns hierbei tunnelartig auf das für **uns** Wesentliche, auf das was **wir** als schön empfinden oder was **unseren** Verstand besonders intensiv anspricht. Der Unterschied zum Detailbild ist das Gesamtbild, das Panoramabild eben. Dann sehen und nehmen wir das ganze Bild weitwinklig war. Wir können dann z. B. als Lehrerin alle Schüler im Auge behalten oder als Jäger auf einem Hochsitz jede Bewegung im gesamten Beobachtungsareal wahrnehmen, ohne unseren Körper oder Augen dabei zu bewegen. Fällt uns in einem Abschnitt des Panoramabildes eine Bewegung auf, dann wird unser Verstand sie instinktiv und somit völlig automatisch durch unsere Augen fokussieren lassen und den Rest des Panoramabildes instinktiv ausblenden und auf unscharf stellen, denn wir waren und sind immer noch „Fokussierjäger". Allerdings gibt es bei unserer Wahrnehmung auch Ausnahme-Situationen. So wird in lebensbedrohenden Angstsituationen sogar unser Panoramablick blitzschnell auf „scharf", auf Fokussieren, auf so etwas wie Überlebensmodus umgestellt.

Wir bekommen dann augenblicklich, der lebensrettenden Überschaubarkeit wegen, einen scharfen Panoramablick in **Zeitlupe** – nicht weil alles um uns herum plötzlich langsamer geworden ist, sondern weil unsere Seele für den Moment der lebensbedrohenden Gefahr die unmittelbare Regie über die Sondersituation übernimmt. Sie präsentiert unserem Verstand augenblicklich, sozusagen durch schnelleres

Sehen mindestens doppelt so viele Bilder pro Sekunde wie es normalerweise der Fall ist, also wesentlich mehr als 42. Somit wird alles um uns herum scheinbar langsamer damit wir, als unser Verstand, mehr Zeit zum Reagieren bekommen.

Scheinbar langsamer, denn normalerweise werden unserem Verstand etwa 21 Bilder pro Sekunde übermittelt, und wir sehen dann alles um uns herum im normalen, also im gewohnten Tempo. Geraten wir in echte Lebensgefahr, dann erhöht sich die Bilderzahl wesentlich und **blitzschnell,** sodass wir relativ mehr Reaktionszeit bekommen und sogar während eines Sturzes von einer Leiter, der nur Bruchteile einer Sekunde andauert, Körperkorrekturen vornehmen können, die uns, ähnlich wie bei einer Katze, auf den Füßen landen lassen.

Beim Stolpern passiert Ähnliches, allerdings wird die Reaktion nicht durch das Sehen unserer Augen, sondern durch das Gleichgewichtsorgan in unseren Ohren ausgelöst. So reagiert unser Körper beim Stolpern mit einem Ausfallschritt und verhindert damit reflexartig, dass wir unser Gleichgewicht verlieren und umfallen. (Kraft = Gegenkraft. Isak Newton lässt grüßen). Bei Fang-, Greif-, Abduck- oder Ausweichreflexen ist es ähnlich. Dann übernimmt kurzzeitig ein ANDERER das Kommando, um unsere Körper vor eventuellen Verletzungen zu schützen und somit für unsere Weiterentwicklung gesund zu erhalten.

Eine Fliege würde andauernd gegen irgendein Hindernis fliegen oder einer Fliegenklatsche NICHT ausweichen können, wenn sie nicht wesentlich mehr Bilder pro Sekunde sehen würde als wir. Sind wir alt, alkoholisiert, stehen unter

Beruhigungsmedikamenten oder Drogen, dann empfängt unser Verstand weniger als 21 Bilder pro Sekunde, geht aber davon aus, dass es eine „normale" Bilderzahl ist und rechnet dementsprechend, sodass situationsbedingte Gegenmaßnahmen bei einer Gefahr nicht ergriffen werden können. Wir fahren dann vor ein Hindernis, OHNE vorher dieses wahrnehmbar gesehen zu haben. Und bevor unser Verstand eine verringerte Bilderzahl als VERRINGERT erkennt, ist es meistens schon zu spät.

Es ist wie mit dem Blitz und Donner. Wenn es blitzt, dann knallt es auch, AUCH wenn wir den Donner entfernungsabhängig erst später hören. Wenn es blitzt und wir erst eine Sekunde später den Donner hören, dann befinden sich das Gewitter oder/und der Blitzeinschlag, etwa 330 Meter von uns entfernt. Wenn es blitzt und wir den Donner erst etwa 3 Sekunden später hören, dann befindet sich das Gewitterzentrum etwa 1 Km weit von uns entfernt. Also: Sekundendauer vom Blitz bis zum Donner mal drei entspricht der Gewitterzentrum-Entfernung.

So benötigt alles seine Zeit, auch unser Gehirn bis ein Signal es erreicht, bis es irgendwann lernt, gelehriger zu werden. Bis unser Gehirn die eigenen und die Lebenserfahrungen anderer Menschen reaktionsfähig verarbeitet und sie als maßstäblich agierende Gedächtniszellen etabliert, müssen Lebenserkenntnisse sowie Lebenserfahrungen oft wiederholt werden bzw. von verschiedenen Blickwinkeln **fächerübergreifend** erörtert werden – was einer gewissen kognitiven Anstrengung bedarf. Jedoch: „Ohne Fleiß kein Preis!" Oder: „Was nichts kostet, das ist meistens auch nichts wert!"

Da wir am Anfang unserer Remotion den Moment des Beginns unseres Sekundenschlafes – **meistens** – nicht wahrnehmen können, so können wir es einfach schrittweise lernen und damit anfangen, was wir bereits kennen und können. Wie müssen lernen schneller zu reagieren, den Moment, in dem der Panoramablick entsteht, früher wahrzunehmen, um ihm dann sofort durch unsere Turboremotion entgegenzuwirken. ODER, was viel sinnvoller ist, ihn zu unserer neuen Remotionsbasis zu machen.

Wir müssen lernen, während des Sekundenschlafes unseres Verstandes wach zu bleiben. Dazu fokussieren wir zunächst einen Bildausschnitt. Das kann eine Fliege an der Wand sein, ein Musterteil auf unserer Tapete oder auf dem Teppich, ein Buchstabe auf dieser Textseite oder ein Bildausschnitt eines an der Wand hängendes Bildes, ein Vogel auf einem Ast oder ein Hase auf dem Acker. Das „**X**", auf das deine Augen gerade schauten, kann es auch sein. Jetzt heißt es achtsam aber nicht verkrampft eine Weile lang fokussierend beim „**X**" zu bleiben. Anfangs wird es nur wenige Augenblicke dauern, bis sich dein Blick vom „**X**" abwenden wird. Auch gut! Dann kehre zu deiner neuen Remotionsbasis zurück, wobei du die rückwärtige Gedankenverfolgung zunächst außer Acht lassen solltest. Es könnte durchaus sein, dass du nach einer Weile zwei langsam auseinandergehende „X" sehen wirst. Lass es bewusst beobachtend ruhig eine Weile zu und sei dir dabei im Klaren, dass DU der Beobachter und NICHT das Beobachtete bist.

Hast du meiner Bitte entsprochen? Wenn nicht, dann tue es bitte jetzt, denn mit „so tun als ob", ist es wirklich NICHT getan, denn mit „möchtest oder könntest du" oder „würdest du" bleibt alles unverbindlich – auch für unseren Verstand.

Also, fokussiere das „**X**" so lange, bis dein Blick sich erweitert und dabei auch den umliegenden Text panoramaartig wahrnimmt. Nun bleibe einige Sekunden dabei. Anschließend kehre zum „**X**" zurück usw., usw., bis dein Verstand gelernt haben wird, dich vor seinem in den Sekundenschlaf gehen zu wollen, zu informieren.

Später, wenn wir den Panoramablick beherrschen werden, werden wir, insbesondere in der freien Natur, auch die Dynamik des gesamten Panoramabildes sogar audiovisuell wahrnehmen. Auf einmal wird das stehende Bild lebendig. Die Baumkronen geraten durch den leichten Windzug von hinten, den wir in unserem Nacken an den Haaren spüren, in Bewegung. Eine Taube kündigt ihren Anflug von links mit einem Ruf in unserem linken Ohr an, und eine am rechten Wegesrand stehende Rose macht uns mit ihrem Duft in unserem rechten Nasenloch auf ihre Existenz aufmerksam. Jetzt wird es heißen, mit allen Sinnen dabei zu sein, bis zur teilweisen Verschmelzung mit dem Gesamtbild, zum kurzen Eins-Werden. Es ist wie mit dem Regentropfen der auf einen Fluss niedergeht und anschließend selbst zum Fluss wird oder wie der Fluss, der im Ozean angekommen selbst zum Ozean wird.

Diese Übung des leeren Blickes bezieht sich zunächst auf unseren Seh-Sinn, doch wir haben auch andere Sinne, mit denen diese Übung auch funktioniert, endlich sogar mit allen Sinnen gleichzeitig – insbesondere in lebensbedrohlichen Situationen.

Ursprünglich dienten unsere paarigen Sinnesorgane der fokussierenden Ortung. Damit wir Geräusche, Düfte, Wärmequellen oder andere Objekte wahrnehmen und deren Richtung richtig einschätzen können, benötigen wir zwei Sensoren, die nebeneinander angeordnet sind oder eine gespaltene Schlangenzunge. Je spitzer der Wahrnehmungswinkel zum Objekt ist, desto weiter entfernt ist er und umgekehrt, je weiter der Wahrnehmungswinkel ist, desto näher ist das wahrgenommene Objekt.

Zur Duftortung setzen wir unsere beiden nah beieinanderliegenden Nasenlöcher ein. Aufgrund der paarigen Anordnung unserer Nasenlöcher erkennt unser Verstand, aus welcher Richtung der Duft kommt und zu wem er gehört. Kommt der Duft von rechts, dann wird er von unserem rechten Nasenloch intensiver wahrgenommen als vom linken und umgekehrt. Ist die Duftwahrnehmung ausbalanciert, dann befindet sich die Duftquelle geradeaus vor uns. Auf der Tierebene, als wir noch wilde Tiere waren, konnten wir auf Grund der Duftintensität sogar ziemlich genau die Richtung UND Entfernung des Beobachtungsobjektes einschätzen, was für die Nahrungsbeschaffung genauso wichtig war, wie für die eigene Lebenserhaltung. Heutzutage sind es die Navis, die durch drei Satellitenpeilungen unsere exakte Position bestimmen können. Diese paarige Anordnung, NICHT NUR die der Sinnesorgane sondern auch die von anderen Körperteilen, kommt bei allen weiter entwickelten Lebewesen überall vor – auch im All. Sollte unsere Erde Widererwarten einen körperbehafteten Besuch aus dem All bekommen, dann werden auch seine Körperteile paarig sein, denn auf der materiellen, **Schwerkraft abgängigen** Evolutionsebene kommt man nur paarig gut voran. Alles andere sind meistens nur Fantasien, die unseren Verstand vernebeln.

Bei der Sinnes-Remotion, z. B. bei der Geruchs- und Gehörsinn- Remotion, kommen wir am schnellsten und am sichersten zum Erfolg, wenn wir uns zunächst auf eine Seite konzentrieren. Zunächst konzentrieren wir uns auf das, was wir links hören und riechen, dann wechseln wir nach rechts. Es ist nicht leicht auf Anhieb uraltes Können wieder zu reaktivieren. Allerdings benötigen wir dieses Können als heutige Menschen kaum oder gar nicht, und was die Evolution nicht direkt benötigt, das fordert und fördert sie nicht, das verkümmert. Selbst unser Immunsystem wird nicht fördernd gefordert und somit ständig unterfordert durch Sterilität unserer Umgebung, insbesondere jedoch durch voreilige Einnahme von Antibiotika, sodass es immer leistungsschwächer wird. Dann werden einfache Allergien schnell zu asthmatischen Dauerproblemen. Und als ob es des „Guten" noch nicht genug wäre, als ob unsere Gehirne es „besser" haben sollten, werden sie durch alle möglichen uns verdummenden Medien „entlastet". Die Folgen sind bereits Realität geworden, denn wissenschaftliche Studien belegen, dass wir von Jahr zu Jahr immer weniger intelligent werden. Nun ja, warum sollten wir intelligenter werden wollen – wir haben ja die Künstliche Intelligenz (KI), die uns von Tag zu Tag immer dümmer werden lässt!

Als Neandertaler waren wir auf unsere differenzierten und ortenden Sinneswahrnehmungen angewiesen, denn sie waren oft lebensentscheidend, sowohl zum Beutemachen als auch um selbst nicht zur Beute zu werden, denn wer als Erster gesehen, gehört oder gerochen wird, der fällt auch als Erster auf – sowohl den Jägern als auch den Gejagten. Insofern ist es überlebensrelevant ständig einen fitten und somit einen wachen Verstand zu haben oder auszubilden.

Es ist wohl war, ohne unseren Verstand wären wir nichts, allerdings wäre unser Verstand ohne uns genauso wenig existent. Unser Verstand existiert, damit wir wachsen und schließlich uns durch/über ihn erkennen können wer wir wirklich sind. Ich weiß, einerseits klingt es nach Schizophrenie, nach Persönlichkeitsspaltung oder nach „Verrücktwerden", andererseits sind wir Gefangene unseres eigenen, fremdkonditionierten Verstandes. Gelingt es uns nicht, sich von ihm zu distanzieren, ihn aus einer gewissen Ferne zu betrachten, ihn zu kontrollieren, dann werden wir uns mit ihm identifizieren, dann werden wir diejenigen sein, zu denen ihn Medien und andere gemacht haben oder noch machen werden. Die Einen werden uns Terroristen und die Anderen Helden nennen und umgekehrt, die Einen werden uns als Helden und die Anderen als Terroristen bezeichnen, je nachdem wer unsere sogenannten Feinde oder Freunde **momentan** sind. Mittlerer Weile haben unsere Gehirne (Hardware) eine Größe erreicht, um eine Verstandesgröße (Software) bilden zu können, die in der Lage ist, unsere Selbstreflexionen an die Lebenserfahrungen anderer anzuknüpfen und damit gelehriger zu werden – vorausgesetzt wir WOLLEN es! Wir sind doch keine lernunfähigen „Esel" mehr, die fortwährend Kriege führen, um ermordet zu werden? Oder doch? Wahrscheinlich, denn ohne eigenes Bewusstsein, wissen wir nicht, was wir tun!

Manche Rätsel sind rätselhaft, jedoch nicht unlösbar. Es ist zwar eine kniffelige Angelegenheit, jedoch eine durchaus lösbare, denn du wärest nicht der Erste, der sich selbst durch das Selbst verwirklichen und Bewusstwerdung erreichen könnte. Es ist der letzte, scheinbar unlösbare „Gordische

Knoten", den es auf dem Wege zu uns selbst durchzuschlagen gilt. Andernfalls bleiben wir, trotz besseren Wissens, „Gefangene" unseres fremdkonditionierten Verstandes.

Wir werden weiterhin über alle möglichen und unmöglichen an uns medial übermittelten Banalitäten aus zweiter Hand reden und diskutieren, jedoch nichts Lebendiges dabei erfahren oder fühlen. Denn selbst das Mitgefühl mit anderen Lebewesen oder Mitmenschen ist uns medienbedingt „verloren" gegangen, denn wir können auf Grund der medialen Überflutung kaum noch unterscheiden was echt oder unecht, was richtig und was falsch, was nur rote Farbe oder Blut ist, was gelogen oder faktenbezogen wirklich wahr ist. Wir haben uns selbst orientierungslos gemacht, von verlogenen Politikern und geistarmen Kirchendienern, auf Grund unserer naiven Gleichgültigkeit und Gutgläubigkeit, orientierungslos machen lassen.

Wir haben bereits unsere Wesen verloren, denn wir reden nicht mehr über Wesentliches – nur noch über Banalitäten. Wir ereifern uns als „Mode-Experten" über die „geschmacklose" Kleidung, die andere Leute tragen und nicht über diejenigen die sie tragen. Wir führen „ernsthafte" Gespräche über Belangloses, über das Wetter und im Alter am liebsten über die Gebrechen, die uns tagtäglich plagen.

Selbst unsere Kinder sind modesüchtig geworden, denn sie tragen nur noch sogenannte „Markenartikel", denn „Kleider machen Leute", sagt man – **nicht Menschen!** Und je teurer die Outfits ihrer Kinder sind, desto wertvoller kommen sich ihre Eltern vor – weil sie selbst orientierungslos geworden sind. Wir kritisieren das Benehmen und Aussehen anderer

Leute – weil sie **nicht** so aussehen oder sich nicht so verhalten wie **wir** es für richtig halten. Wir werden uns weiterhin für den Maßstab aller Dinge halten und somit nicht viel Neues dazulernen wollen – weil sich groß zu glauben, einfacher ist als sich klein zu wissen.

Solange wie wir uns für diejenigen halten, die wir im Spiegel sehen, werden wir nie erfahren, wer wir wirklich sind – wir werden uns nur noch mit der Haarfarbe oder der Schminke, den gestylten Fingernägeln oder den mit Botox unterspritzten Körperteilen identifizieren, dabei bleibt uns unser Wesen gänzlich verborgen. Und wer glaubt, dass die Evolution im Laufe von Millionen Jahren uns nur dafür erschaffen hat, damit wir am Ende anfangslos enden und zu „Staub und Asche" zerfallen, dem wünsche ich all das, was er sich selbst wünscht.

Wer den Remotionsweg bis hierher lernend mitgegangen ist, der dürfte genügend motiviert und erfahren sein, um auch den nächsten Schritt wagen zu können. Wer bereits im Vorherbeschriebenen geübt ist, wer es verinnerlicht, also auch praktisch ausprobiert und verstanden hat wie Eigensuggestionen oder Fremdsuggestionen, Hypnosen und Meditationen funktionieren, (Siehe nach in: „Was jeder wissen möchte, jedoch keiner hören will") kann jetzt gefahrlos weiterüben. Wer das Vorherbeschriebene nur oberflächlich, nicht sinnentnehmend, nicht schulbuchähnlich gelesen, nur oberflächlich zur Kenntnisgenommen hat, der hat den Ernst seiner Lage aufgrund seiner Fremdkonditionierungen noch nicht verstanden. Der möge mir verzeihen, dass ich ihn nicht erreicht habe, für ihn ist es noch zu früh, mit der eigentlichen uns verändernden Remotion zu beginnen. Denn was nützt einem ein Navigationsgerät oder ein Smartphone, deren

Funktionsweise er NICHT beherrscht, ein Stadtplan oder eine Schatzkarte, die er nicht informationsentnehmend lesen kann – gar nichts!

Remotion kann uns die Handhabung oder das sinnentnehmende Lesen sowie das **Merken-Können** beibringen. Ob wir es dann wollen oder pseudowissend aufgeben, das werden wir dann unserem Entwicklungs- oder Reifegrad entsprechend selbst entscheiden. Entweder oder, entweder mühelos aber angstvoll körperlich vergehen oder mühevoll geistig neuentstehen – wir haben die „Qual der Wahl" und es ist nur eine Frage der Zeit und Reife, wann wir uns für unsere „Rückkehr" werden entscheiden **MÜSSEN.** Das ist unser Schicksal, unser Urvermächtnis, dass wir irgendwann zu unserem Urzuhause **zurückkehren müssen,** denn alles, was geschehen **muss,** damit wir unsere lange Suche nach unserem „Urzuhause" vollenden können, wird auch irgendwann geschehen!

Wer meint, sich die „Schatzkarte" einigermaßen gut eingeprägt zu haben, der kann seine Selbsterfahrungsreise fortsetzen. Der sollte zunächst vorsichtig, aber nicht ängstlich reisen und dabei unbedingt auf die körperlichen Warnsignale achten, insbesondere auf die Kopfschmerzen. Denn sobald sich heftige Kopfschmerzen bemerkbar machen, MÜSSEN wir unsere Remotionsübung sanft unterbrechen und uns zunächst leichteren „Gegnern" zuwenden, beispielsweise der bereits bekannten „Urknallmelodie", dem oszillierenden Urknallgeräusch in unseren Köpfen, das uns permanent an unsere ferne Heimat, an unser Urzuhause seit mindestens 14 Mrd. Jahren ständig erinnert UND – das **gesamte Leben** permanent zum Weitersuchen antreibt. Das Ewige Leben ruft uns ständig – unsere Remotion kann uns helfen seine

Rufe wahrzunehmen. Unsere Mutter Evolution ist fortwährend schwanger, bis sie irgendwann Wesen gebären wird, die weniger auf Macht und Gier bedacht sein werden, als wir es momentan **noch** sind, die „musikalischer" sein werden als wir schwerhörig Gewordenen.

Schließlich ist die aus bestimmten Schallwellen bestehende Urknallmelodie die stetig Neues hervorbringende Kraft, die kontinuierlich, an Altes andockend, genkombinierend ständig neues Leben erschafft – bis es schließlich dort enden wird, wo es angefangen hat – an der Start-Ziellinie, im andersdimensionierten Urzuhause.

Bis dahin sollten wir lernen diese Orientierung gebende Beschallung genauer zu hören und zu unserer weiteren Remotionsbasis machen. Wer das auf Anhieb nicht kann, der sollte so leise atmen, dass er dabei keine luftströmungsbedingten Atemgeräusche hört – nur ein melodisches, „Tinnitus-Artiges" Rauschen, und immer wenn seine Achtsamkeit nachlässt, dorthin zurückkehren.

Zu Abrahams, Buddhas, Moses, Jesus' oder Mohammeds Zeiten sind die Leute in die Einsamkeit der Wüsten oder Berge gegangen, um nach wochenlanger Remotion (Kontemplation) Menschen zu werden, um Läuterung, um Bewusstwerdung und Neugeburt zu erlangen. Viele von ihnen sind nicht zurückgekehrt, weil sie das gefunden haben, wonach alle Suchenden seit Urzeiten suchen – ihr andersdimensioniertes Selbst. Viele von ihnen haben der Tür aus strahlendem Licht nicht widerstehen können. Sie sind mit der Urknallmelodie ewig eins geworden – für uns ein Verlust, für sie ein verdienter ewiger Gewinn.

Leider sind wir alle unterschiedlich. Und weil sich jeder von uns auf einer anderen Entwicklungsstufe befindet, so sollte auch jeder auf seiner eigenen und nicht auf einer anderen Entwicklungsstufe abgeholt werden. Manche von uns sind mehr praktisch oder theoretisch veranlagt, andere mehr visuell als auditiv und noch andere mehr musikalisch als verbal. Möge jeder die zu ihm optimal passende Remotionsübung finden oder sich selbst eine zu ihm passende ausdenken.

Einer der schnellen und sicheren Wege zu uns selbst ist die bereits beschriebene audiovisuelle Remotionsübung, die mehrere Sinne gleichzeitig anspricht und von jedem bedarfsorientiert modifiziert werden kann. Im Schneidersitz, relativ bequem sitzend, stellen wir uns die Großbuchstabenreihe des Alphabets in unserem „transparenten Kopf" an der Innenseite der Schädeldecke aneinandergereiht von A bis Z vor und benennen sie dann gedanklich. Unsere Betrachter-Position befindet sich dabei hinter unseren Köpfen, leicht außerhalb also, sodass die Buchstaben an der Innenseite der Schädeldecke am Hinterkopf spiegelbildlich „zu sehen" sind, sozusagen von hinten.

Haben wir die ganze Alphabet-Runde einmal aufgesagt, dann fangen wir wieder von vorne mit dem Buchstaben A an. Dabei, um der Gewohnheit entgegenzuwirken, verändern die einzelnen Buchstaben mit jeder Runde ihre Position. Wo noch in der Vorrunde ein A stand, kann in der nächsten Runde ein Q stehen usw., usw. Die Farbe der Buchstaben ist zunächst farblos.

Wer Schwierigkeiten mit der bildhaften Buchstabenvorstellung hat, der „zeichnet/schreibt" sie gedanklich vor. Als

„Schreibgerät" können Finger oder Zehen zuckend zur Hilfe genommen werden. Wer es als zu leicht empfindet, der kann die Buchstaben farbig gestalten (sehen) oder von rückwärts nach vorn beginnen, also von Z bis A oder treppenartig rauf und runter. Natürlich können wir uns die Buchstabenreihe auch auf ein transparentes Stirnband geklebte Buchstaben denken, dann sind die Stirnbuchstaben spiegelbildlich von hinten durch die Schädeldecke zu sehen. Auf diese Weise wird unsere Remotion nicht zur Routine. Ferner behalten WIR die Kontrolle über unseren Verstand, der sich fortlaufend wehren wird. Immer und immer wieder wird er die Remotionsbasis verlassen und irgendwelchen Geräuschen, Bildern, Körperempfindungen oder Phantasien nachlaufen. Dann holen wir ihn wieder und immer wieder auf die Remotionsbasis zurück und zwar zu dem Buchstaben, bei dem er uns entwischt ist oder an den er sich eindeutig erinnert. Das geschieht so lange, bis unser Verstand gelernt haben wird, dass er fortlaufend „bestraft" wird, wenn er sich unangekündigt los leint oder sich von der Remotionsbasis ohne unsere Zustimmung entfernt. Der Zeitpunkt wird dann gekommen sein, wenn unser Verstand das ganze Alphabet ununterbrochen mindestens 4/5 Male hintereinander audio-visuell wird vortragen können.

Als Nächstes kehren wir nicht sofort zu unserer Buchstabenbasis zurück, sondern fragen uns, wer den zuletzt wahrgenommen Störgendanken und den davor ausgelöst hat, bis wir letztlich zu dem Initialgedanken kommen , der das erste Glied der Gedankenkette bildet und kehren dann kommentarlos zum zuletzt „gesehenen und gehörten" Buchstaben unserer Buchstabenbasis zurück.

Am Anfang der Gedankenquelle angekommen, werden wir auch den Auslöser des Initialgedankens erkennen. Meistens sind es die in unseren Köpfen abgespeicherten Bilder und Geräusche sowie Emotionen aller Art. Es sind dieselben, die wir auch nachts wahrnehmen, wenn wir träumen oder zur Orientierung benötigen. Hinzu kommen noch aktuelle Sinnesimpulse der Umgebung, wie Geräusche oder Gerüche, Wärme oder Kälteempfindungen UND schmerzliche Körperverspannungen, die wir bereits kennen und die sofort, noch während unserer Remotionssitzung, durch korrigierende Veränderungen der Körperhaltung **behutsam** gelöst werden sollten. Ansonsten ist es heilsamer öfter kurz, aber regelmäßig zu üben, als selten und lang – jedenfalls so lange bis sich unser Verstand daran gewöhnt haben wird, uns über sein Vorhaben avisierend zu informieren. Schließlich wird er uns über das Verlassen-Wollen der Remotionsbasis unmittelbar oder sogar vorher in Kenntnis setzen. Je früher wir solche Gedankenwechsel wahrnehmen werden, desto eher werden wir die Ursache ihrer Entstehung verstehen und damit AUCH uns selbst.

Selbst unsere Träume werden dann klar und kreativ werden. Selbst Probleme aller Art werden nachts träumend durch selbständiges, autogenes Training unseres Verstandes automatisch gelöst werden. Am nächsten Tag werden wir dann wissen, wie was zu lösen sei, als ob unser Verstand nachts lernend Zugang zu einer geheimnisvollen, andersdimensionierten Quelle gehabt hätte. Das werden dann u. A. die Früchte sein, an denen wir unseren Remotionsfortschritt auch praktisch erkennen werden.

Haben wir uns an EINE Remotionsbasis gewöhnt, dann ist es Zeit sie zu verlassen und sich der nächsten zuzuwenden.

Denn: **Gewohnheiten sind Bremsen des gesamten evolutionären Fortschritts** – was der Hauptgrund dafür ist, dass die besonders kreativen unter uns, ständig nach etwas NEUEM suchen **MÜSSEN!**

Genau genommen ist unser ganzes Leben eine einzige Remotion – allerdings im **Automatikmodus.** Es schreitet zwar fortwährend voran, jedoch mit viel Zeit, die wir als „Etappenreisende" nicht haben. Also beschleunigen wir unseren eigenen Entwicklungsprozess, indem wir auf **„manuellen Modus"** umschalten und somit unsere persönliche Entwicklungsgeschwindigkeit unserem latenten Potenzial entsprechend weitgehend selbst bestimmen. Unser Urvermächtnis ist NICHT, ob wir in unser Urzuhause zurückkehren **wollen,** sondern **müssen.**

Was **nicht nur** die Remotionsbeschreibung angeht, so denke ich, dass ich das Meiste, was unserer Bewusstseinsweiterentwicklung dienlich sein kann, **sogar mehrmals** gesagt habe. Was jeder von euch daraus macht oder auch nicht, das kann jeder von euch selbst entscheiden. Seid kreativ und lasst euch von nichts und niemandem binden oder beschränken und schon gar nicht von eurem Verstand, denn ihr seid nicht seine „Sklaven" sondern seine „Herren". Habt ihr eine Idee, wie ihr etwas ändern könnt, so tut es, jedoch nicht um uns gleich „davonzufliegen". Je länger ihr euch in der Remotion üben werdet, desto kräftigere Flügel werden euch wachsen, desto höher werdet ihr fliegen können, desto weiter wird euer Horizont werden, bis ihr endlich die „Türschwelle" zum schattenfreien Licht überqueren und somit selbst zum Licht werdet. Sich selbst NOCH in der „Türschwelle" befindend könnt ihr all denjenigen den Weg erhellen, die bereits perspektivlos und/oder orientierungslos durch fremde Konditionierungen, wie Religionen oder politische Systeme, gemacht worden sind. Denn wer den inneren Weg von der Dunkelheit ins Licht selbst erfahren hat, der wird ihn nie vergessen können, der wird zum unübersehbaren Leuchtpunkt für andere wahrhaftig Suchende werden. Der wird zum Reisenden zwischen der real sichtbaren und der andersdimensionierten, real unsichtbaren Welt werden. Für den wird seine Traumwelt bereits zu seiner irdischen Lebenszeit **kein** Traum sein, sondern eine andersdimensionierte Realität in die er nach seinem letzten Atemzug für immer eingehen wird.

Alles verändert sich, alles entwickelt sich weiter und es gibt keine einzige Lebensart, die auf dem Entwicklungsniveau endet, auf dem sie entstanden ist – gehören auch wir dazu? Wir halten uns zwar für die Krone der Schöpfung aber sind wir es auch? JA und NEIN.

JA, weil wir momentan noch die einzige Spezies auf unserer Erde sind, die über dieses geheimnisvolle Potenzial zur Bewusstwerdung latent verfügen. Nein, weil wir dieses geheimnisvolle, in uns schlummernde Potenzial zur Bewusstwerdung, gegenwärtig **noch** nicht entdeckt haben! Noch schlafen wir tief und fest – trotz böser Kriegserfahrungen, **trotz** lauter Bombenexplosionen, **trotz** Konzentrationslagern, **trotz** Menschenvergasungen, **trotz** Folterqualen, **trotz** Gefangenschaften, **trotz** Entführungen, **trotz** Kannibalismus in Stalingrad und woanders, **trotz** Klima- oder nuklearer Katastrophen, **trotz** ..., **trotz** ..., trotzdem schlafen wir gemütlich weiter!? Es wird höchste Zeit wissend zu agieren, statt nur unwissend zu reagieren.

NEIN, weil wir im Moment die letzte Generation der Evolutionskette sind, die die ersten Rückkehrer aus der „Ur-Vertreibung" sein könnten – jedenfalls einige von uns . Es sind diejenigen unter uns, die weniger Wert auf die Verpackung legen als auf den Inhalt, es sind diejenigen unter uns, die weniger Wert auf den Schein als auf das Sein legen. Es sind diejenigen unter uns, die ungeheuchelt aufrichtig danach streben, was sie bereits unbewusst sind und noch während ihrer Lebensdauer bewusst werden könnten.

Andernfalls bleibt alles so wie es schon „immer" war. Wir bauen mühsam etwas auf, um es dann wenige Jahre später wieder zerstören zu können. Die DDR ist unter russischer Besetzung entstanden und vergangen. Also zeitgleich als der Staat Israel, u. A. mit „Unterstützung" der Amerikaner und Engländer - mit Unterdrückung und ethnischen Säuberungen palästinensischer Bevölkerung sowie darauf folgender Annexion **Palästinensischer Gebiete** gegründet wurde. Dabei hätten die beiden Großmächte vom Pharao, der die jüdischen Landbesatzer und Unruhestifter aus **seinem** Land bereits vor 3300 Jahren vertrieben hat, lernen können, wie man mit Unruhestiftern umgeht.

Politiker und Kirchen führen Kriege aus machtpolitischer und territorialer Gier. Danach schließen sie Frieden, damit sich die lernbehinderten Populationen wieder erholen können. Damit das Zerstörte wieder mühsam aufgebaut werden kann, um es anschließend erneut zu zerstören? **Wieder und wieder?** Wir vereinbaren Waffenruhe, um die Verwundeten gesund pflegen zu können und wir brechen sie, um die Gesundgepflegten wieder an die Kriegsfront zu befehlen. Das SIND WIR, jedenfalls die meisten von uns sogenannten Menschen, weitgehend unbelehrbare Kreaturen, die nicht in der Lage sind, miteinander in Frieden zu leben. Wie „blind" sind wir, dass wir unsere eigene Blindheit nicht erkennen können?

Menschen tun so etwas Dummes nicht, weil sie aus der Geschichte gelernt haben, gelehriger zu werden. Nur unbelehrbare Leute ermorden andere, ebenfalls lernresistente Leute. Leute, die noch nicht verstanden haben, dass ihre sogenannten Feinde nicht VOR ihnen stehen, sondern HINTER ihnen. Es sind politische Systeme und Kirchen, die Kriege haben wollen und nicht das willenlose „Kanonenfutter", das keinen eigenen Willen hat. Wir sind noch keine Menschen, sondern immer noch Schimpansen ähnliche streitsüchtige Leute, die noch nicht gelernt haben miteinander **glaubensfrei** in Frieden zu leben.

Wie lernintensiv müssen denn Lebenslehren sein, damit wir aus ihnen lernen, lernfähiger zu werden? Auch wenn jeder die Wahrheit wissen möchte, hören wollen sie nur wenige, dennoch tun die Meisten so, als ob sie sie hören möchten, als ob sie sie gut kennen würden.

„Unwissend lebt es sich leichter, weshalb gegen Dummheit noch kein Kraut gewachsen ist"? Unsere Remotion lässt uns lernfähiger werden und somit weniger dumm sterben als die Generationen zuvor. Dann hätte Evolution einen erkennbaren Sinn, dann hätten sogar Kriege und andere schreckliche Lebenslehren unserer fernen und nahen Vorfahren ihre Daseinsberechtigungen, andernfalls bleibt es nur zu hoffen, dass die unzähligen Kriegsopfer, dass die Lebenserfahrungen unserer Vorfahren uns und insbesondere unsere Politiker und Kleriker gelehrt haben, ein klein wenig gelehriger, insbesondere jedoch, ein wenig ehrlicher zu werden.

Nachwort

Was wir noch vor wenigen Jahrzehnten glauben mussten, das können wir heute glaubensfrei wissen – vorausgesetzt wir wollen es wirklich. Andernfalls werden wir weiterhin den Weg für unser Ziel halten und somit ständig weiterreisen, ohne zu wissen, wo unsere Reise enden wird. Wir werden unser Leben lang immer weiter suchen – ohne wirklich zu wissen, **wonach** wir suchen. Wir werden nach materiellem Reichtum streben, um an unserem physischen Ende zu erkennen, dass materieller Reichtum nichts wert ist. Dabei könnte jeder seinem latenten Potenzial entsprechend das werden, wozu er in der Lage ist im Hier und Jetzt zu werden – ein unsterbliches Geistwesen. Wer die vorstehende, kostenlos-unverbindliche Mitfahrmöglichkeit erkannt hat, der ist eingestiegen und fährt bereits zielorientiert mit. Wer nicht, der wird es wiedermal seinen weitgehend chancenlosen Kindern oder Kindeskindern oder … überlassen. Schließlich wird er seinen Körper **seelenlos** verlassen müssen, denn wer zu seiner Lebenszeit nicht mit ihr verschmilzt, den wird es auch nach seinem physischen Ableben nicht geben, der stirbt **halbfertig und somit ganz und ganz unbrauchbar.**

Wir säen Terror und wundern uns, dass wir keinen Frieden ernten. Wir **klauen** gewaltsam Land anderer Menschen und wundern uns, wenn sie uns dafür hassen. Ja, wir tun es – aber warum? Sicherlich nicht weil wir noch nicht gelernt haben aus der Geschichte zu lernen? Es sieht ganz und gar danach aus. Als ob uns unsere Vergangenheit nicht besonders interessieren würde, denn es gibt auch heute noch Leute, die

immer noch an „Sieg und Heil" glauben, die Eroberungskriege vergangener Zeiten nicht für territorialen Diebstahl,
nicht für unmenschliche Verbrechen halten. Es sind gerade
gut 50 Jahre her, als ich meine alte Heimat Ostpreußen
„Dank" Adolf Hitler für immer verlassen musste. So ändern
sich die Zeiten und wir mit ihnen. Mal sind wir DIE und ein
andermal JENE, mal haben wir eine Heimat und ein andermal sind wir heimatlos. Mal sind wir die Vertriebenen und
ein andermal die Vertreiber. Mal sind wir die Befreier und
ein andermal die Besatzer.

Wir werden hoffnungsvoll geboren, damit wir ohne aus der
Geschichte unserer Vorfahren etwas gelernt zu haben, nach
etwa 80 Jahren hoffnungslos sterben? Das soll einen Sinn
haben? Nein, allerdings sind es gerade 80 Jahre her und
schon erinnern wir uns an die Gräueltaten der deutschen
Kriegsverbrecher nicht mehr. Nun ja, die meisten „Kriegs-
mörder" sind bereits ausgestorben, weshalb Deutschland
„wieder wehrhaft werden" soll. Als ob es nicht genügen
würde deutsche Waffen in Kriegsgebiete wie die der Ukraine zu liefern, deutsche Waffen, mit denen tausende unschuldige Menschen ermordet wurden und immer noch ermordet werden.

Ob man das als Beihilfe zum Morden bezeichnen könnte?
Nun ja, es gibt Länder, wo schon eine Mordabsicht oder die
Planung eines Terroranschlages bestraft wird – auch in
Deutschland! Es wäre vorbildlich von unseren ehrenhaften
Politikern, wenn sie sich daran erinnern könnten – auch an
die Gräueltaten, die mit deutschen Waffen im 2. WK von
stolzen deutschen Soldaten verübt wurden. Oder sind
60.000 000 Tote des 2. WK nicht genug, um zu erkennen,
dass Waffen **keinen** Frieden schaffen?

Solange wie wir uns nicht gegenwärtig als Resultat unserer fernen Vergangenheit erkennen, werden wir weiterhin Lebensfehler machen **müssen**, um aus ihnen zu lernen, lernfähiger zu werden. Eine andere Möglichkeit, um Böses zu vermeiden, gibt es nicht, denn aufgeschoben ist meistens aufgehoben. Wer Problemlösungen ständig auf später verschiebt, der löst sie nie, der wird sein Leben lang „schlafend" vegetieren, ohne jemals aufgewacht selbst zu existieren.

Damit möglichst viele von uns aufwachen und sich dann gegen Unwahrheiten aller Art passiv zur Wehr setzen können, müssen wir uns zuerst der Tatsachen bewusst werden, dass wir schlafen und nicht nur so heuchlerisch tun, als ob wir wach wären. Es ist wie im echten Traum, indem wir nicht die Träumenden sind, sondern der Traum, den wir träumen. Es ist wie mit den vielen Betrunkenen, die sich selbst für nüchtern halten.

Momentan sieht es so aus, als ob wir an der Geschichte unserer Vorfahren nicht besonders interessiert wären. Uns reicht es „völlig" aus, wenn es uns, unseren Familien, unseren nahen Freunden und unserem Land gut geht. Solidarität mit Fremden? Nun ja, so lange es nichts kostet und uns wirtschaftliche oder politische Vorteile verschafft, spielt gelebte Moral keine Rolle.

Allerdings ist es gut zu wissen, dass es auch einige andersdenkende Mitmenschen gibt. Menschen, die nicht Ehrlichkeit und Mitgefühl vorheucheln, sondern bereit sind zu handeln. Noch wehren sie sich gewaltlos, doch alles hat seine Reifezeit. Dann werden die verantwortungslosen armen Leute mit viel Geld und deren Handlanger sich verantworten müssen und die etablierte, die verlogene Scheinordnung zusammenbrechen – oder wir verhindern es rechtzeitig, wachen auf und werden schonungslos ehrlich.

Noch ist unser Lebensstaffellauf nicht zu Ende, noch haben die meisten von uns das evolutionäre Endziel nicht erreicht. Noch gibt es mehr ungerechte Egoisten als gerechte Altruisten. Bis sich das ändert, werden wir uns mit Teilerfolgen zufrieden geben müssen. Trotzdem, auch wenn es nur kleine Etappenerfolge zu mehr Gerechtigkeit sein werden, auch wenn sich dabei Einzelne opfern werden müssen wie die Vor- und Klardenker, die nicht wegschauen oder mitlaufen, die sich nicht fortlaufend, generationenübergreifend blenden lassen und die als Soldaten nicht nach vorne, sondern nach hinten schießen.

Seitdem es auf unserem Planeten Leben gibt sucht es epochenübergreifend nach seinem Daseinsgrund. Von den Elementarteilchen der Elementarteilchen bis zu uns Menschen hin sind wir Suchende, ohne wirklich zu wissen, wonach wir suchen. Als Leute werden wir jedes Etappenziel für das Hauptziel halten und uns an jeder „Glaubens- oder Machtmütze" erfreuen, die uns andere Leute draufsetzen. Verzichten wir auf „Maskierungen" jeglicher Art und zeigen unser ungeschminktes Gesicht, denn die Wahrheit ist nur ohne Schminke schön.

Das Leben entwickelt sich mindestens seit unserem Urknall überall in die gleiche Richtung – größer, stärker, schöner, schlauer und immer gieriger. Es wird Zeit, dass wir diese Überlebenseigenschaften auf die geistige Ebene transferieren und mehr werden als nur Fleisch und Knochen. Insbesondere jedoch, mehr als unserer „geschminktes" Dasein.

Bei Bildung der Elemente und Materie, bei den Viren, den Bakterien, Algen, Pilzen, Pflanzen und Tieren, geht es seit Urzeiten um „Eroberungskriege", um kontinuierliches Wachstum durch Weiterentwicklung. Auch bei Tieren und schließlich auch bei uns Menschen ist Wachstum eine treibende Überlebenskraft, wobei der alles und alle antreibende evolutionäre Befehl bekanntlich „ÜBERLEBE!" heißt, „mach weiter", „gib nicht auf", „passe dich an", „vermehre dich fleißig und übernimm die Führung". So gesehen wird es uns noch eine lange Zeit als raffgierige Leute geben, die unter Wachstum ausschließlich materielles Wachstum verstehen, dem sie ihr Leben lang nacheifern werden, ohne am Ende das Geringste davon zu haben!

Scheinbar ist Evolution zeitlos, scheinbar weiß sie nicht einmal was sie will. Scheinbar, denn in Wirklichkeit wird alles dort enden, wo es angefangen hat, an der Start-Ziellinie – im Urzuhause. Wie Tag oder Nacht mit der Dämmerung beginnen, so enden sie auch. Was für den einen das Ende ist, ist für den anderen der Anfang. Für die Evolution ist Zeit NICHT existent und somit ohne Bedeutung, denn für sie gibt es ein zeitloses Urvermächtnis, die geläuterte Rückkehr in ihr andersdimensioniertes Urzuhause.

Sicherlich ist das für die meisten unter uns nur schwer vorstellbar, aber wir, die wir uns als Menschen bezeichnen, sind nun mal die am weitesten entwickelte Spezies und durchaus in der Lage, den Rückweg zu unserem Anfang bereits im Hier und Jetzt zu finden – wenn auch nicht im Kollektiv, doch als einzelne Vordenker, sogar ganz gewiss! Unsere Re-motion kann uns durchaus den zielorientierten Weg weisen, ob wir ihn dann auch werden gehen wollen, das bleibt jedem selbst überlassen.

Wer von uns das übergeordnete Ziel, die Rückkehr nach unserem Urzuhause bereits im Hier und Jetzt ehrlich, nicht nur lippenbekenntnismäßig realisieren will, der muss lernen zu „sterben" – ohne gleich tot zu sein. Der muss sein Froschdasein durch Bewusstwerdung beenden, der muss sich von seiner „Geist-Seele" zunächst küssen lassen, um sich dann von ihr „heiraten" zu lassen. Der muss sein „Aquarium" als bewusster Wassertropfen verlassen und zu seinem Urzuhause, als ein ehemaliges Teilchen von ihm, zurückkehren und somit selbst zum endlosen Ozean werden. Es ist wie mit der bittersüßen Wahrheit – wer sie erkennt, der wird selbst zur Wahrheit werden. Es ist wie mit der Selbstsuche, wer ES findet, der wird ES sein.

Was unseren physischen Tod anbelangt, so ist er, emotionsfrei betrachtet, relativ leicht zu verstehen. Denn sobald wir dauerhaft aufhören zu atmen, fangen wir zu sterben an. Dann dauert es weniger als 5 Minuten bis wir ohnmächtig werden. Anschließend geht unser Gehirn in eine Art 5 minütigen Überlebensmodus über, doch der anhaltende Sauerstoffmangel und ansteigender Kohlendioxidgehalt sind es dann, die uns die „Lichter" endgültig ausmachen, denn ohne Sauerstoff brennt kein Feuer. Schließlich, je nach Bestattungsart, werden unsere Körper mineralisiert, sodass sie dann zunächst als Viren, dann als Bakterien, Algen, Flechten, Moose, Pflanzen und Tiere tatsächlich körperlich „auferstehen" werden. Allerdings werden wir uns daran nicht erinnern, dass wir bereits zuvor, vor unbestimmter Zeit, auch menschliche Körper waren.

Da der Tod immer noch ein Tabu-Geheimnis ist, so will ich im Folgenden etwas Genaueres darüber berichten. Bereits kurze Zeit, nachdem unser Herz aufgehört hat sauerstoffangereichertes Blut im Kreislauf zu halten, beginnt unsere resignierte Seele ihre Rückreise nach ihrem andersdimensionierten „Zuhause". Dabei erteilt sie kohlendioxidbedingt unseren Körperzellen den Befehl zum kollektiven Selbstmord. Dem Suizidaufruf unserer Seele folgen zunächst einzelne Initialzellen, dann herden- oder schwarmartig weitere, wobei sie vielfältige chemische, drogenartige Stoffe freisetzen, die durch Absterben, zunächst einzelner Körperzellen, sehr starke Entzündungen im ganzen Körper hervorrufen. Unser Körper wird sich zwar durch erhöhte Produktion der weißen Blutkörperchen, der Leukozyten (Polizeiaufstockung) oder wie bei Erkältungen allgemein, durch Körpertemperaturerhöhung (Fiber) dagegen wehren, allerdings nicht lange genug, um sein endgültiges Sterben abwehren zu können. Schließlich wird unsere enttäuschte Seele unseren chancenlosen Körper verlassen – ohne uns, denn wer zwischen seinem ersten und letzten Atemzug nicht mehr geworden ist als nur ein unbewusster Körper, für den wird es keinen geistigen Anfang geben. Für den wird der Tod endgültig sein. Wen das zufriedenstellt, der möge Frieden finden, wenn nicht, der sollte weiterhin Frieden suchen. Die stark erhöhte Leukozyten-Vermehrung führt oft zu starken Rückenschmerzen, welche dann meistens durch eine Morphium-Gabe gelindert werden. Schließlich und endlich versagen unsere lebensrelevanten Organe wie Nieren und Leber und der hoffnungslos erschöpfte „Kapitän" dann gänzlich von Bord geht.

Allerdings muss unser physische Tod nicht generell unser Ende sein, denn wessen Körper selbstbestimmend, also bewusst stirbt, der sollte wissen, dass die letzten Gehirnprojektionen, also die letzten „Traumbilder", NICHT das sogenannte Jenseits sein werden, sondern genau das, was danach kommt, was vor unserer Geburt war, das bewusstlose Nichts. Eine Art schattenlose, aus/durch sich selbst strahlende, sich selbst **nicht** wahrnehmende, andersdimensionierte Traumwelt. Zuvor wird uns ein strahlender Ausgang, der zugleich auch der Eingang in die andere Dimension ist, erscheinen – allerdings NUR für diejenigen, die in ihrem Leben gelernt haben, die andere Dimension zu erahnen.

Befruchtung von Jungfrauen oder Grasen auf grünen Auen sind lukrative Glaubensmärchen. Wollen wir wirklich wissen, was nach unserem körperlichen Tod **SEIN** wird, wenn wir unseren körperlichen Tod nicht nur erleben, sondern auch überleben möchten? Wenn wir an die Tür aus strahlend hellem Licht um Einlass bittend anklopfen werden, dann müssen wir lernen, im Moment unseres dauerhaften Einschlafens wach zu bleiben. Denn schlafend werden wir keine Einlasstür in die andere Dimension finden, sondern bereits vor ihr, wie ungenießbare, wie unreife Früchte unwiederbringlich zu/in Boden fallen und schließlich zu Staub und Asche zerfallen.

Da für die meisten von uns unser Kopf-Verstand noch der einzige „Ansprechpartner" ist, durch den sich die andere Dimension mittels unserer Seelen uns mitteilen kann, so werden unsere Gehirnaktivitäten ein allerletztes Mal – oft sogar trotz Herz- und Atemstillstandes – für eine kurze Zeit „hochgefahren". Dabei werden wir unsere Nahtoderfahrungen oder Nahtodträume aus Unwissenheit für das Jenseits halten. Dann werden wir ein paar Momente lang „**unser**" Jenseits so sehen, wie wir es uns zu unserer Lebenszeit aufgrund unserer Konditionierungen vorgestellt haben, also so, wie sich unsere Phantasien in unseren Gehirnen neuronal etabliert haben.

Möglicherweise wird auf die Christen Jesus, auf die Moslems Mohammed, auf die Juden Moses und auf die Ungläubigen der Teufel warten – **bedenklicher Weise werden ALLE „Propheten" unsere aktuelle Sprache sprechen, eine Sprache, die es zu Anfangszeiten aller Religionen gar nicht gab!!** Das wird dann unser persönliches, einen kurzen Moment lang geträumtes Jenseits sein, das mit dem unmittelbar darauf folgenden Abschalten unserer Hirnströme endgültig erloschen sein wird, und wir als solche mit ihnen, denn ohne Strom (Lebensenergie) funktioniert kein Computer (Gehirn). Dann wird das, wofür wir uns hielten oder zu sein glaubten, unwiederbringlich tot sein – es wird genauso dunkel werden wie vor unserer Geburt – als wir noch seelenlos waren. Dabei kann das Überleben gelernt werden, die Frage ist nur, von wem? Von wem sollen wir das Sterben lernen, wenn selbst die lehrenden "Fachleute" wie Psychologen oder Theologen sich damit nicht im Geringsten praktisch auskennen!

Alles, was die Lehrenden über das Sterben wissen, haben sie nicht einmal im Ansatz selbst erfahren. Sie malen zwar Kreuze und andere Brandzeichen bei unserer Geburt auf unsere Stirne und dann bei unserem Tod auf unsere Grabsteine, doch das Sterben oder lügenfreie Leben selbst lehren sie uns nicht. Sie navigieren uns zwar bis zum Kreuz oder bis zum Sprengstoffgürtel, doch danach lassen sie uns alleine hängen oder fliegen. Dieser glaubensbedingte Irrsinn ist nur durch auf Fakten basierende Bildung zu verhindern. Allerdings ist es leichter gesagt als getan, denn in der Dummheit lebt es sich bekanntlich leichter – jedenfalls so lange, wie man die Wahrheit nicht wahr haben will: Z. B. die Wahrheit über die Menschen verachtenden „Heldentaten" der deutschen Soldaten oder wie KZ Ermordungen, Brandstiftungen, Vergewaltigungen, Gefangenenfolterungen, Hungertote, Vertreibungen, die Liste der Gräueltaten der deutschen Soldaten ist beschämend lang – viel zu lang! Und weil Geschehenes nicht ungeschehen gemacht werden kann, so sollten wir daraus ehrlich lernen belehrbarer zu werden.

Bedauerlicherweise werden wir unser Leben lang von „geistlichen Experten" verdummt und somit systematisch an unserer Selbsterkenntnis gehindert. Vor unserem todsicheren Ende sagt uns dann keiner, wohin wir im Moment unseres Todes gehen sollen, worauf wir achten müssen, um an unserem körperlichen Ende andersdimensioniert neu beginnen zu können.

Auch das Sterben kann durch Remotion gelernt werden, insbesondere das der eigenen Angst. So ist sie es, die Angst, die zu unserer Lebenszeit „sterben" muss, damit wir als unsere Seelen die Ziellinie des Lebens, die Türschwelle zum schattenlosen Licht angstfrei überschreiten können. Wer zu seiner Lebenszeit selbsterfahrend gelernt hat zu wissen, was danach, was nach seinem körperlichen Tod kommt, der wird keine Angst vor dem sogenannten Sterben haben, dann wird sein Ende nur ein andersdimensionierter Anfang sein und umgekehrt, wer in der auf verdummenden „Wahrheiten" basierenden Angst „lebt", dessen Seele ist bereits lebend so gut wie gestorben, der wird weiterhin hoffnungsvoll auf seinen Aberglauben vertrauen und voller Angst in seine Zukunft schauen. Ablässe zu kaufen oder Kirchensteuern zu zahlen genügt nicht, im Gegenteil, denn wer Ablässe kauft oder Kirchensteuern zahlt, der dokumentiert damit nur sein Unwissen, sein heuchlerisches Dasein, seine Angst, die er vor seinem eigenen Sterben hat. Das wird dann das Erkennungsmerkmal sein, woran jeder Gläubige die Wahrhaftigkeit seines eigenen Aberglaubens erkennen könnte. Angst entsteht, wenn Wissen geht oder fehlt und umgekehrt, wenn das Licht kommt, dann muss ihm die Dunkelheit weichen.

Wir müssen authentisch werden und nicht nur so tun, als ob wir wirklich authentisch wären. Alles andere ist pure Heuchelei, die uns ganz gewiss NICHT zu unserem Selbst hinführen wird, als welches wir dann unseren eigenen Körpertod dauerhaft überleben könnten. Als sogenannte Christen, **welche auch immer,** bekennen wir uns zum Schein zu Jesus Christus, dem angeblichen einzigen Sohn eines allein selig machenden, allmächtigen, viele Namen tragenden, namenlosen Gottes. Zum Schein, denn wir heucheln und meucheln, lügen und betrügen, ohne zu erröten. Wir sind dann „bis zum Kreuz" Jesus Nachfolger, weiter oder höher folgen wir als Waren-, als Konsum-, als Eventchristen Jesus nicht – obwohl er es ausdrücklich von uns fordert:

Im Matthäus Evangelium 10, V. 34-.40 und Thomas Evangelium V. 10, 14, 16, 49, 56, 61, 67, 70 und 108 steht es, NICHT auslegungsbedürftig, wie folgt geschrieben:

Matthäus Evangelium Kapitel 10

V. 34: Ihr sollt nicht wähnen, dass ich gekommen sei Frieden zu senden auf Erden. Ich bin nicht gekommen Frieden zu senden, sondern das Schwert.

Da hat Jesus aber Glück gehabt, dass er bereits vor 2.000 Jahren gelebt hat. Heutzutage würde man ihn wegen Terrorvorbereitung oder Aufruf zum Abstechen Andersdenkender oder Friedensstörung verhaften.

V. 35: Denn ich bin gekommen den Menschen zu erregen wider seinen Vater und die Tochter wider ihre Mutter und Schwiegertochter wider ihre Schwiegermutter.

Demnach war Jesus ein „friedliebender" Unruhestifter, der statt Frieden und Harmonie zu verbreiten, auf „Krawalle" aus war.

V. 36: Und des Menschen Feinde werden seine eigenen Hausgenossen sein.

Hausfriedensbrüche und Familienstreitigkeiten gab es schon immer, insbesondere wenn pubertär Heranwachsende Probleme mit ihren Eltern haben. Wenn ihre Eltern nicht so spurten, wie ihre Kinder es gerne hätten.

V. 37: Wer Vater oder Mutter mehr liebt denn mich, der ist mein nicht wert; und wer Sohn oder Tochter mehr liebt denn mich, der ist mein nicht wert.

*Die Wahrheit (Jesus) ist nicht verhandelbar oder teilbar, entweder ist man für oder gegen sie (ihn). Und zwei Herren gleichzeitig zu dienen, ist ebenfalls **ungeheuchelt** unmöglich.*

V. 38: Und wer nicht sein Kreuz auf sich nimmt und folgt mir nach, der ist meiner nicht wert.

Entweder oder, ein wenig schwanger oder ein wenig geheuchelt, das geht nicht!

V. 39: Wer sein Leben findet, der wird es verlieren; und wer sein Leben verliert um der Wahrheit Willen, der wird es finden.

Wer glaubt, seine „Amtsmütze", sein Geld oder sein Körper zu sein, der ist bereits „gestorben", ohne sinnvoll gelebt zu haben. Wer der Bewusstwerdung willen dem Kommerz weitgehend entsagt, der wird weiterleben – auch wenn sein Körper stirbt.

V. 40: Wer euch aufnimmt, der nimmt mich auf; und wer mich aufnimmt, der nimmt den auf, der mich gesandt hat.

Wer ehrlich nach seiner Bewusstwerdung sucht, der wird sie finden und schließlich selbst zum reinen Bewusstsein werden.

Lukas Evangelium kap. 9

V. 23: Wer mir folgen will, der verleugne sich selbst und nehme sein Kreuz auf sich täglich und folge mir nach.

Nicht jeder kann für sechs Wochen in die Wüste gehen, um Bewusstwerdung zu erlangen bzw. selbst zur Wahrheit werden. Allerdings: Wo ein ungeheuchelter Wille ist, die Wahrheit finden zu wollen, da erscheint auch ein Weg (Remotion), der zu ihr führt. Gehen kann ihn NUR jeder für sich selbst.

V. 24: Denn wer sein Leben erhalten will, der wird es verlieren, wer aber sein Leben verliert meinetwillen, der wird es erhalten.

Siehe den Kommentar zu Matthäus Evangelium Kapitel 10 Vers 38.

V. 25: Denn welchen Nutzen hätte der Mensch, ob er die ganze Welt gewönne und verlöre sich selbst oder nähme Schaden an sich selbst.

Die armen Leute mit viel Geld sehen es anders – auch wenn sie sich dabei irren, denn am Ende ist aller irdische Reichtum NICHTS wert

Thomas Evangelium

V.10: Ich habe ein Feuer auf die Welt geworfen und sehe, ich hüte es, bis es auflodert.

Die Saat des Guten ist bereits ausgebracht, und sie wird so lange behütet werden, bis sie aufgeht.

V.14: Wenn ihr fastet, werdet ihr eine Sünde für euch hervorrufen, und wenn ihr betet, werdet ihr verdammt werden und wenn ihr Almosen gebt, werdet ihr eurem Geistwesen schaden.

Wenn ihr so tut als ob, dann ist es Heuchelei. Wenn ihr medienwirksam spendet, dann ist es Angeberei. Und wenn ihr Almosen gibt, dann vermehrt ihr die Armut.

V. 16: Die Menschen denken vielleicht, ich sei gekommen, der Welt einen Frieden zu bringen. Sie wissen nicht, dass ich gekommen bin Uneinigkeit auf die Erde zu bringen, ein Feuer, ein Schwert, einen Krieg.

Siehe Kommentar zu Matthäus Evangelium Kapitel 10 Vers 34

V. 49 Gesegnet seid ihr, Einsame und Erwählte! Denn ihr werdet das Reich finden, da ihr aus ihm gekommen seid, werdet ihr dorthin zurückkehren.

Es ist wie mit dem Uranfang, der für einige unter uns an ihrem Ende ein andersdimensionierter Anfang werden kann. Es ist wie mit dem Wassertropfen, der, im Ozean angekommen, selbst wieder zum Ozean wird.

V. 56: Jeder, der die Welt erkannt hat, hat eine Leiche gefunden. Und wer eine Leiche gefunden hat, steht über der Welt.

Wer unbewusst lebt, der ist NUR körperlich vorhanden, der wird sterben, ohne seinen Tod zu überstehen.

V. 61: Ich bin Der der ist, hervorgegangen aus dem ewig Gleichen. Einiges von dem, was meinem Vater gehört, wurde mir gegeben.

Was Jesus vererbt bekommen hat, das können wir uns erarbeiten – unsere glaubensfreie Remotion kann uns dabei helfen.

V.70: Das, was ihr habt, wird euch retten, **wenn ihr es in euch selbst hervorgebracht habt;** falls ihr **jenes** nicht in euch habt, wird das, was ihr nicht in euch habt, euch töten.

Remotion ist der richtige Weg, um das zu werden, was wir bereits waren, bevor wir wurden, reines Bewusstsein.

V. 108: Wer aus meinem Munde trinkt, wird werden wie ich. Ich selbst werde er werden, und das Verborgene wird ihm enthüllt werden.

Wer die Wahrheit in sich erkennt, der wird selbst zur Wahrheit werden, der stirbt nie – weil die Wahrheit unsterblich bzw. zeitlos ist.

Es sind harte, es sind belehrende Wortlehren die Jesus gesagt haben soll und sehr wahrscheinlich auch, **von oben herab** (Bergpredigt), gesagt hat, weil: „Schöne Worte sind oft nicht wahr, wahre Worte dagegen oft nicht schön, doch bittere Wahrheit ist heilsamer als süße Lügen". Heutzutage heißt es: „Könntest du bitte, wenn du Zeit hast und es dir nichts ausmacht, das in Erwägung ziehen, ob du mich für einen Zärtlichkeiten Austausch besuchen möchtest …" So ändern sich die Zeiten. Was damals mit „erhobenem Finger" ungeheuchelt gesagt wurde, wird heutzutage mit „geballter Faust" in der Tasche geheuchelt gedacht, denn unaufgeforderte Berührungen sind gegenwärtig unerwünscht. Unsere Welt ist gefühlskalt geworden, trotz warmer Worte!

Wessen Seelen durch die damaligen „Wegbeschreibungen" ahnend berührt werden, die können sich auch heute nicht verlaufen, denn die Wahrheit ist zeitlos, egal wie lange sie auf ihre Verwirklichung warten und leider immer wieder missbräuchlich wiederholt werden muss – Siehe Thomas Evangelium, Vers 10. Und **weil** die Wahrheit zeitlos ist, so wird sie fortlaufend missbräuchlich von den Missbrauchsstiftern, der aktuellen Zeit entsprechend, zielorientiert neu ausgelegt. So ist die Wahrheit der Evangelien heutzutage eine andere, als sie zur damaligen Zeit war – obwohl sie sich überhaupt nicht verändert hat. Das haben die Kirchen fort-laufend getan, und sie tun es auch heute, denn Nachfrage bestimmt das Angebot, die Tiefs das Wetter, der Regen die Trockenheit, das Böse das Gute, das Gut das Böse die Reichen die Armut und die Armen die Reichen. Wir sollen die verlogenen Würdenträger und andere „Wohltäter" , wie die gierigen Leute mit viel Geld, an ihren Taten erkennen, wir sollen erkennen, wie würdelos sie in Wirklichkeit sind, wenn sie uns Wassertrinken predigen und selbst Wein genießen.

Haben wir die Übeltäter an ihren Taten erkannt, dann müssen wir handeln, alles andere ist Heuchelei, ist Lug und Betrug an uns selbst und unserem Seelendasein. Auf die Geistlichen in Rom oder anderswo nur zu schimpfen und weiterzumachen wie gewohnt genügt NICHT, wir müssen lernen konsequent zu handeln, andernfalls stirbt unsere Angst nicht und wir werden die Wahrheit, die uns zur unserem Selbst führen könnte, nie erfahren. Es ist wie mit den Räubern und anderen armen Dieben mit viel Geld, die ihre Verstecke geheim halten – man spricht nicht darüber, denn man hat es! Und wenn man ein wenig **„mehr Demokratie wagt"**, dann verliert man Wählerstimmen, denn das gemeine Volk will geführt werden und nicht selbst die Verantwortung übernehmen. Und wozu zu viel Freiheit führt, das können wir tagtäglich in den Medien verfolgen, da gilt das „Recht" kleiner Eventgruppen mehr als das der Allgemeinheit. Und wer am lautesten brüllt, der wird als erster gefüttert und berücksichtigt werden.

Auch wenn es nur wenige wahrnehmen oder hören wollen, wir sind an unserer Selbst- bzw. Neugeburt so nah dran wie nie zuvor. Selbst wenn es NICHT die allerletzte Chance zur

Bewusstwerdung wäre, nutzen sollten wir sie trotzdem, denn wir wissen nicht, was bereits morgen kommen wird und was wir gestern versäumt haben, das können wir heute nicht ändern. Was wirklich zählt ist die Gegenwart – entweder wir steigen in den Zug der Bewusstwerdung noch heute ein und fahren selbsterfahrend mit oder wir bleiben weiterhin fremdgefahren. Dann werden ANDERE bestimmen, wohin UNSERE Reise geht. Dann wird weiterhin der fremdbestimmte Weg „unser?" Ziel sein und unser Ende keinen neuen Anfang finden.

Doch bis es soweit kommt, müssen wir uns, insbesondere von den armen Leuten mit viel Geld und den geistlosen Geistlichen weiterhin bestehlen und belügen lassen. Leider gehört der Terror der Glaubensfanatiker auch dazu. Diese Erkenntnis-Medizin ist zwar sehr schmerzlich und bitter, aber sie ist die einzige Medizin, die uns wieder kopfgesund werden lassen kann. Die Rezeptur dieser bitteren Medizin ist immer die gleiche. Sie heißt: **auf fakten basierende Bildung,** Enthüllung, Bloßstellung oder Offenlegung und wird immer von denjenigen verabreicht, die sie selbst schicksalhaft gekostet haben – auch wenn sie dafür gefoltert, gekreuzigt, verbrannt, vergast und verbannt wurden. Wer die Wahrheit sagt und lebt, der lebt zwar gefährlich, aber er LEBT, denn wer lügt heuchelt und meuchelt, der ist bereits tot bevor er stirbt, denn Geistlose existieren nur körperlich.

Wir haben Angst vor unserem eigenen Tod, weil wir immer noch nicht wissen, was uns danach erwartet und umgekehrt. Wer weiß, was ihn nach seinem allerletzten Atemzug erwartet, der freut sich darauf. Die Kirchen geben vor, es zu wissen und lassen sich dementsprechend von uns Unwissenden dafür gut bezahlen – **für Danach** – *im Voraus!*

Ehrlich wäre es, wie es im Geschäftsleben üblich ist, erst nach einer erbrachten Leistung oder gelieferten Ware abzurechnen. Nach versprochener Auferstehung, nach Beweidung auf grünen Auen oder nach Befruchtung von Jungfrauen. Doch so naiv wie wir, sind die verlogenen Glaubensverkäufer nicht. Wir werden zwar „blind" geboren, jedoch blind sterben sollten wir nicht!

Du wirst keine einzige Kirche auf der ganzen Welt finden, die dir einen Kredit gewähren wird, den du erst NACH deinem Ableben zurückzahlen möchtest – auch nicht bei der Bank „Vatikan".

So sind sie nun mal, die Schafspelzträger. Sie säen und sie ernten nicht – ohne dabei selbst zu hungern, denn Wölfe sind Überlebenskünstler, die sogar staatlichen Schutz genießen.

Wer von uns wirklich JETZT aufwachen will, der darf NICHT für später bezahlen. Dann wäre es eine „so tun als ob" Situation, wie links blinken und rechts fahren, dann wäre es geheuchelt. Rütteln wir uns gegenseitig wach und hören endlich auf so zu tun, als ob wir bereits wach wären. Nehmen wir das Lethargie-Kreuz auf uns und tragen es selbst ins Ziel, denn es könnte durchaus sein, dass bereits unsere Kinder, aus welchen Gründen auch immer, nicht in der Lage sein werden, die Schulden ihrer Eltern zu begleichen, denn wir leben bereits auf „Pump", auf Kosten unserer Kinder UND Kindeskinder. Dabei könnte der Staat bei den gierigen Superreichen das konfiszieren, was sie durch ungerechte Entlohnung der Armen, den Armen gestohlen haben!

Unsere Kinder sind konfessionsfrei und zwangslos, schuldenfrei und schuldlos, ungefragt geboren worden. Warum unterwerfen wir unsere Kinder diesen Zwängen, warum lassen wir sie NICHT zwanglos erwachsen werden und dann selbst entscheiden, ob sie verschuldet oder schuldfrei leben möchten, ob sie parteilos oder glaubensfrei bleiben möchten oder auch nicht. Warum bestimmen wir Erwachsenen, was unsere unschuldigen Kinder wollen SOLLEN? Weil sie es scheinbar noch besser haben sollen als wir? Weil wir intuitiv darauf hoffen, dass unsere Kinder das **UNS zugedachte Urvermächtnis** irgendwann erfüllen werden? Dass unsere Kinder nicht nur für unser Alterswohl, sondern auch für unser Seelenwohl sorgen werden? Als ob unsere Kinder dafür verantwortlich wären, was wir Alten durch unsere Lernunwilligkeit versäumt haben zu werden – friedvoll vorausdenkende, vernunftfähige Menschen.

Irgendwann „hören" die vermehrungsfreudigen Leute ihre biologischen Uhren ticken und geraten in Panik wenn sie bis etwa zum 30. Lebensjahr keinen Nachwuchst gezeugt haben. Sie sprechen dann von verantwortungsvoller Liebe, wenn sie ihrem hormonellen Selbsterhaltungstrieb verantwortungslos folgen, wenn sie ihre „Kreuze" meistens aus Unwissenheit bzw. Bequemlichkeit oder aus Glaubensgründe nicht selbst tragen wollen, sondern diese von ihren Kindern oder Kindeskindern tragen lassen. Was anfänglich nach selbstloser Liebe ausschaut, entpuppt sich letztlich als purer Egoismus, denn Schulden auf den Nachwuchs zu übertragen ist einfacher, als sie selbst zu tilgen. Wir sollten rechtzeitig lernen unsere geistigen Kreuze selbst zu tragen – nicht nur andersgläubige provozierend am Hals, denn für unsere Kinder könnte es bereits zu spät werden. Es ist wohl wahr, dass die Nachkriegsgeneration viel Leid ertragen musste und es ist auch war, dass sie aus dem ertragenen Leid nur sehr wenig gelernt hat, denn Kriege gibt es immer noch. Meine Generation, die Generation der Nachkriegsgeneration sollte es besser haben, hieß es dann. Was die physische Entwicklung angeht, so haben sich die Wünsche unserer Eltern erfüllt. Was die psychische, was die Entwicklung unseres Geistes anbelangt, so haben nicht nur unsere Eltern, sondern auch wir kläglich versagt. *Siehe Lukas Evangelium, Kapitel 9, Vers 25.* Wir haben versagt, wir führen wie die Schimpansen Kriege gegen unsere eigene Spezies, wir „verteidigen" uns in fremden Ländern und wir vermehren uns wie die Kaninchen, ohne daran zu denken, dass unser „Kaninchenstall" bereits jetzt überfüllt ist, dass unsere Erde NICHT dehnbar ist.

Lukas Evangelium 23, Vers 29 und Thomas Evangelium Vers 79 verkünden:

Lukas 23, V. 29: Selig sind die Unfruchtbaren und Leiber, die **nicht** geboren haben, und die Brüste, die **nicht** genährt haben.

Ob hiermit Enthaltung oder gar Vasektomie, also Sterilisation gemeint ist, das wissen wir nicht, denn hormonell bedingten Sex haben wir bereits als Affen (Bonobos uns Schimpansen) zum Spaß und zur Konfliktbesänftigung gehabt – das Erste haben wir beibehalten.

Thomas V. 79: Gesegnet der Bauch, der **nicht** empfangen hat, und die Brüste, die **nicht** gestillt haben.

Ob hiermit Verhütung gemeint ist? Vielleicht, denn die alten Ägypter und die alten Römer wussten bereits, dass Heißbaden der Hoden vor dem Sex temporär unfruchtbar macht. Und wer nicht gezeugt wird, der wird auch nicht vermisst werden können. Oder vermisst du jemanden, den es nie gegeben hat??

Das wusste der Altruist Jesus samt seiner damaligen kinderlosen Nachfolger und Nachfolgerinnen – was man von vielen heutigen, sogenannten Nachfolgerinnen und Nachfolger Jesus nicht behaupten kann. Na dann, seit fest im Glauben, Schwestern und Brüder, dann wird euch selbst die Wahrheit nichts anhaben können. Und so lange wie gegen Uneinsichtigkeit kein wirksames Kraut gewachsen ist, bleibt alles beim Alten.

Zu einfach weil nicht feingeheuchelt? Möglicherweise ja, denn warum sollten Kirchen und Politik die fruchtbaren Äste, auf denen sie sitzen, absägen, wenn die weltweite, menschliche Überpopulation auch durch **lukrative Kriege** mit überflüssig oder unmodern gewordenen Waffen preisgünstig dezimiert werden kann? Ist doch schizophren – oder? Warum können wir das **noch** nicht verstehen? Weil wir immer **noch** unbelehrbare Leute sind, die sich bereits für belehrbare Menschen halten, es aber **noch** nicht sind?

Hat sich den keiner von uns gefragt, **wo** die vielen, todbringende Kanonen segnenden, geistlosen Geistigen und die unzähligen NS Regime treuen Politiker nach dem 2. WK und die „Stasi" u. A. nach dem Ende der DDR geblieben sind?

Weil Unwissen oder Glaube, im Gegensatz zum Wissen, nicht erst mühsam erlernt werden muss, so ist es zunächst leichter und bequemer nichtwissend und glaubend zu sein, als wissend werden zu wollen. Danach, wie nach dem 2. WK, will es keiner gesehen, geschweige denn gewusst haben was geschehen ist. Wegducken oder Wegsehen ist viel einfacher als genau hinzuschauen. Allerdings können Mitempfinden oder Empathie von Lernwilligen, wenn auch mühsam, gelernt werden.

Wäre das Leben NICHT auf **Zurückkehren** bedacht, dann hätte es erst gar nicht begonnen, dann wäre unsere Erde immer noch „wüst und leer". Dann wären wir heute noch das, was wir waren, bevor wir ungehorsam, bevor wir verlogen wurden und somit in eine andere Dimension vertrieben werden mussten, um zu lernen gehorsam, nicht verlogen und gelehrig zu werden. Ansonsten hätte sogar die sogenannte „Paradiesvertreibung" keinen Sinn, denn kein **Samen** wird ausgesät um NICHT zu keimen und kein **Kind** wird in einen Kindergarten oder in eine Schule geschickt, um NICHT zu lernen gelehriger zu werden.

Wer bereits gelernt hat, die leisen Töne der Urknallmelodie aus seiner uralten Heimat, aus seinem uralten Urzuhause zu hören, der nimmt ahnend die Echostimme seiner eigenen, ihn führen wollenden Seele wahr, denn Gefühle sind oft Intuitionen , durch die unsere Seelen mit unserem Verstand sprechen, sodass auch WIR sie dann als Verstand ahnend verstehen und ihrem Ruf folgen können.

Wer gelernt hat das zu erkennen, der wird erkannt werden, selbst und gerade dann, wenn ihn sein körperliches Ende ereilt. Es sind die Wenigen unter uns, die am Ende, vor dem Wechsel in die andere Dimension, wissen werden, dass nur ihr Körper stirbt, dass auf die Nacht der Tag und auf das Ende ein neuer Anfang folgen wird.

Wer die andere, für die meisten von uns noch unbekannte Dimension selbst erfahren will, der muss mitfahren, der muss lernen seinen Körper bewusst zu verlassen, alles andere sind reine Spekulationen, Träume oder Wunschdenken. Wobei Wunschdenken oft andersdimensioniert hervorgerufen werden kann – wir nennen es dann Inspiration, wenn wir **etwas** ahnen, ohne zu wissen woher diese Ahnung kommt.

Unsere kontinuierliche Meditation, insbesondere unsere Remotion, kann uns manchmal ein „kleines Fenster" in die andere Dimension einen Moment lang öffnen und uns dort kurz hineinschauen lassen, damit wir uns auf unser uraltes Urzuhause hoffnungsvoll freuen können und **dürfen**, denn „Vorfreude ist bekanntlich die schönste Freude". Und wer bereits ahnt, was ihn später erwartet, der darf sich ungeniert darauf freuen, denn wer sein Urvermächtnis und damit sein „Arbeitspensum" während seines irdischen Daseins gewissenhaft erfüllt, der darf „Urlaub" machen. Und es darf sich jeder glücklich schätzen, dem es einen Augenblick lang gewährt wurde, in die andere Dimension hineinschauen zu dürfen. Doch das ist eine andere, unglaubliche Geschichte, **weil** sie **KEINEN** Glauben voraussetzt um wahr zu sein und somit NUR glaubensfrei erfahren werden kann. Alles Weitere kommt dann zeitnah wie von selbst vom Selbst in der Stille der Achtsamkeit.

Schlusswort

Liebe Selbstsuchende,

für mich endet an dieser Stelle die aktive Teilnahme an dem allgemeinen Lebensstaffellauf. Persönlich habe ich lange Zeit reifen und viele Irrwege gehen müssen, weil ich niemanden gefunden habe, der mir eine konkrete, eine nachgehbare Wegbeschreibung zu meinem Selbst geben konnte. Als ich in den 50gern Jahren noch im jetzigen Polen gelebt habe, da hatte mich meine Mutter zur Teilnahme an Kindergottesdiensten „überredet" und wo ich zum ersten Mal in meinem Leben schmerzhaft und damit einprägsam gelernt habe, an den Worten der unterrichtenden Kindergottesdienstlehrerin zu zweifeln, sodass schließlich das Böse zum Samen des Guten wurde. (Siehe Kap. „Meine Wenigkeit")

Nach der „Vertreibung" aus Polen (1971) und nachdem ich mich in die Leitkultur der BRD gut integriert hatte, habe ich sogar Theologie studiert und an sogenannten Selbstfindungsseminaren sogar kostenpflichtig teilgenommen. Denn ich konnte mir beim besten Willen nicht vorstellen, wie alles Leben per se existieren sollte. Und **wenn** es so sein sollte, dass das Leben automatisch, also aus sich selbst aus existierten sollte, dann müsste es doch möglich sein, dieses rätselhafte Lebensgeheimnis zu enträtseln. Letztlich geholfen habe ich mir selbst – durch meine eigene Negation, durch tabufreie Infragestellung und Ablehnung dessen, wofür ich mich, nach den „Erkenntnissen" gebildeter Leute, bis dahin gehalten habe.

Selbst diejenigen, die sich SOGAR berufsbedingt mit Selbstfindung auskennen müssten, wie Priester und Pastoren, Seelsorger, Theologie Doktoren und Professoren, Psychologen und andere „kluge Wegkenner", haben mir keine ehrliche, auf Fakten basierende Wegbeschreibung zu mir selbst geben können. Als ob sie sich damit, was sie beruflich tun, nicht auskennen würden, wie einige Politiker, die nach der Wahl nicht wissen, was sie den Wählerinnen und Wählern vor der Wahl versprochen haben. Oder wie geschiedene, im praktischen Leben gescheiterte Lebens- und Eheberater, die theoretisch „wissen" wie eine harmonische Partnerschaft bei anderen praktisch funktionieren sollte. So habe ich nach und nach praktisch gelernt, dass fast alles, was diesbezüglich Geld kostet, letztlich nichts wert ist.

Wer die leisen Mahnrufe des ewig Rufenden bereits gelernt hat zu hören, der ist nicht mehr die unreife Frucht, die er am Anfang dieser Wegbeschreibung war und wird es auch in Zukunft nie mehr werden können. Wer die mahnenden Rufe des ewig Mahnenden noch nicht gelernt hat zu hören, der könnte es mit Hilfe der vorstehenden Remotion sowie durch eigenes Nachdenken noch lernen.

Wen meine vorhergehenden Ausführungen berührt haben, für den hat sich die Mühe des Lesens bereits gelohnt. Wen nicht, der möge mir verzeihen, dass ich ihn, möglicherweise aufgrund meiner fehlerhaften, nicht adäquaten Ausdrucksweise nicht erreicht habe, der möge den durch ihn markierten Stellen bei Google nachgehen oder den nachfolgenden Denkimpulsen zuhören, denn Denkimpulse sind wie geheimnisvolle Schlüssel, die uns Türen zur tiefliegenden Erkenntnissen öffnen können. Vielleicht findet wir dort eine zündende Idee, die unser inneres Feuer entfacht, die uns den Weg zu uns selbst erhellen könnte.

Was nicht heißen soll, dass du ab jetzt alleine gelassen wirst, denn immer wenn du an das von mir Gesagte träumend oder wachend denken wirst, wird das kein Zufall sein, sondern eine andersdimensionierte Erfahrung, die auch du ahnend erfahren und schließlich auch erkennen wirst. Es wäre schön und wünschenswert zugleich, wenn möglichst viele diese Metamorphose-Artige „Heilige Hochzeit" selbst erleben könnten, denn je mehr Selbststrahlende es geben wird, desto stärker und somit unübersehbarer wird ihre Leuchtkraft werden, sodass auch diejenigen ihnen folgen könnten, die sie heute „anheulen".

Abschließend entschuldige ich mich bei allen Leserinnen und Lesern, die sich in irgendeiner Art und Weise durch das vorstehend Gesagte persönlich beleidigt fühlen: Es tut mir aufrichtig leid, aber „es ist noch keiner geboren worden, der es allen recht machen konnte", und keiner, den alle als gleich gut oder als gleich schlecht empfinden, denn unsere Meinungen, von denen jeder von uns **mindestens** eine eigene hat, sind und bleiben bis zu unserer Bewusstwerdung unterschiedlich. Erst danach, wenn wir geistig neugeboren werden, wenn unsere Seelen sich mit unserem Verstand vereinigen, wenn eine „Heilige Hochzeit" daraus hervorgeht, werden wir uns meinungsfrei verstehen können, denn unterschiedliche Meinungen sind nur kleine Teilchen der großen Wahrheit, nur Teilchen des Ganzen. Und so lange, wie wir unsere Meinungen für die ganze Wahrheit **halten**, werden wir weiterhin nach der einheitlichen Wahrheit suchen müssen, denn **ALES IST EINS** – wir können ES erkennen **und** werden, denn dieses geheimnisvolle Potenzial zur geistigen

Weiterentwicklung ist latent in uns allen anteilig vorhanden, jedoch NICHT alle verfügen über die notwendigen Reife um es werden zu wollen und schließlich auch werden zu können!

Es ist wie mit den unzähligen „Kleinen", die nicht in der Lage sind „Groß" zu werden. Es ist wie mit den unzähligen Wassermolekülen, die **nicht alle** zu Wassertropfen mutieren. Es ist wie mit den Atomen der Wassermoleküle, die **nicht alle** Wassermoleküle werden. Es ist wie mit den Atombausteinchen, die **nicht alle** zu Atomen verschmelzen. Es ist wie mit den wechselhaften Elementarteilchen, die nicht wissen, was sie werden sollen. Es ist wie mit uns, den Kleingeistern, die nicht erkennen können oder wollen, dass sie ein Teichen des Großgeistes sind – obwohl sie es potentialbedingt erkennen könnten. Und weil jeder der ES aufrichtig sucht, ES auch seinem Potential entsprechend finden kann, so wäre es töricht von ihm, ES nicht suchen zu wollen.

Wer bis jetzt den Weg zur Selbsterkenntnis noch nicht erkannt und somit auch nicht gefunden hat bzw. nicht gegangen ist, dem bleibt als letzte Hoffnung nur noch das demütige „Amnestiegebet". Es ist die letzte Chance, die ihn vor dem endgültigen, anfangslosen Ende bewahren könnte.

Das Amnestiegebet darf **in keiner Weise** eigennützig sein, denn es soll ja NICH unser Wille geschehen. Es muss absolut aufrichtig und wahrhaftig sein und stets mit einer **demütigen Danksagung** für ALLE lehrreichen Lebenserfahrungen beginnen, die wir selbst und unsere Mitmenschen sinnentnehmend durchlebt haben. Schließlich dann, mit der demütigen Bitte um Erkennen des Guten am Schlechten enden, denn das Gute am Bösen sind die Samen, die in einigen von uns keimen und als „Bäume" stets weiterwachsen und somit den „Himmel" erreichen werden. Schließlich liegt es an uns selbst, ob wir spurlos vergehen oder geistig neuentstehen werden – eine dritte Möglichkeit gibt es leider nicht!

Unsere Remotion kann uns helfen, zunächst sensibler, emphatischer, echter, mitfühlender, gerechter und vor allen Dingen friedlicher und schließlich menschlicher zu werden – vorausgesetzt wir wollen es wirklich und nicht nur lippenbekenntnismäßig, also nur zum Schein. Andernfalls werden wir unser Urvermächtnis weiterhin nur „schrittweise" erfüllen müssen um das zu werden, was wir seit unserer „Urvertreibung" werden sollen und MÜSSEN: gier-, lug- und betrugsfreie Menschen. Ob uns das auf unserer Erde als gegenwärtige Primaten im Kollektiv je gelingen wird, ist ausgeschlossen, jedoch für den Anfang genügt es, wenn es Einzelne von uns schaffen werden wegweisend vorauszugehen.

Und sollte dir etwas von dem von mir Gesagtem bekannt vorkommen, ohne zu wissen woher du es weißt, dann kann es durchaus daran liegen, dass unsere gemeinsamen Geist-Seelen bereits jetzt von der jenseitigen Quelle der Theosophie getränkt werden.

Denkimpulse

Ursprünglich, in Felsenwände geritzte oder auf Höhlen-
wände gemalte Bilder sowie gesprochene, dann aufge-
schriebene Denkimpulse, sind so alt wie die Menschheit
selbst. Was ihre Aussagekraft angeht, so sind sie gut, wenn
sie uns zum Nachdenken animieren und ihre Aussagekraft
sich zeitunabhängig kaum ändert. Früher, nachdem die
Schrift erfunden und sie nur wenige lesen konnten, waren es
die Sprüche vortragenden, herumwandernden Prediger, die
lebensprägende Weisheiten, oft des einfacheren Auswen-
diglernens wegen, in einfach gereimter Form den Leseun-
kundigen kundtaten. Es handelte sich hierbei sowohl um
praktische Lebenstipps als auch um zeitlose Theosophien,
an denen wir uns auch heute noch orientieren können, denn
wahre Erkenntnisse ändern sich nie – es ist unsere aktuelle
Erkenntnisfähigkeit, die sich fortlaufend ändert – weil **wir**
uns NOCH fortlaufend ändern müssen, sodass **nicht** allen
Sprüchen von **allen** der gleiche Sinn entnommen werden
kann.

Folgende Sprüche beinhalten Erkenntnisse mit initialfähi-
gem Charakter, deren Tiefe sich uns, unserem Entwicklungsstand und damit unserer Erkenntnisfähigkeit entsprechend, augenblicklich erschließen kann – **nicht muss!** Auf
jeden Fall können sie initialfähige „Gutenacht-Geschichten"
werden, denn „manchmal müssen wir eine Nacht lang darüber schlafen, um uns Klarheit zu verschaffen".

Inwiefern die folgenden Denkimpulse einen Bezug zu bereits irgendwo bestehenden Denkimpulsen oder Sprüchen
haben, das kann ich nicht sagen. Allerdings ist es durchaus

möglich, denn wahre Lebenserkenntnisse bleiben ewig wahr, auch wenn sie von verschiedenen Menschen an verschiedenen Orten, in verschiedenen Sprachen zu verschiedenen Zeiten erkannt und gesagt wurden oder erst in Zukunft gesagt werden.

Die nachstehenden Sprüche sind nicht nach ausgewählten Themenbereichen oder bestimmten Kategorien geordnet. Ich habe sie im Laufe der vielen Jahre – tags- UND nachtsüber – spontan „empfangen" und sie, sofern es mir möglich war, sofort handschriftlich niedergeschrieben – meistens auf einen Zettel Papier oder je nachdem was gerade beschreibbar war oder angeritzt werden konnte, denn die Denkimpulse kamen wie aus dem „Nichts" und waren **sehr flüchtig.**

Irgendwann habe ich dann gelernt, diesen negativen Erfahrungen lehrreich Positives abzuringen, sodass ich ab da an **immer** einen kleinen Schreibblock bei mir hatte. Lasst die folgende „Bettlektüre" einfach unvoreingenommen auf euch wirken, vielleicht bewirkt sie, dass ihr eure Kursrichtung ein wenig ändern oder gestärkt beibehalten werdet.

1

Wer sich selbst nicht erkennt,
der wird seinen Schein für sein wahres Sein halten, der
wird seine „Mütze" für sein wahres Ich halten.

2

Schafe folgen vertrauensvoll ihren Schäfern –
auch zum Schlachtfeld,
wo sie heldenhaft abgeschlachtet werden.

3

Lernschwach geborene Kinder sind die Zukunft der Zukunftslosen, denn wer als Ente geboren wurde, der wird nie fliegen lernen können wie ein Adler.

4

Wer das Vergangene nicht verherrlicht,
der kann eine herrliche Zukunft haben.

5

Jeder von uns ist etwas Besonderes, doch sobald wir uns selbst für etwas Besonderes halten, sind wir es NICHT.

6

Die Erfahrung des Bösen ist der Samen des Guten.

7

Wessen Bauch-Kopfverstand sich von seiner Seele heiraten lässt, der entsteht neu, der wird neutral werden.

7

Wessen Bauch-Kopfverstand
das „Flirten" seiner Seele noch nicht hören kann,
der sollte in sich gehen.

8

Wem sein Verstand zu geschwätzig ist,
der kann ihn durch Remotion zum Zuhören zwingen.

9

Was wir suchen, ist bereits in uns, auch wenn wir ES woanders vermuten.

10

Wer sich von seinem Glauben nicht losleinen kann,
der bleibt sein Leben lang angeleint.

11

Das Ewige Ewig ruft uns ständig, es wird Zeit,
dass wir lernen, ihm zuzuhören.

12

Wer sich selbst erkennt, der wird wissen,
dass er selbst ein Teilchen des Erkennenden ist.

13

Remotion ist das Fahrzeug, mit dem wir in unser Urzuhause zurückkehren können, doch wer nicht einsteigt, der
kann nicht mitfahren.

14

Erkenne das Schlechte in dir, dann wirst du gut werden
können.

15

Wer die Wahrheit außerhalb seines Selbst oder in einer
Kirche sucht, der stirbt an Altersschwäche.

16

Wer nach religiöser Erleuchtung sucht,
für den wird es am Ende sehr dunkel werden.

17

Wer sich vom Glauben bzw. Aberglauben fesseln lässt,
der wird gefesselt sterben.

18

Wer ständig im „Aquarium" lebt,
der wird nie erfahren wie groß der Ozean ist.

19

Wenn Theo und Sophie heiraten,
dann wird eine dauerhafte Weisheit daraus.

20

Wer die wahre Wahrheit erkennen will,
der muss/wird selbst zur Wahrheit werden.

21

Wer die all**gemeinen** Lügen für die Wahrheit hält,
der wird sie nur als käufliche Ware erfahren,
weil wahres Wissen nicht käuflich ist.

22

Wer glaubt schlau zu sein, der wird dumm sterben,
denn es ist nicht besonders klug, sich selbst für schlau zu
halten.

23

Wer von sich glaubt „groß" zu sein, der weiß noch nicht
wie „klein" er ist,
denn sich „klein" zu wissen, ist weiser als sich „groß" zu
glauben.

24

Wer das NICHS begehrt, der hat noch Wünsche.

25

Je gläubiger wir uns geben, desto unwissender sind wir.

26

Wir halten uns für unser Wissen, weil wir es NOCH nicht
besser wissen.

27

Es gibt nur eine Freiheit und das ist die Erkenntnis,
dass es KEINE absolute Freiheit gibt.

28

Wer nicht weiß, dass er krank ist, der wird nicht hilfesu-
chend zum Arzt gehen.

29

Wer nicht weiß, dass er schläft, der wird nie aufwachen
können.

30

Wer spontan Gutes tut, der kann viel Schlechtes bewirken.

31

Manchmal muss wissend „Schlechtes" getan werden, um Gutes zu bewirken. Und manchmal muss ein Tier überfahren werden, um Schlimmeres zu vermeiden oder Almosen vermieden werden, um weitere Armut zu vermeiden.

32

Wer sich selbst eingrenzt, der grenzt sich gleichzeitig auch aus, denn jeder Zaun hat zwei Seiten.

33

Titel und Kleider machen Leute,
und Leute verkleiden sich gerne.

34

Der „Teufel" trägt gerne schwarz,
damit wir seine dunklen Machenschaften nicht erkennen.

35

Wer tief gläubig ist, der kann nicht tiefer sinken.

36

Wenn es nur einen Gott gibt, warum gibt es dann so viele Religionen?

37

Religionen sind gut,
denn sie zeigen uns ständig, wie böse sie doch sind,
welchen Unfrieden sie weltweit fortwährend stiften.

38

Unerledigtes holt uns immer ein – sogar im Traum, also erledigen wir es jetzt.

39

Solange wir nicht wissen, wer wir sind, werden wir diejenigen sein, die wir NICHT sind – nur diejenigen, für die wir uns momentan halten.

40

Wer stark im Glauben ist, der ist schwach im Wissen, der hat die größte Meinung von sich selbst.

41

Diejenigen, die gern und viel reden, haben meistens nur sehr wenig zu sagen.

42

Wem sich das Böse ambivalent offenbart, der wird es auch als das Gute erkennen, denn das Eine gibt es nicht ohne das Andere.

43

Wer das Gute am Bösen erkennt, der kann aus schlechten Lebenserfahrungen lernen, gut zu werden.

44

Leute erkennt man an ihrem Verhalten, denn sie sind meistens anders als sie es zu sein scheinen.

45

Menschen sagen, was sie denken und sie halten, was sie versprechen, Leute dagegen versprechen viel und halten wenig.

46

Es ist leichter eine Schuld bei anderen zu finden,
als sie bei sich selbst zu suchen,
und es ist leichter das Gut anderer zu verteilen,
als das eigene zu teilen.

47

Die Menschen und Leute erkennt man an ihren Taten,
am besten in der Not.

48

Nicht jeder ist freundlich, der offensichtlich freundlich lächelt, denn Leute verstecken ihre Boshaftigkeiten gerne.

49

Wer als Schaf unter die Wölfe geht, der sollte sich als Wolf verkleiden, andernfalls wird er seine Dummheit nicht lange überleben.

50

Wer sich „dumm" stellt, der muss es nicht zwangsläufig auch sein.

51

Wer Almosen gibt, der vermehrt die Armut. Dann wird aus Nächsten-Liebe vermehrt Nächsten-Elend werden.

52

Die Schlauen sind nicht so dumm wie sie ausschauen
und die Dummen nicht so schlau wie ihre Show.

53

Wer andere belügt oder betrügt, der sollte ein gutes Gedächtnis haben, andernfalls ist es besser bei der Wahrheit
zu bleiben.

54

Das Zeitlose ist scheinbar gar nicht vorhanden
und doch ewig allgegenwärtig.

55

Alles ist eins – wir müssen ES nur noch werden.
Möglich ist es, allerdings nicht schlafend oder lügend.

56

Wer gelernt hat, bewusst zu leben, der wird zum „Stolper-
stein" für andere werden.

57

Wer aktiv nichts tut, der kann passiv viel bewirken,
denn manchmal ist es besser nichts zu tun,
als ständig sinnlos beschäftigt zu sein.

58

Manchmal lässt uns unsere Seele erkranken,
damit wir gesund werden.

59

Manchmal müssen wir erst reich werden, damit wir erkennen können, wie armselig wir in Wirklichkeit sind.

60

Manchmal müssen wir schmerzlich verletzt werden, damit unsere Schmerzen uns zum Nachdenken zwingen.

61

Lernen wir heute zu sterben, dann werden wir es morgen können.

62

Es ist besser sich „totzulachen", als ohne Lachen gelebt zu haben.

63

Wer keinen Humor hat, den sollte man nicht ernst nehmen.

64

Humorlose Leute nehmen alles ernst – sogar sich selbst.

65

Wer über die „Großzügigkeit" der Geschäftsleute nicht lachen kann, den wird sie arm machen.

66

Wer an Glaubensmärchen glaubt, dem kann nicht real geholfen werden.

67

Wenn Unwissen und Unvernunft für **normal** gehalten werden, dann wird wissend und vernünftig zu sein unnormal werden, dann wird der blendende Schein die allgemein anerkannte Wahrheit sein.

68

Selbstgeborene wirken oft geheimnisvoll, weil sie KEINE Geheimnisse haben – sie lächeln nicht, wenn es ihnen zum Weinen zu Mute ist.

Wer als Wolf unter den Schafen friedlich leben möchte, der sollte Vegetarier werden.

69

Wer seiner Leidenschaft fanatisch folgt, der hört nie auf zu leiden.

70

Wer die Fehler immer nur bei anderen sucht, der wird sie bei sich selbst nie finden.

71

Wer ES aufrichtig sucht, der wird sich selbst als Teilchen von IHM finden.

72

Wer ES in sich erkennt, der wird selbst zur Wahrheit werden.

73

Oft ist es leichter zu lügen, als die Wahrheit zu sagen,
denn wer die Wahrheit sagt, dem glauben Lügner nicht.

74

Wer die Wahrheit findet, der wird oft allein sein,
jedoch niemals einsam.

75

Wer sich „groß" zu sein glaubt, der weiß noch nicht, wie
„klein" er ist, wer sich jedoch demütig als „klein" erkennt,
der wird wissen, dass er ein Teilchen des unendlich Großen
ist.

76

Die Jungen freuen sich auf ihre Zukunft –
die Alten trauern ihrer Vergangenheit nach.

77

Die Rückkehr in unsere Urvergangenheit wird unsere Zukunft sein.

78

Wer sich mit Lügnern umgibt, der wird die Wahrheit niemals finden.

79

Wer „gesund" bleiben oder werden möchte, der darf nicht
krank denken, oder sich mit „Krankdenkenden" umgeben,
denn viele Krankheiten sind meistens ansteckend.

80

Wie reich müssen wir erst werden, um zu erkennen,
wie arm wir in Wirklichkeit sind?

81

Wer die Welt zum Guten ändern will,
der sollte damit bei sich selbst anfangen.

82

Wer anderen den Weg zum Selbst erklären möchte,
der sollte ihn selbst gut kennen.

83

Wer auf alles verzichten kann,
dem wird es an nichts mangeln.

84

Wir ahnen ES, weil unsere „Ur-Ahnen" es uns ahnen lassen.

85

Wir sollten uns VORHER über unsere unvermeidbare
Zukunft Gedanken machen, denn es könnte durchaus sein,
dass es für uns kein NACHHER geben wird.

86

Jeder von uns muss sich für **einen** Lebensweg entscheiden,
den er dann gehen wird, jedoch NICHT alle Wege führen
nach Rom.

87

Die Gedanken der Vordenker sind das Fundament der Nachdenker.

88

Die Vergangenheit interessiert uns, weil sie unsere ferne Zukunft ist.

89

Wenn ein geliebter Lebenspartner/in stirbt, dann ist plötzlich alles nur noch halb so viel wert oder weniger.

90

Ein Einzelner kann nicht nur eine ganze Herde führen, sondern auch verführen.

91

Als „Küken" halten wir uns für cool – bis wir von Leben gegrillt werden.

92

Das Tot-Sein, ist wie ein endloser Traum – nur traumhaft schöner.

93

Wir existieren nur dann wirklich, wenn wir uns selbst wahrnehmen, wenn wir uns unseres Selbst bewusst sind, wenn wir unser Selbst sind.

94

Wenn Glaube und Aberglaube Unwissen ist, dann ist es verständlich, warum es mehr Leute als Menschen gibt – warum Leute nur im Plural vorkommen.

95

Der Angler sucht **den** Wurm aus, der dem Fisch am besten schmeckt.

96

Es ist leichter über andere zu lachen, als selbst ausgelacht zu werden.

97

Unser Dasein ist kein Zufall, denn alles was erfüllt werden muss, das wird erfüllt werden.

98

Die Guten gehen zuerst, weil sie den Schlechten den Weg weisen sollen.

99

Manchmal muss man sich seines körperlichen Welkens bewusst werden, um anzufangen geistig zu wachsen.

100

Wenn sich Seele und Verstand vereinigen, dann wird eine „Heilige Hochzeit" daraus, die dauerhaft bestehen bleibt.

101

Wer nicht sterben möchte, der muss lernen lebendig zu werden.

102

Dummheit ist wie Unkraut, sie vergeht nie, weil sie unvergänglich ist.

103

Erkenne das Gute durch das Böse und das Böse durch das Gute in dir, dann wirst du neutral beides werden können.

104

Die meisten Leute sind wie Schafe, denn der Sternenhimmel unserer fernen Urheimat interessiert sie nicht.

105

Nur rückwärts denkend kommt man wirklich voran, denn wer zurück zur Quelle finden will, der muss gegen den Mainstream schwimmen – vorausgesetzt er hat rechtzeitig Schwimmen gelernt – beispielsweise durch Remotion.

106

Wer gefestigt im Glauben ist, den kann kein Wissen erschüttern, der stirbt ohne zu wissen, dass er jemals gelebt hat.

107

Jede Seele, die aufleuchtet, bringt etwas Licht in die Dunkelheit.

108

Sage überlegt was du denkst, denn Leute werden das denken,
was du sagst – das wissen auch Religionen und Politik.

109

Das Ende der Selbstfindung ist die Selbstlosigkeit –
ist die Ichauflösung.

110

Ist unser Verstand bereits so weit entwickelt,
dass er sich selbst verstehen kann?

111

Unsere ferne Urvergangenheit bestimmt unsere ferne Zukunft. Unsere erinnerbare Vergangenheit sollte unsere Gegenwart ehrlich bestimmen – Lug und Betrug, Kriege und
Terror gehören leider auch dazu, denn wir sollen daraus
lernen, gelehriger zu werden.

112

Wer die Zukunft erleben will, der muss die Vergangenheit
seiner Eltern und seine eigene verstehen, denn ohne Vergangenheit gibt es keine Gegenwart und ohne Gegenwart
keine Zukunft.

113

Wahres Wissen ist keine Ware – weshalb man es nicht
kaufen kann.

114

Ohne Oben gibt es kein Unten, ohne die Reichen gibt es keine Armen die gerne reich werden möchten.

115

Gleichgesinnte halten meistens zusammen – bei den Reichen gleichermaßen wie bei den Armen.

116

Glauben verhindert faktenbezogene Bildung und fördert die faktenlose Einbildung.

117

Solange wie wir die Wahrheit noch suchen, werden wir die Kirchen nicht verfluchen.

118

Wer sich zu weit aus dem „Fenster" lehnt, der kann leicht geschubst werden,

119

Wer ewig leben will, der sollte den Tod kennenlernen bevor er stirbt.

120

Das Wissen um den Tod kann uns todsicher angstfrei machen.

121

Wer seine körperliche Vergänglichkeit lebend erkennt, der wird tot lebendig bleiben.

122

Wer sein Leben nach seinem materiellen Reichtum aus-
richtet, der wird armselig sterben.

123

„Blinde" Reiche gibt es viele, jedoch ohne selbst zu wissen, dass sie blind sind.

124

Das Gute am Bösen ist, dass es Gutes hervorbringt.

125

„Bäume" die stetig weiterwachsen werden den „Himmel"
erreichen.

126

Wer noch Angst vor seinem Sterben hat, der ist bereits tot.

127

Wessen Angst vor dem Tod zu seiner Lebenszeit stirbt,
für den stirbt auch der Tod.

128

Wir leben, um zu vergehen und wir vergehen, um neu zu
entstehen – nur eine „Treppenstufe" höher.

129

Versuche deinen Anfang als Elementarteilchen,
als den Übergang von Energie zur Materie zu erahnen,
dann wirst du deine ambivalente Existenz verstehen.

130

Leute loben sich gerne imponierend selbst – weil es andere nicht tun.

131

Imponiergehabe keine gute Gabe.

132

Wer sich keine Gedanken über sich selbst macht, dem fehlt etwas, womit er nachdenken könnte.

133

Wer seine Schwächen nicht erkennt, der wird nie stark werden können.

134

Es ist nicht wichtig, sich wichtig zu glauben, wichtiger ist, sich unwichtig zu wissen.

135

Wer andere lieben will, der darf sich selbst nicht hassen.

136

Man kann anderen nichts geben, was man selbst nicht hat – auch Liebe nicht.

137

Lerne dich selbst so kennen wie du bist, dann wirst du auch andere erkennen.

138

Wer Liebe ernten will, der darf keinen Hass säen.

139

Wenn aus Energie Materie werden kann, dann kann aus Materie Energie werden. Wenn aus uns Asche und Staub werden kann, dann kann Asche und Staub wieder zu uns werden. Wenn aus Affen geistlose Leute werden können, dann können aus Leuten auch geistvolle Menschen werden. **(Wenn $E = mc^2$ ist dann ist $mc^2 = E$)**

140

Anarchie entsteht, wenn Gerechtigkeit geht.

141

So lange wie es unzählige Religionen gibt, so lange wird es keinen Frieden geben.

142

Wer dauerhaft in Frieden leben möchte, der darf weder religiös, noch politisch engagiert sein.

143

Stell dich dumm, dann nimmt dir keiner etwas krumm – stell dich schlau, dann bekommst du von allen Seiten Hau.

144

Lerne das Böse in dir kennen, dann wirst du gut werden können.

145

Wer Lügen für wahr hält, der wird selbst zum Lügner werden.

146

Wer unbewusst Lügen verbreitet, der lügt zwar nicht, obwohl er die Wahrheit NICHT sagt – er weiß es einfach nicht besser.

147

Ist ein Weg für dich das Lebensziel – dann weißt du noch nicht viel.

148

Ziellose Leute kommen überall hin – nur nicht bei sich selbst an.

149

Wer als „dumme Pute" geboren wurde, der wird keine „weise Eule" werden können.

150

Wen eine Leidenschaft ergreift, der wird ihr Sklave werden.

151

Seid vorsichtig mit der hormonbedingten Liebe, denn sie vernebelt euren Verstand.

152

Leidenschaft und hormonbedingte Liebe sind wie Diebe,
denn sie können dir deinen Verstand rauben.

153

Wenn sich die „Minderbegabten" für normal halten,
was sind dann die Normalen für sie?

154

Das Sichtbare ist nicht wesentlich, denn es macht nur etwa
5% des Wesentlichen aus, das zu 95% unsichtbar ist.

155

Neugeburt ist wie eine Hochzeit, bei der Seele und Verstand einander heiraten und somit beide zu einem Geistwesen werden.

156

Wenn unser Bauch- und Kopfverstand sich näher kommen,
dann entsteht neutrale Einsichtigkeit daraus.

157

Alles benötigt Zeit um zu reifen – auch die Einsichtigkeit.

158

Vernunft kann aus der Unvernunft der vergangenen Generationen gelernt werden – allerdings nicht von den ver-
nunftunbegabten Leuten.

159

Wer kaum Probleme hat, der hat alles
seinem Werde-Potenzial entsprechend richtig gemacht.

160

Wer laufend Probleme hat, der sollte seine Einstellung zum
Leben neu justieren, denn die meisten Probleme sind
selbstgemacht.

161

Wer an einen namenlosen, konfessions**freien** „Gott"
glaubt, der wird IHN in sich selbst finden.

162

Erkenne wie fremdbestimmt, wie unfrei du bist,
dann wirst du wirklich frei werden können.

163

Sei dankbar, wenn dich deine Eltern lernfähig gezeugt und
geboren haben.

164

Die Ungebildeten benötigen adäquate Bildung, die Gebil-
deten Klugheit, die Klugen Weisheit, die Weisen benötigten keinen, denn sie sind sich selbst genug!

165

Menschen können nicht ungerecht handeln, das können nur
die lernschwach Geborenen.

166

Leute führen mörderische Kriege und freuen sich über ihre
Siege – über die vielen toten Kinder, Frauen und Männer,
die sie ermordet haben.

167

Um das Licht an unserem Ende zu sehen,
müssen wir die Dunkelheit lehrreich überstehen.

168

Nicht alles Gute muss zwangsläufig gut sein,
wenn es am Ende zum Schlechten führt.

169

Wäre unsere Welt gut, dann würden wir nach keiner besseren suchen.

170

Wir sind entmündigt worden, denn wir haben verlernt
selbst zu denken. Das machen seelenlose Maschinen für
uns, damit wir werden wie sie – seelenlos.

171

Künstliche Intelligenz (KI) wird benötigt, wenn die eigene
nicht ausreicht, um das selbstbestimmte, um das eigene Leben zu leben.

172

Wir sind zur leblosen Marionetten gemacht worden, an deren Schnüren die armen Leute mit viel zu viel Geld ziehen.

173

Unser gefälliges Verhalten gegenüber den armen Leuten mit viel Geld ist wie geheuchelte „Wahrheit" – gelogen.

174

Jeder, der lernfähig geboren wurde, kann lernen belehrbarer zu werden, z. B. aus den eigenen, insbesondere jedoch aus den Lebenserfahrungen der vergangenen Generationen.

175

Wozu sollte unser Leben gut sein, wenn es nach maximal 100 Jahren spurlos enden würde?

176

Warum sollten wir uns unser ganzes Leben lang mühen, Kriege führen, morden und ermorden lassen, wenn wir aus all unseren eigenen und den Gräueltaten unserer Vorfahren nichts lernen können? – weil wir **noch** lernunfähig sind?

177

Wer frei werden will, der muss sich der Ketten seiner Vergangenheit entledigen und dann erkennen, wer die Kettenanleger sind.

178

Angst entsteht aus Unwissen – Bildung macht wissend – Wissen macht frei.

179

Ohne Bildung kein Wissen, ohne Wissen keine Selbsterkenntnis – nur Unsicherheit und Angst.

180

Werde bewusst ein Nichts und Niemand,
dann wirst du Alles und Alle sein.

181

Wer neu geboren werden möchte, der muss zunächst lernen, demütig mit den „Herzen" zu hören, der muss lernen ein Niemand zu werde, ein neutrales Teilchen des Ganzen.

182

Vertraue deinem latenten Potential zur Selbstwerdung,
dann wirst du ES werden.

183

Leute glauben, was sie denken und sie denken, was sie glauben – weil sie ihren Aberglauben und ihr Denken für sich selbst halten.

184

Wer an sein konditioniertes Glauben glaubt,
der kann nie wirklich wissend werden.

185

Wir warten – ohne zu wissen worauf, wir suchen – ohne zu wissen wonach, wir reisen – ohne zu wissen wohin uns unser Weg ohne Ziel hinführen wird.

186

Wer ein „Auto" (uns) bauen kann, der kann es (uns) auch reparieren.

187

Willst du an deinem Ende nicht spurlos vergehen,
dann musst du vorher geistig neu entstehen.

188

Das Ziel des gesamten Lebens ist der ständig Leben bringende Tod, der ewige Wandel zum Höheren.

189

Was für die Einen die Geburt ist, ist für die Anderen der
Tod – was für die Einen der Tod ist, ist für die Anderen die
Geburt, denn das Eine ist der Samen des Anderen.

190

So lange, wie sich dumme Schafe unbegrenzt vermehren,
wird es schlaue Leute geben, die sie fortlaufend scheren.

191

Wer lernschwach geboren wurde, der muss nicht ungebil-
det sterben.

192

Aus Gedanken werden Taten, die neue Gedanken gebären
– sowohl die schlechten als auch die guten.

193

Das Gute am Bösen ist seine Belehrbarkeit –
leider NUR für die Belehrbaren!

194

Aus Geist wurde Materie, die wieder Geist werden wird
denn alles was Urursprünglich war, wird wieder werden.

Leseempfehlung

Gerard Brozio

Was jeder wissen möchte, jedoch keiner hören will

Wer ernsthaft an Selbstfindung interessiert ist, dem wird diese authentische Wegbeschreibung vom Ich zum Selbst eine sichere Orientierungshilfe sein, der wird das finden, wonach alles Leben seit Anbeginn instinktiv-unbewusst sucht, jedoch erst als Spezies Mensch in der Lage ist zu finden – sich selbst!

Und weil wir momentan die einzigen Spezies auf *unserer* Erde sind, die über dieses geheimnisvolle Potenzial zur Selbstfindung verfügen, so macht es Sinn, danach zu suchen.

Genre: Sachbuch zur Selbstfindung

Hrsg. / Vertrieb: Rediroma-Verlag
Amazon / Buchhandel / Buchshops / eBay

ISBN: 978 – 3 96103 – 859 – 6
Neuauflage 2020, 432 S., 15,95 €